城市道路与交通工程技术研究

李春 王智勇 主编

吉林科学技术出版社

图书在版编目（CIP）数据

城市道路与交通工程技术研究 / 李春，王智勇主编
. -- 长春：吉林科学技术出版社，2023.6
ISBN 978-7-5744-0411-3

Ⅰ．①城… Ⅱ．①李…②王… Ⅲ．①城市道路—交通工程-研究 Ⅳ．①U412.37

中国版本图书馆CIP数据核字(2023)第099983号

城市道路与交通工程技术研究

主　　编	李　春　王智勇
出 版 人	宛　霞
责任编辑	安雅宁
封面设计	长春美印图文设计有限公司
制　　版	长春美印图文设计有限公司
幅面尺寸	185mm×260mm
开　　本	16
字　　数	200 千字
印　　张	15.125
印　　数	1-1500 册
版　　次	2023年6月第1版
印　　次	2024年1月第1次印刷

出　　版	吉林科学技术出版社
发　　行	吉林科学技术出版社
地　　址	长春市福祉大路5788号
邮　　编	130118
发行部电话/传真	0431-81629529　81629530　81629531
	81629532　81629533　81629534
储运部电话	0431-86059116
编辑部电话	0431-81629518
印　　刷	廊坊市印艺阁数字科技有限公司

书　　号	ISBN 978-7-5744-0411-3
定　　价	99.00元

版权所有　翻印必究　举报电话：0431-81629508

前　言

随着社会发展和技术进步，交通需求日益多样化，尤其在当前城乡规划转型时期，如何对城市道路与交通进行合理规划越来越值得我们深思。城市道路与交通是城市运转的重要基础，为城市经济社会各项事业发展提供了有力支撑，为城市居民出行提供了安全、便利、快捷、舒适、多样化的运输服务。城市交通对于城市发展具有不可估量的作用和意义。

从现阶段城市道路交通的实际情况来看，不仅会出现道路交通拥堵的情况，同时交通事故也时有发生。为此，一定要注重加强对交通工程设计技术的分析，改善当前的城市道路交通情况。针对城市道路交通的功能以及城市道路交通情况进行了分析，并提出了交通工程设计技术的要点，希望有助于城市道路交通的高效运行。基于此，本书从城市道路建设介绍入手，针对城市轨道交通工程关键技术、道路交通控制技术、道路交通安全技术进行了分析研究；另外对停车产业化的新技术、公路工程施工技术做了一定的介绍；还对交通基础设施工程检测技术做了研究。本书重视知识结构的系统性和先进性。在撰写上突出以下特点：第一，内容丰富、详尽、系统、科学。第二，结构严谨，条理清晰，层次分明，重点突出，通俗易懂，具有较强的科学性、系统性和指导性。

本书不仅可以作为城乡规划专业学生的教材，也可以作为建筑设计师、规划设计师、环境与景观设计师的必备参考读物。在本书的策划和撰写过程中，曾参阅了国内外有关的大量文献和资料，从中得到启示；同时也得到了有关领导、同事、朋友及学生的大力支持与帮助。在此致以衷心的感谢！由于作者时间、精力及水平有限，书中难免有疏漏和不足之处，恳请读者批评指正，以便再版时修改、更新和完善。

目 录

第一章 城市道路建设 ···1
第一节 城市道路建设项目的选取方法与排序 ···1
第二节 城市道路建设质量管理分析 ···6
第三节 城市道路建设项目的环境影响评价 ···9

第二章 城市轨道交通工程关键技术 ···17
第一节 供电技术 ···17
第二节 自动售检票系统 ··23
第三节 火灾自动报警系统 ···29
第四节 门禁系统 ···31
第五节 屏蔽门及站台施工技术 ··37

第三章 道路交通控制技术 ···45
第一节 干线协调信号控制 ···45
第二节 区域交通信号控制 ···56
第三节 交通诱导控制 ···60

第四章 道路交通安全技术 ···75
第一节 道路交通条件与交通安全 ··75
第二节 事故多发点安全管理技术 ··84
第三节 交通冲突技术 ···95

第五章 停车产业化的新技术 ···101
第一节 停车产业化的新技术与相关概念 ···101
第二节 建构集成ETC的智能停车综合管理系统 ······································108
第三节 停车场的自动收费应用新技术 ···115
第四节 智慧城市不停车收费系统工程分析 ···122

第六章 公路工程施工技术 ……………………………………………… 145
第一节 公路工程施工概述 ………………………………… 145
第二节 公路路基路面施工 ………………………………… 152
第三节 高速公路绿化景观施工 …………………………… 168
第四节 立交桥施工技术 …………………………………… 177
第五节 公路施工生态保障技术 …………………………… 183

第七章 交通基础工程检测技术 …………………………………… 191
第一节 地基检测 …………………………………………… 191
第二节 基桩检测 …………………………………………… 203
第三节 路面工程检测 ……………………………………… 210

参考文献 …………………………………………………………… 233

第一章　城市道路建设

第一节　城市道路建设项目的选取方法与排序

一、城市道路建设项目的选取方法

（一）城市道路建设项目的选取

城市道路建设的最主要的目的是服务城市建设、满足交通需求和方便居民生活，因此建设项目的选取应当切实把握这三点基本要求，依据城市规划、城市交通规划以及道路专题规划进行，选取的方法主要包括：

1.城市规划和交通规划中的控制性道路

城市规划和交通规划中明确了连接各功能组团、经济中心、大的交通源的道路是城市中控制性干道，也是道路建设重点。

2.快速路、骨架路

快速路和骨架路是满足城市快速交通，形成城市骨架的全市性的交通运输主干道，是城市道路与高速公路的联系通道，也是城市道路建设的重点项目。

3.过境道路和出入城市道路

城市道路不仅满足市内的交通出行，还有很大程度上的过境穿城交通和出入城区的交通。

4.大型设施、站场的配套道路

新建的一些港口、车站、交通枢纽点、政治经济中心、体育中心、广场等大型的交通源的配套道路建设，或者是对原有的配套道路进行改建拓宽。此外，还包括新建或改造的快速路、骨架路、轨道交通等道路的出入疏散道路。

5.标志性道路

城市中心地带或者主要出入口的标志性道路，比如景观大道、迎宾路、视通走廊等城市主题道路、形象道路的建设。

6.居民影响较大的道路

部分道路由于年久失修，路面坑洼不平，交通设施损坏严重，或是随着城市的发展，交通中心转移，原有道路不适应现有的交通要求，居民反映较大的道路。

7.交通拥堵厉害的瓶颈道路

交通拥堵严重的路段或区域，通过区域网络交通分析，找出其中的瓶颈路段进行改造建设。

8.打通断头路

一些旧城区由于历史的原因，断头路、丁字路比较多，对交通影响较大，也给路口的交通组织和管理带来影响。

9.便民道路

便民道路主要是旧城区和居住区的一些生活性道路，以支路改造为主，该类道路的改造建设可以改善居住环境，方便居民出行，提高居住生活质量。

10.特殊道路

其他一些有特殊要求的需要建设的道路，如小区道路与城市道路网的连接路，步行街区、战备道路等。

道路建设项目的选取是一项系统工程，道路建设要着眼于城市整体，注意区域与整体的协调。要求管理人员十分熟悉城市的建设、规划，城市的定位、社会经济情况、人文品位，城市的道路网现状，城市建设项目和道路建设项目的投资和进度。同时，要具备交通工程的思想和以人为本的理念，项目的选取建设注重人、车、路、环境的和谐统一。此外，道路建设项目选取应当本着科学客观的基本要求，合理的选取，达到项目建设作用的最大发挥，实现最大效益。

（二）城市道路拟建项目选取来源及影响因素

1.城市道路拟建项目选取来源

建设项目的选取是根据评价指标对整体路网和区域路网的道路交通网络质量进行评价，根据评价结果找出问题，确定建设目标，在上述项目选取原则下选取建设项目。在实际操作中，对于较大型的道路建设项目，城市规划和城市交通规划里面一般都有涉及；而对于比较重要的次干路和支路、背街小巷等建设项目，则要由管理人员来选取。

2.城市道路建设项目选取的影响因素

（1）城市交通

道路建设首先是为解决城市交通问题而服务的，因此项目的选取首先应当考虑其对交通的贡献，道路建设资金应当解决当前城市道路交通拥挤、安全、污染等问题。

（2）建设可行性

建设可行性即在建设项目区域路网的范围内，项目可行的程度有多大，如断头道路的打通，如果延伸段有古遗址、大片拆迁困难的居民区、城市绿地公园等不可或者较难改变现状的用地性质，则项目就不可行。

（3）城市规划和城市发展

道路项目的选取是否与城市发展规划、交通规划战略、土地性质规划等符合。道路建设项目的选取，其建设规模、性质的确定应当与城市相关规划、发展政策相适应。

（4）城市环境（地理、景观、保护区等）

道路建设是否破坏或影响城市的环境、景观，是否与城市地理地形、人文协调一致，特别是一些古城，文物古迹众多，或者有些城市已经形成了风景独特的城市景观、民俗街区等，道路建设项目的选取必须充分考虑整体城市的环境、景观风貌，与当地的格调相协调。

（5）拆迁量

城市道路建设项目的特点之一就是拆迁量大，特别是在一些大城市的旧城区，人口密集，商业开发程度高，寸土寸金，而这些地段的道路又往往是交通问题严重、集中的地区，道路改造、扩建十分迫切。这类区域内建设项目的选取应当充分、综合的考虑旧城区的改造、城市发展政策等因素，做到统筹规划、重点建设。

（6）建设费用

城市道路建设项目选取应当考虑城市自身性质、定位、发展水平等因素，避免脱离实际情况建设过宽、车道过多的城市干道，给城市发展带来财政负担。道路建设项目安排也应当统筹考虑，建设资金来源和供应情况，合理确定建设规模、数量，制定与城建投入相适应的建设安排计划。

（7）路网中的协调性

一条道路的建设，不能脱离了区域路网的实际情况。项目的选取确定应当与区域路网整体的布局、结构相适应，并把握好与整体的城市路网的衔接与协调，做到宏观控制与区域发展的和谐。

二、城市道路拟建项目的排序

（一）城市道路拟建项目排序概述

城市道路建设项目排序是在投资约束下选择建设项目顺序的依据，也是合理的使用城建资金，安排建设计划的依据。由于受城市建设资金、建设重点和建设能力等因素的限制，不可能对这些项目一次全部上马，还需对其进行建设次序的合理安排，按照城市规划、建设重点、政策等统筹合理的安排建设次序和年度计划，即拟建项目的排序。建设项目的排序一方面是为了满足城市建设迫切性的需要，另一方面要考虑建设资金的合理运用。期望用最少的投入，获得最大的效益，同时对环境和居民出行的不利影响降到最低。

(二) 排序原则

对所有选取的项目进行排序，统一安排建设计划和资金，是为了避免投资浪费，节约资金，为建设实施方案的设计与决策提供依据。通过对建设项目的评估与排序，可以提供两个方面的决策依据：确定最佳的投资方案、确定最佳的建设时机。

在进行项目排序时应当综合考虑这些原则要求，不可偏一而废其他，不同的时期，不同的环境，重点考虑的因素也不一样，应当按照一定的方法、模型进行科学的排序分析。

(三) 综合评价指标体系的建立

1. 构建评价指标体系的原则

城市道路建设项目投资优化的决策评价指标体系主要涉及经济、交通和环境问题，因而必须建立一套全面的、多方位的评价指标体系，从不同层次、不同角度反映综合效益的优劣。但这并不意味着指标越多越好，选定的指标还应具备典型性，能够最大限度地揭示样本间的差异，对于那些意义相近或在各评价区域数值相仿的指标可予以舍弃。针对这样复杂的系统建立一个科学性、完备性和实用性的综合评价指标体系，需要遵循以下几点原则：

（1）系统性原则

指标体系应力求全面反映备选方案的综合情况，从多方面、多角度选取相应指标，从中抓住主要因素，既能反映系统内部结构情况，又能正确地评价系统与外部环境的关联；既能反映直接效果，又能反映间接影响，以保证评价的全面性和可信度。

（2）科学性原则

指标体系一定要建立在科学基础之上，指标的概念必须明确，并且有一定的科学内涵，既有定量分析，也有定性分析；既有宏观分析，也有微观分析。

（3）定性和定量指标相结合的原则

要使综合评价更具客观性，就必须坚持定量指标和定性指标相结合的原则。因此，在评价指标体系中既要包括定量指标，又要包括定性指标，也就是有利于系统模型的处理，并能够弥补单纯定量评价的不足以及数据本身存在的某些缺陷。

（4）可测性原则

可测性包括两方面的含义：一是评价指标可根据一定的方法和手段求得；二是所用的基础资料比较可靠和容易取得。

（5）可比性原则

相同指标可用于不同方案的比较，为此应力争使指标实现定量化。对于非定量指标，也应有相对优劣程度的评定标准。

（6）简易和实用性原则

评价指标体系既要言简意赅，易于掌握，避免繁琐；又要具备实际应用功能和较强的可操作性。避免指标中显见的包含关系，对隐含的相对关系，要在模型中以适当方法加以消除。

2.评价指标体系的建立与分析

（1）对路网物理指标的提高

定义：主要表现为道路设施的发达程度及路网的完善程度。

计算方法：可以采用道路面积率来表现道路建设对路网物理指标的提高。

（2）对路网交通状况的改善

定义：道路建设不管是新建还是拓宽、改建，都是为了道路交通更为顺畅、安全、方便。考察拟建项目建设后对交通的改善，对道路使用者的贡献程度。

计算方法：一般而言，道路等级不同，其交通运行状况也不同，但是对于城市路网整体来说，并不能说路段等级越高，其交通运行条件就越好。在这里，应该联系城市道路的评价结果以及建设目标，根据城市道路等级结构特点，确定对路网等级结构改善程度大的道路得分高。

（3）与道路交通规划的协调性

定义：拟建项目位置、等级与该路段交通规划、计划之间的协调性。考察路段与规划的协调性能够有效促进城市道路交通发展、促进城市空间结构的完善。

计算方法：建设项目与道路交通规划的协调性主要从道路规划红线宽度、规划等级等几个角度，对方案内各拟建路段进行定性分析并分等级打分，取该拟建路段的分值为指标值。

（4）拆迁量、安置费用

定义：在城市道路中，新建、改建道路都不可避免的需要对沿线居民、商铺等用地的拆迁，拆迁量的大小、安置费用的高低直接影响项目建设资金的使用。

基于资金的最优配置，应考虑优先建设所需资金较少的项目。

计算方法：拆迁量、安置费用的大小取决于项目改建和新建的占用面积、用地性质和城市经济消费水平。在具体计算中，可以参照每个城市的拆迁管理办法来制定。

（5）居民出行便利性的改善

定义：城市道路归根结底还是为了居民的交通方便，出于解决居民出行当中遇到的一些交通拥堵等不便利的问题。考察的是具体某条建设项目对相关区域内居民的出行便利、可达性等的改善程度。

计算方法：反映居民出行便利性改善的指标有很多，网络连接度、可达性（到达具体地点的能力）、平均出行时间等等。从道路网络方面来考虑，网络连接度反映网络的成熟性，连接度越高断头路越少，居民出行也越方便。但是，该指标只是从线网整体角度来体现其成熟程度，对于具体交叉口而言，并非连接的边数越多越好。因为连接的边数越多，交叉口越复杂，交通组织越困难，出行安全性降低。

（6）施工期对项目周边环境的影响

定义：该指标主要考虑项目施工对环境的影响。城市道路建设过程中必定会对周边居民、商户的生产生活造成影响。施工影响小的项目先行施工有利于居民形成对城市建设的认识，并易于接受。同时，项目完工后对交通条件的改善也更有利于居民对后续项目的认可。

计算方法：指标的高低与建设路段的施工范围、施工周期、施工方法有关。本书中暂不考虑施工方法的影响。施工周期与施工范围也有联系，施工范围越大，周期相对越长，因此，可以采用施工范围作为对项目周边环境的影响指标。

第二节 城市道路建设质量管理分析

一、做好前期准备工作

认真做好城市道路建设前期的准备工作，吸取西方国家城市道路的建设理念，加强和适度放宽设计方案，做到设计先进并尽快与国际城市道路建设接轨，并多考虑配套设施建设的先进性、多变性。城市道路作为城市交通的纽带，所建道路必须按照道路建设规范并高于规范进行设计。根据城市总体建设确定的道路类别、级别和红线宽度、横断面类型、地面控制标高、地上杆线与地下管线布置，以及交通量大小，交通特性，主要构筑物的技术要求等进行道路设计。作为设计单位要认真执行设计规范，此外还要综合考虑城市供热、给水、雨水、污水、燃气、电力、通信、绿化、社会和谐等因素影响，搞好设计。任何人不得擅自更改设计标准，降低设计标准。设计变更，绝不能降低标准，做到城市道路设施二十年不落后、不折腾，不补了挖、挖了补。

二、建立健全城市道路建设招投标制度

打破地域和行业垄断，实行城市道路建设招标，首先应审查代理机构的资质、规范招标代理机构行为，招标代理机构是否与行政主管部门脱钩；是否存在隶属关系或其他利益关系；是否存在违反相关规定；加强招投标过程的监督和管理，坚决杜绝招投标过程的违法行为，做到招投标过程公开、公平、公正。通过招投标择优选择建设单位，实施项目总承包或项目管理，明确建设企业与管理单位的关系，理清施工和管理职责，充分发挥好管理单位的监督管理职能，以使其能够科学、公正、自主的做好城市道路建设工作。

三、实行工程监理制度

项目的建设过程执行工程监理制，是建设市场走向规范化管理的一项重要制度，并与国际上通行的项目建设管理方法接轨。城市道路建设工程项目监理的主要内容之一就是对道路建设进行质量控制。实行城市道路工程项目监理制，并对工程质量监理

实行项目法人负责制，代替目前仍以行政手段组建的工程指挥管理为主的模式，由于责、权、利不清致使职能上包揽一切，行政命令多，形式上代表政府，出了问题却无人负责。为了能够保证项目的顺利实施和有效地对实施过程进行质量控制，业主应委托具有相应资质等级的监理单位进行监理，签订监理合同、明确质量责任，将监理工作内容具体化，并赋予监理相应权力。监理单位必须严格执行有关道路工程建设的法律、法规、规章、技术标准和规范。严格履行监理合同，落实各级质量负责人，监督工程施工承包合同的实施。监理单位应认真审查施工组织设计和技术措施；审查试验路段施工方案和工艺；批准特殊技术措施和特殊工艺；监督合同中有关质量标准、要求的实施；纠正不符合工程设计要求、施工技术标准和承包合同的工程与施工行为；提出或审查设计变更；核对工程数量，科学公正的对工程质量进行评定，并组织工程质量验收。

四、严格验收标准

城市道路工程竣工验收必须按照城市道路验收规范严格进行验收，且有城市建设行政主管部门委托的相关机构参加，经验收合格后，方可交付使用；对于未经验收或者验收不合格的，则不得交付使用。城市道路实行工程质量保修制度。城市道路的保修期为1年，自交付使用之日起计算。保修期内出现工程质量问题，由有关施工单位负责保修，并重新验收方可交付使用。

五、做好城市道路的后期养护

城市道路的行政主管部门对其组织建设和管理的城市道路，要按照城市道路的等级、数量及养护和维修的定额，逐年核定养护、维修经费，统一安排养护、维修资金。承担城市道路养护、维修的单位，应当严格执行城市道路养护、维修的技术规范，定期对城市道路进行养护、维修，确保养护、维修工程的质量。城市道路行政主管部门负责对养护、维修工程的质量进行监督检查，保障城市道路完好。设在城市道路上的各类管线的检查井、箱盖或者城市道路附属设施，应当符合城市道路养护规范。因缺损影响交通和安全时，有关产权单位应当及时补缺或者修复。城市道路的养护、维修工程应当按照规定的期限修复竣工，并在养护、维修工程施工现场设置明显的标志和安全防护设施，保障行人和交通车辆安全。经批准临时占用城市道路的，不得损坏城市道路；占用期满后，应当及时清理占用现场，恢复城市道路原状；损坏城市道路的，应当修复或者给予赔偿。

六、做好城市道路施工管理

（一）做好施工前期组织设计、准备工作

做好施工前期组织设计、准备工作主要有以下几个方面：

第一,根据城市道路实际施工情况,施工作业人员应做好勘探和推测工作,并以勘探和推测结果为依据,有针对性地制定与施工有关的各种计划,如施工组织、施工材料、工程进度、机械设备等;第二,城市道路施工具有不稳定、环境复杂等特点,组织设计、准备阶段应对可能影响工期的因素进行预测,并适当控制施工进度;第三,为保证施工质量管理,施工单位应全面认识施工图纸,做好图纸会审和熟悉工作,充分领会图纸设计意向,并协调好与施工相关的各单位,提高施工管理作业的高效性;第四,掌握城市道路各种管线功能和埋设位置,施工时按先后工序,以利于顺利施工。

(二)科学管理施工现场材料与机械设备

在整个市政道路施工建设总造价中,施工材料费用占很大比例,约50%。也就是说,充分有效的利用施工现场材料与机械设备,在一定程度上影响工程造价。由此可见,科学管理施工现场材料与机械设备对控制工程造价具有重要意义。所以,合理选取施工现场材料与机械设备是整个施工过程的关键,选取时施工现场作业人员应根据工程实际情况,有对比性的选取,以优化整合施工现场材料与机械设备。

(三)合理管理施工方法和工序

在城市道路施工中,施工方法对施工质量具有重要作用,必须先有施工方案,才能进行工序施工,所以施工前需进行技术交底。施工过程中,若施工方案需要修改,则需根据已制定的制度文件进行修改,有效控制施工方案的实施,只有这样才能制定出符合施工组织设计要求的施工方法,并可以分析和消除导致施工质量产生偏差的原因,从而提高城市道路整体施工管理水平。因此,为保证灵活有效地控制城市道路各施工工序,施工单位应根据各工序环节建立健全相应的检查制度。

(四)建立健全施工质量保证体系

城市道路建设质量的前提是制定以施工全过程质量控制为主的质量目标,确保质量保障措施的实施围绕质量目标进行。根据具体施工情况,检查、监督整个施工过程,同时定时全面检查施工质量。例如,每月一次,以保障质量保证体系的贯彻落实。此外,每天需派专人检查、复核已施工路段的质量,且根据形成的质量自检体系与自控体系,全面控制整个施工过程质量,从而达到控制施工质量的目的。在组织道路施工时,如果质量与进度存在冲突,则必须以质量为主,并贯彻落实施工管理责任制,加强质量保证体系执行力度。

第三节　城市道路建设项目的环境影响评价

一、城市道路建设项目环境影响理论依据

城市道路建设项目环境影响理论是对城市道路建设项目环境影响评价实践经验教训的总结，是其实践的科学指导，其贡献在于实现人类活动与环境的和谐发展这一环境影响评价的目标。没有环境影响理论作为指导，环境影响评价的实践将是盲目的、低水平的。

（一）生态学理论

生态学主要研究的是生物和其生存环境之间的相互关系，其基本观点包括以下几个方面：

第一，环境要素对生物的影响是综合的、多因子的，而不是单因子的。所有生物都在各种各样的环境中生存和生长，在环境中，对生物起直接和间接作用的环境要素称为生态因子，我们不能孤立地强调某一因子而忽视与其他因子的综合作用。

第二，生物具有多样性，它关系到人类生存所需要的最基本的生物资源，对维持人类的生存和环境发展具有非常重要的作用。

第三，生态系统的特点是开放的。能量、物质处于不断输入和输出之中，而这种输入和输出之间存在着相对的平衡状态。

第四，生物在自然界中总是组合成生物群而生存的，它们不是孤立存在的，生物群和环境之间相互影响、相互制约，构成了生态系统。

第五，外界因素，主要是人为因素，对生态系统的影响一旦超出了它自身的承载能力，就会打破相应的生态平衡，破坏人类赖以生存的自然生态环境。

（二）环境经济学理论

环境经济学主要研究经济、人口以及自然再生产三者之间的关系，以及如何运用经济学和环境学的方法来分析经济发展和环境保护的矛盾，选出经济、合理的变换方式，目的是用最少的资源消耗为人类创造最舒适的生活的新兴学科。环境经济学的形成和发展，在扩展了环境科学内容的同时，也直接增强了经济学对于生态环境和人类行为的解释力度。

1.环境资源价值理论

环境资源不仅是人类生存和发展的物质基础，而且也是人类生存和活动环境的基本要素。

2.效率理论

经济学研究的核心内容便是资源的有效配置，而社会资源配置的效率就代表了整个社会的经济效率。

3.环境费用效率分析理论

人类的任何,包括社会活动和经济活动都会对环境和自然资源的配置造成或多或少的影响。环境费用效率分析既是鉴别和度量一个项目的经济效益和费用的方法,也是用来评估这些影响的技术方法。

(三)可持续发展理论

可持续性发展理论为城市道路建设项目环境影响评价提供了明确的目的和目标。可持续发展是指既满足当代人的需求,又不对后一代人,至少是下一代人的需求造成危害的发展。可持续发展的核心是社会、经济与环境的协调发展,它在发展过程中要求使经济、社会和环境目标相互结合、相互协调,进而共同实现经济、社会以及环境三者的持续性。其中,生态持续是基础、经济持续是条件、社会持续是目的。只有三者的协调持续发展,才能实现社会持续发展的目的。经济的发展要考虑到自然生态环境的长期承载能力,环境保护工作也要充分考虑到一定经济发展阶段下经济的支持能力,从而避免贫困与环境恶化之间的恶性循环。

二、城市道路建设项目环境影响主要因素分析

(一)自然环境因素

1.水环境

水是生命之源,是地球上所有生物赖以生存的必要因素。水是一种无可替代的自然资源,是自然环境的重要组成部分,在经济建设、社会发展和人民生活中发挥着至关重要的作用。城市道路建设项目所带来的污水,会造成流经城市的河流污染,有的甚至使城市的饮用水源也受到污染。水质的下降,将对人体健康、农业的发展以及社会的发展造成直接或间接的危害。

(1)对人体的直接性危害

城市道路建设项目所造成的水污染对人体的影响有着诸多的不利。人体中70%~80%是水分,当水的质量遭到破坏后,通过饮水或食物等方式,导致受到破坏的水进入人体内。长期饮用质量不合格的水,会导致人们的体质减弱。由于水污染而危害人体的健康的事件也是层出不穷,骨痛病事件以及剧毒物质污染莱茵河事件等给人类健康带来的危害和影响是长久而可怕的。

(2)对农业的间接危害

城市道路建设项目在用水时,必须要对其后续工作进行大量的投资,这就造成了不必要的资源和能源浪费。城市道路建设项目对水的污染必然会给农业用水带来危害,而农业用水的污染则会造成土壤质量的下降,进而导致农业产量和质量的双重下滑。

(3)对社会的危害

城市道路建设项目使水质遭受污染,给人们身体健康带来威胁,导致人们出现恐

慌,甚至会给社会带来动乱。水资源不仅仅是生命资源,同时也是经济资源,经济的发展离不开水资源,水资源的污染也为经济的发展带来很大的负担。

2.大气环境

大气环境资源是人类生存必不可缺的一种资源,该种资源的破坏将不可挽回、无法逆转,恢复良好的大气环境质量需要大量的经济成本。一些地区在制定一些产业、经济政策以及城市道路建设发展规划时,往往只考虑近期的、短期的、局部的经济利益,缺乏对大气环境的保护,通常以牺牲环境为代价来换取经济的快速发展。不同的项目将产生不同的大气污染物,城市环境空气主要污染物为废弃和可吸入颗粒物等一些有毒气体或破坏气体,如二氧化硫、氮氧化物、一氧化碳和悬浮颗粒物等。

(1) 二氧化硫 (SO_2)

二氧化硫易溶于水,很容易引起由于被上呼吸道黏液吸附所导致的炎症。二氧化还会影响人体的新陈代谢和机体生长发育。此外,硫酸雾的刺激作用是二氧化硫的10倍,它是由二氧化硫与空气中的三氧化二铁氧化生成的。

(2) 氮氧化物 (NO_x)

大气中的氮氧化物在紫外线的光化学作用下,会产生光化学烟雾。光化学烟雾对眼睛、呼吸道等有刺激作用,会引起呼吸困难、胸痛、肺水肿等身体疾病。尤其是一氧化氮 (NO),它对高铁血红蛋白症和中枢神经系统损害比较严重。

(3) 一氧化碳 (CO)

一氧化碳是一种无色无味的有毒气体,虽然在大气中停留的时间较短,但其与血红蛋白的亲和力比氧气高出200~300倍,这会使血液输送氧的功能大大降低。因此,当大气中的一氧化碳的浓度达到一定水平时,就会引起重度症状,甚至导致死亡。

(4) 可吸入颗粒物 (PM10)

悬浮颗粒物是指悬浮在空气中的粒径小于100μm的颗粒物,其中粒径小于10μm的称为可吸入颗粒物 (PM10)。粒径小于5μm的颗粒物便能进入呼吸道,从而损伤肺部,导致肺部产生炎症。悬浮颗粒物还能直接接触皮肤和眼睛,从而阻塞皮肤的毛囊和汗腺,进而引起皮炎和结膜炎等疾病。

3.土壤环境

土壤是万物生长的重要基础,是大自然赏赐给人类的一种宝贵的资源,同时它也是人类活动的重要场所。土壤环境发生变化的一个重要原因便是土壤环境是一个开放系统,它要与水、生物和其自身内部系统等要素之间不断地进行着物质与能量的交换。虽然土壤本身具有一定的纳污和自净能力,但该能力有一定的限值,当其污染成对超过其限值时,土壤将不再吸纳污染物,而是会向环境输出污染物,同时还影响了土壤本身的结构和功能,最终会导致土壤环境的破坏,甚至是土壤资源的枯竭。

城市道路建设项目对土壤带来最大的污染物便是固体废弃物,即建设项目所带来的各种垃圾。当前在城市环境方面,道路建设项目固体废弃物的排放会对土地和水质带来不同程度的影响，因固体废物处理处置能力有限而造成的大量固体废物堆积，既占用了大量土地，又对土壤和水环境造成不利影响。

4.噪声环境

随着经济的发展，城市基础设施建设速度的加快，城市道路建设项目的数量不断增加，规模不断扩大，对声学环境质量的影响也越来越大。城市道路建设项目在施工期和运营期中会产生各种各样的噪声，如果在建设过程中没有采取一定的措施，那么可能会对建设项目附近的居民造成一定生理和心理上的影响。噪声不仅会影响人的正常生活，打扰人的休息和睡眠，使人感到神经紧张、心情烦躁、疲劳等；长期影响下还会导致中枢神经功能性障碍，表现为头痛、头晕、失眠等植物性神经衰弱症候群；同时，对消化系统、心血管系统等也有影响。

（二）生态环境因素

所谓生态环境，就是指与人类密切相关的、影响人类生活和生产活动的各种自然力或作用的总和。生态环境是生物赖以生存的物质基础，它是生物本身的生存条件和生存环境。生态强调生物与其周边环境的相互关系和作用，更多地体现出系统性、整体性、关联性。城市道路建设项目对生态环境的影响主要表现为对动植物种类的分布和丰富度造成的影响，以及对绿化的影响。同时，还要考虑到城市道路建设项目是否影响生态敏感区等。

1.动植物

城市道路建设项目需要进行建筑物的建设，这必将会破坏土地原有的自然结构和植被，从而破坏了土地的自然平衡，干扰了植物的生长环境和动物的栖息环境，影响动植物生长活动的规律等。这将对动植物的生存、生长与繁殖造成不同程度地威胁，进而影响生物资源。有些对环境要求较高的动植物将被迫迁移到其他地区，使动植物的生长和活动区域缩小，领地被重新归类等，导致种群变小。此外，城市道路建设项目对湿地的动植物生长环境和栖息地也会产生影响。由于城市建设项目的实施，会对动物生存、迁移方式等造成或多或少的影响，如分割动物群，减少动物种类等。

同时，由于城市道路建设项目产生的废气、粉尘、噪声和有害物质等，会使生物生存和生长的生态环境恶化，引起生物的不良发育，生殖繁殖功能减退，疾病增加，减少的抗病性，从而造成种群数量减少，特别是珍稀物种，有时可能会影响到整个生物群落。

2.绿化率

城市道路建设的规划和设计要以科学发展观理论为指导，城市道路建设项目是城市建设中不可缺少的一个部分。同时，它也离不开生态系统，而高水平的绿化率在城市道路建设项目的生态系统中具有十分重要的作用，城市道路建设项目只有保持有效的生态系统，才能营造出其建设魅力。

绿化率的提高可以改善城市道路建设项目在气候、净化大气和减弱噪音等方面起到良好的作用。在绿化好的地方，人们会呼吸到新鲜的空气。由于树木、花草等绿色植物具有强大的蒸腾作用，会使空气中的水分增加，湿润空气，所以在绿化区域内的湿度要比非绿化区域内大10%～20%，从而为人们生活、工作创造了清新、舒适的气候环境。大规模的绿化，可以净化空气，调节气候，并能极大地改善城市环境质量。大面积的绿化利用它庞大的绿叶面积和浓密的枝干，来阻碍、过滤、吸附空气中的灰尘，同时还能起到分散、吸取大气中的各种有毒气体的作用，从而净化空气。

3.生态敏感区

生态敏感区是指在人为干扰下自我恢复能力较弱，它的变化将对城市生态环境造成影响，需要控制和保护的区域。它是一种生态要素或实体，对整个城市的发展具有生态环境意义；也包括用来分割城市、防止城市无序蔓延以及作为城市可持续发展资源储备的区域。主要指以下几种区域：

第一，需特殊保护地区：指国家或地方法律法规确定的、县以上人民政府划定的需特殊保护地区，如自然保护区、水源保护区、森林公园、风景名胜等。

第二，生态敏感与脆弱区：指天然湿地、林地、水土流失重点治理及重点监督区、热带雨林、珍稀动植物栖息地等。

此外，环境质量不符合其环境功能区要求的地区亦应视为生态敏感区。生态敏感区控制着城市的无秩序发展，维护着城市的自然生态平衡。对生态敏感区的过度开发，必将会引发自然灾害、破坏生态系统和造成资源的浪费与枯竭等，从而阻碍了城市的可持续发展。由于城市道路建设项目的多样性和复杂性，使城市道路建设项目可能会破坏某些特殊的、敏感的生态系统，这些生态系统中有十分丰富的物种，他们的破坏将会对较多的生物带来灭绝的威胁。如果对这些生态系统的重要性认识不足，城市道路建设项目的实施将会严重影响这些重要的生态系统，最终会导致无法挽回的损失。

（三）经济环境因素

1.居民收入

城市道路建设项目的建设和运营将会增加一定的就业人数，同时也会对当地的居民收入产生影响。众所周知，一个项目的建设必然会提供一定的就业岗位，培养人才，提高企业家的管理水平。同时，也可以为企业带来新的利润空间，增加企业效益。其连锁反应，相应地会提高项目所在地居民的收入，也必然会引起消费需求的增加。

2.经济发展

城市道路建设项目的开发和运营必定会对部门经济、区域经济以及国民经济的发展带来一定的影响。由于交通基础设施建设对区域经济有着重要的意义，各级政府都把道路建设作为经济工作的重中之重来抓，并将其作为区域经济发展的重要内容来策划，并以道路项目建设为载体，加大不动产的投入。其固定资产投资的规模，既可增加就业机会和国民可支配收入、扩大内需，也可以直接拉动当前的经济增长，为新一轮的经济增长奠定物质基础，是经济增长最主要的推动力。

城市道路建设项目的建设总工期越短，项目将可以越快的投入运营，实现经济利益，进而可以促进当地的经济发展。而环境工程系数，也就是环保投资占总投资的比重，该系数越高，也就说明该项目的生态经济越好，越有利于生态环境的建设。同时，也可以减少庞大的修复已经被破坏的生态环境的资金，节约企业资金，并且有利于项目所在地的经济发展和环境保护，可以促进经济和生态的可持续发展。

（四）社会环境因素

1.基础设施

城市道路建设项目的实施将会干扰原有的道路建设项目、水利排灌设施、通信设施及电力设施等基础设施，这将会是无法避免的相互影响，会给居民生活和企事业单位的生产工作造成一定的影响。例如，对水利排灌设施的影响主要体现在因排水不畅而产生内涝现象。

2.发展规划

城市道路建设项目，特别是大型的城市道路建设项目，在一定程度上将会打破原有规划设想，从而会产生城市项目与城市规划、区域规划或经济发展规划不相符的不利影响。因此，我们要努力实现城市发展与城市道路建设项目的协调发展，使城市道路建设项目不影响或少影响附近已经做得很好的，甚至已经开始实施的道路发展规划。

三、城市道路建设项目环境影响识别

城市道路建设大致可分为三类：第一类是城市中心区的道路改造工程，而且有些道路为居民区或闹市区道路；第二类是城市新区建设道路；第三类是在城市外围规划区建设道路。其中，对周围环境影响较大的主要是前两种城市道路建设项目，由于是在用道路，其施工必然会带来许多社会问题和环境问题。

四、城市道路建设项目环境影响分析

（一）施工期的环境影响分析

1.环境空气

施工过程中基础土石方的开挖、堆放、回填和运输过程，建筑材料（水泥、石灰、砂石料）的装卸、运输、堆砌过程，施工垃圾堆放和房屋拆迁清运过程产生的扬尘，沥青铺设路面产生的沥青烟以及各类施工机械和运输车辆所排放的废气，均对周围区域的空气质量产生一定影响。但这些影响是暂时的，随着施工期结束，影响也随之消失。

2.声环境

施工期噪声主要来源于施工机械和运输车辆辐射的噪声，其中对声环境影响较大的施工机械有推土机、装载机、压路机、挖掘机、摊铺机和自卸卡车等。

(二) 运营期的环境影响分析

1. 环境空气

运营期对环境空气的影响主要来自行驶的机动车尾气。它由三部分组成：一是汽车排气管排出的含有CO、HC、NOX等污染物的内燃机燃烧废气，约占总排放量的60%；二是曲轴箱排出的含CO、CO_2气体，约占20%；三是从油箱、汽化器燃烧系统蒸发出来的HC等气体，约占20%。机动车尾气所含成分比较复杂，但排放的主要污染物为CO、HC、NO_x等。

这些污染源属于线性流动污染源，对于城市道路而言，汽车尾气对道路20～50m以内影响较大，50m以外随着距离的增加影响逐渐减少。

2. 声环境

道路建成后，运营期噪声源主要是道路行驶的各种车辆在行驶过程中产生的交通噪声（包括机动车发动机噪声、排气噪声、车体振动噪声、传动和制动噪声等）。其大小与车速、车流量、机动车类型、道路结构、道路表面覆盖物、道路两侧建筑物、地形等多种因素有关。

五、城市道路建设项目污染防治措施

(一) 施工期大气污染防治措施

第一，施工场地周围采用挡板围挡、封闭施工方式，围挡一段、施工一段，严禁敞开式作业。

第二，配备足够的洒水车，对施工便道、施工场地、物料堆场等进行洒水，保持一定湿度，抑制扬尘污染。

第三，加强回填土方堆放场的管理，采取土方表面压实、定期喷水、覆盖等措施；对于渣土、垃圾、砂石等应及时清运，不宜长时间堆积。

第四，运输车辆应按规定配置防洒装备，装载不宜过满，保证运输过程中不出现散落；出入施工现场必须采取冲洗轮胎等措施，防止车辆携带泥沙出现场。并规划好运输车辆的运行路线与时间，尽量避免在繁华区、交通集中区和居民住宅等敏感区行驶。

第五，施工堆料场、拌和站应设在环境敏感点下风向的空旷地区，相距200m范围内，不应有集中的居民区、学校等。

第六，沥青路面施工尽量使用商品沥青，不应在施工现场拌合，以减少沥青烟对周围环境及人体的危害。

(二) 施工期噪声防治措施

第一，严禁高噪音、高振动的设备在中午休息时间作业，施工单位应选用低噪音机械设备或带隔声、消声设备，禁止使用柴油发电机组。

第二，合理安排好施工时间与施工场所，高噪声作业区应远离居民区，对个别影响较严重的施工场地，需采取临时的隔音围护结构，土方工程应尽量安排多台设备同时作业，缩短影响时间。将施工现场的固定振动源相对集中，以减少振动干扰的范围。

第三，施工运输车辆进出场地应安排在远离住宅区、学校、医院等声敏感点一侧；车辆进入声敏感区附近应限速，减少或杜绝鸣笛。

第四，禁止夜间（22：00～次日6：00）施工。

(三) 运营期大气污染防治措施

第一，加强对道路的养护，使道路保持良好地运营状态，以减少扬尘的产生。

第二，加强汽车保养管理，严格执行国家制定的汽车尾气排放标准，无尾气排放合格证车辆禁止上路，以减少有害气体的排放量。

第三，加强道路两侧绿化，栽种可吸收或吸附汽车尾气中污染物的乔木、灌木等树种或草坪，不仅可以美化路容、改善景观，更重要的是可以降低噪声干扰和防止环境污染，还可以起到保护道路的作用。

第四，执行环境监测制度，定期对道路沿线环境空气质量进行监测。尤其要对学校、医院等环境空气敏感点进行监测，并建立环境质量报告制度，以便根据实际污染状况采取必要措施，减少不利影响。

(四) 运营期噪声防治措施

第一，临路首排不宜建设集中居民区、医院、学校等声环境敏感点。对于已建成的城区应通过限速、禁鸣、设置隔声等降噪措施减轻对现有敏感点的影响；对于规划建设的集中居民区、医院、学校，建议在规划噪声敏感建筑的建设过程中，其建设单位应组织实施跟踪监测。根据具体情况采取如间隔一定距离、植树绿化、修建隔声屏障、隔声窗等降噪措施，以减轻、避免交通噪声的影响。

第二，加强对机动车鸣笛的管理，禁止在环境保护目标较多的路段鸣笛。

第二章 城市轨道交通工程关键技术

第一节 供电技术

一、城市轨道交通供电系统的模式

(一) 外部电源模式

外部电源模式包括城市轨道交通供电系统从城市电网引入高压或中压电源,再将引入的外部电源进行电压转换或直接分配至轨道交通的牵引变电所或降压变电所,由牵引变电所和降压变电所分别为轨道交通运行主体的车辆和辅助用电设备(动力照明负荷)供电。

1.集中供电模式

集中供电模式是指设置数量不等的主变电所,从若干个有限的集中点获取电能。城市轨道交通电力系统所有电能均通过主变电所获取。集中供电模式是目前我国轨道交通的主要供电模式。我国许多城市(如上海、广州、南京、香港、深圳、成都等)地铁均采用集中供电模式。

从经济性方面来讲,集中供电模式下的交叉和邻近线路供电不仅能节约土地资源,还可以充分利用公用电网的电力资源。但这种供电模式需要建立主变电所和电力通道,投资相对较高。

由于目前我国电力资源紧缺,电力调度控制技术还无法满足城市轨道交通综合控制的要求,集中供电模式因此成为现阶段我国城市轨道交通的主要供电模式。这种供电模式主要的缺点是必须设置专门的供电机构,其运营管理较为复杂。同时,没有和国家电力系统实现资源共享,会造成不必要的浪费。此外,就目前状况来看,电力和城市轨道交通两部门的信息资源共享还无法实现,集中供电模式易造成信息的断路,引起不必要的损失,从而影响城市轨道交通的安全可靠运行。

2.分散供电模式

城市轨道交通的电能来源于所在城市的国家电力系统,它直接取自城市或区域电力网。城市轨道交通电力网供电系统是指国家电力网以某种方式向城市轨道交通供电。因此,城市电网或区域电力网的结构必将对城市轨道交通供电系统起着决定作用。

分散供电模式即不设置专门的主变电所,根据城市电网的实际情况,分别从不同地点获取电能。该模式不便于集中管理和实施综合控制技术(如行车调度、电力调度、环境控制等一体化管理)。

分散供电模式的优点是可以降低城轨交通系统建设的一次性投资,充分利用国家的电力资源;但同时也需要进行多座城市电网变电所的增容扩建,需要轨道交通部门和电力公司多次沟通协商,并且要求城市电网具有较大承载能力和高效的调度控制水平。随着国家电网运行水平的提高,分散供电模式也逐步得到广泛应用。到目前为止,北京城市轨道交通1号线、2号线、4号线、5号线、9号线、10号线,长春轻轨以及大连轻轨等都采用这种供电模式。

3.混合供电模式

混合供电模式是以集中供电模式为主、分散式供电模式为辅的供电方式,作为一些地区集中供电的补充使用城网电源。使用混合供电模式,供电系统将更加稳定、完善,但管理也随之复杂。混合供电模式是介于集中供电模式和分散供电模式之间的一种结合方案,它吸收了集中供电模式和分散供电模式各自的优点,系统方案灵活、可靠、经济。

混合供电模式可以根据轨道交通的需要、城市电网的现状以及城市电网未来的规划,选择不同的侧重供电模式。有时以集中供电模式为主,分散供电模式为辅;有时以分散供电模式为主,集中供电模式为辅。

(二)内部供电模式

1.牵引、降压联合模式

牵引、降压联合模式的生产任务包括以下几点。

(1)对于直流牵引供电,正常运行时,两套整流机组并联运行,接触网越区隔离开关打开,与相邻牵引变电所构成双边供电方式,共同向供电范围内的车辆供电。当该牵引变电所解列时,相邻的牵引变电所通过直流母线或接触网越区隔离开关恢复对该区段的供电,实现大双边供电。

(2)对于动力变压器供电,正常运行时,降压变电所的两台动力变压器分列运行,负责其供电范围内的全部负荷的供电。当一台动力变压器退出运行时,切除三级负荷,由另一台动力变压器负责向其供电范围内的全部一、二级负荷供电。

2.牵引与降压混合相对独立模式

牵引与降压混合相对独立模式设置了独立的牵引变电所和独立的降压变电所,二者之间影响较小。

牵引变电所两路35 kV进线电源来自城市电网区域变电所或地铁主变电所，正常运行时，两路进线电源分别向所连接的35 kV母线供电，母联断路器断开。当一路进线停电时，母联断路器合闸，由另一路进线向原供电区域内的负荷供电。两组整流机组均由相同的牵引降压变压器和整流器组成，它们的直流侧并联工作，两个二次绕组和整流器组成多相整流，整流器输出的直流电的正极（+）经直流高速空气开关接到直流侧的正母线上，直流电的负极（-）经开关接到负母线上，通过直流馈线将电能送到接触网。

而降压变电所是为车站与线路区间的动力、照明负荷和通信信号电源供电而设置的。降压变电所对供电电源的要求应按一级负荷考虑，由环形电网或两路电源供电，进线电压侧采用单母线分段接线，一般设有两台动力、照明变压器，每台变压器应满足一、二级负荷所需的容量。正常情况下，两台变压器分别供电。动力、照明的一级负荷包括排烟事故风机系统、通信系统、防灾报警系统、售检票系统、门禁系统等，此类负荷如中断供电，将导致地下车站及其通信信号设备无法工作，引起列车运行秩序混乱，并在发生事故时不能报警和消防。二级负荷包括车站、线路区间和作业场所的工作照明，地下车站风机，排水、排污泵，自动扶梯，人防工程等。此类负荷一旦断电，将对正常运营造成影响。除上述一、二级负荷以外，维修、清扫机械、空调等其他动力和照明均属于三级负荷。

二、城市轨道交通车辆供电制式

在受流方式上，城市轨道交通的供电制式主要有接触轨和架空接触网两种形式。

接触轨供电方式指车辆通过受流器获得电能。接触轨供电方式适合多种电压制式，如伦敦、纽约的地铁采用直流电压600 V供电，巴尔的摩的地铁采用直流电压700 V供电，圣地亚哥、加拉加斯、墨西哥城、圣保罗、巴黎等城市的地铁采用直流电压750 V供电，莫斯科、圣彼得堡、基辅等城市的地铁采用直流电压825 V供电，旧金山的地铁采用直流电压1000 V供电，巴塞罗那的3号及4号地铁线路采用直流电压1200 V供电，哥伦比亚麦德林的地铁采用直流电压1500 V供电。

接触轨亦称第三轨，通常是沿地铁旁铺设第三根钢轨，一般均较正线钢轨略轻。但巴尔的摩地铁的第三轨采用42 kg/m外包铝的钢轨，电能由此通过受电器引入电动车内。虽然这种外包铝的钢轨比用全钢钢轨作第三轨的造价高，但其导电率远高于全钢钢轨，在运营中能够减少电能损失，可以补偿多使用的材料。其后，大阪和横滨的地铁也采用这种包铝的钢轨作第三轨，效果良好。

不论哪种方式，也不论采用何种电压，供电距离都是设计者所关心的重点之一。一般情况下，不同电压等级的最大牵引供电距离如下。当直流电压为1500 V，供电距离为6~10 km；直流电压为3000 V时，供电距离为10~15 km。直流电压为750 V

时，供电距离为3～5 km；直流1500 V电压相对直流750 V电压供电距离较长，牵引变电所数量少，可以相对减少初期投资。但由于线路较短，且城轨线路是以城市区域面进行规划的，因而这种效应并不太明显。只有城市轨道交通网络发展到一定规模，它的价值才会凸现出来。此外由于采用直流1500 V电压，电能损耗较少（同样负荷情况下，损耗减少近50%），可以减少运营成本。但由于采用直流1500 V电压造成隧道断面扩大，也扩大了投资。采用直流750 V电压可以减少约15%的隧道断面，而且在采用第三轨方式时，较直流1500 V架空式运营维护量少。

三、城市轨道交通供电系统供电模式的选择

（一）影响城市轨道交通供电系统供电模式的主要因素

1. 安全、可靠运行的要求

城市轨道交通供电系统是城市轨道交通的能源补给线，它对城市轨道交通的影响是全面的。一旦供电系统出现问题，将会导致城市轨道交通的混乱和瘫痪。因而，设计者应把城市轨道交通供电系统的安全、可靠运行放在首位，宁可多增加投资，也要留有充足的安全余度。基于这种理念，目前的设计者多采用集中供电模式，建有独立的SCADA系统，安全且可靠运行的水平较高。

2. 投资计划的影响

城市轨道交通供电系统受投资影响很大，不同的供电模式所需资金也相差巨大，因此必须结合实际和当地经济发展的水平，选择合适的供电模式。

3. 传统思维模式的影响

受制于传统思维模式，人们不喜欢合作与共享，总认为建立自己的系统不会受制于人，城市轨道交通建设也存在这类问题，但随着社会的进步、观念的改变、科学研究的发展，一些不合时宜或缺乏科学的作法和认识会逐步被淘汰。城市轨道交通建设作为一个庞大的系统，会逐步走向专业化管理，将更多专业化管理运营项目推向社会。从而化解运营风险，降低运营成本，提高维护效率和质量。同时可以充分利用社会或其他行业的专业人员，如高压电力、空调制冷、车辆维护等方面的人才资源，以减少专业人员的储备，降低人才消费的成本。

（二）确定城市轨道交通电力系统的供电模式

1. 根据城市电网结构的具体情况确定

对于城市电网结构发达的城市，可在增加容量的情况下，采用分散供电模式。对于城市电网结构相对不足的城市，可采用集中供电模式。根据城市轨道交通线路情况和城市电网结构，还可以和电力部门共同协商，采用集中供电和分散供电相结合的模式。

2. 根据城市轨道交通的规划确定

城市轨道交通的近期规划和远期规划直接影响轨道交通供电系统的供电结构及模

式，如电网结构、所入容量等。供电系统的运输能力需求应按最大预测设计来选择供电模式。

3.根据城市轨道交通的研究水平确定

在实际决策中，应积极采用拥有自主知识产权和技术研发能力的供电模式，从而推进城市轨道交通的研究发展和未来供电模式的进一步优化。

（三）城市轨道交通供电系统供电模式的评价标准

1.安全性与可靠性

城市轨道交通供电系统的安全性与可靠性体现在以下几个方面。一是必须保证不间断供电。二是必须保证供电质量，供电质量的好坏直接影响设备运营，甚至影响其安全。当电压不能满足车辆要求时，车辆会跳闸，造成停运的严重后果。三是保证人身安全和贵重高压电气设备的安全。四是具有一定的抗御外界环境影响的能力，如在大风、大雪、雷雨、雷电、高温等情况下，首先不能影响正常运营，其次保证不会出现安全问题，或能够缩小故障范围，尽量减少损失。五是要求城市轨道交通供电系统不会对周围环境或其他事物造成危害，如减少杂散电流，减小对城市管线、通信设施、高楼等的损害，以及减少对居民生活的影响。

2.经济性

城市轨道交通供电系统必须科学建设和运营，以获得较好的效益。主要体现在以下方面。一是采用科学合理的结构模式，减少一次性投资和资金偿还的压力。二是建成后，采用合理科学的运行模式，提高效能，节约用电。三是要有全网电力规划的概念，要结合未来整个城市的轨道交通网络，进行供电系统的建设，并选择更为科学的模式。

3.灵活性

首先，在事故、正常、非正常状态下，城市轨道交通供电系统应能灵活选择不同的运行方式，以满足运营要求。其次，在进行模式变化时，应力求灵活、操作简单。

（四）城市轨道交通供电系统建设的建议

1.积极促进电力部门参与城市轨道交通供电系统的建设与运营工作

对于集中式供电，建议轨道交通10 kV以上电网的建设由电力部门承担建设运营与维护工作。远期可实施城市轨道交通供电系统全部由电力部门承担。对于这种新理念，不但要求城市轨道交通公司要敢于接受，而且电力部门也要敢于承担其社会责任。

2.因地制宜，选取科学合适的供电模式

首先要和隧道的形式选择相结合，包括断面形状的选择、断面的大小等。其次对于电压等级、受流方式和电网结构的选择，甚至运营模式的选择，要敢于创新，不要照搬照抄，更不要盲目攀比。对于不同结构形态的城市，如有的城市属于狭长结构，有的城市属于环形结构，要根据实际情况，科学制定。

3. 渐次合作

应积极推进电力部门与城市轨道交通公司合作的深度。如在建设期可以开展项目合作，把部分建设任务交由电力部门，在运营期，可以采取维修、维保全权委托的方式。总之，在双方共赢的基础上，充分利用本地现有资源，努力实现"集中供电、资源共享"或"资源共享、分散供电"的目标。

四、刚性接触网的供电和优化研究

（一）接触网供电

轨道交通车辆供电方式分为架空接触网与接触轨，其中架空接触网又分为简单悬挂、链形悬挂和刚性悬挂。简单悬挂和链形悬挂都属于柔性悬挂。接触轨又分为上磨式、下磨式、侧磨式三种。接触网的电压为直流 1500 V，接触轨的电压又分为直流 750 V 和直流 1500 V 等不同的等级。不同种类适应的工况不同。

刚性悬挂是和柔性悬挂相对应的一种接触悬挂方式，刚性悬挂要考虑整个悬挂导体的刚度。

架空刚性悬挂是刚性悬挂的一种，一般采用具有相应强度的导电轨或具有相应刚度的汇流排与接触线组成。架空刚性接触网有两种典型代表（以汇流排的形状分），即以日本为代表的"T"型结构和以法国、瑞士等国为代表的"π"型结构。

单接触线式"π"型架空刚性悬挂主要由汇流排、接触导线、伸缩部件、中心锚结等组成。接触悬挂通过支持与定位装置安装于隧道顶或隧道壁上。简单而言，架空刚性悬挂用刚性汇流排代替了柔性悬挂的上部承力索。

对应于架空式刚性接触馈电模式，车辆提供的受流设备也是受电弓，二者联合完成电能的传输。

（二）优化研究

1. 优化需求

接触网的优化应遵循标准统一、维护成本低、载流截面大、安装方便的原则。因此在地下隧道段选择刚性直流 1500 V 接触网，地面、高架及出入段线采用柔性悬挂。

2. 创新点

金钟河大街车站及相邻地下段隧道内采用架空"π"型刚性悬挂，采用关节式和贯通式刚柔过渡形式，为后期可能产生的变形提供富余量，调整灵活，实现刚性接触网的缓坡调节。

第二节 自动售检票系统

一、系统构成和功能

(一) 系统概念和规范要求

地铁自动售检票系统（以下简称AFC系统）是融计算机技术、信息收集和处理技术、机械制造于一体的自动售票、检票系统。AFC系统采用新型的非接触IC卡，避免了磁卡系统的清洗和塞卡现象，使设备机械结构得到简化，并降低了设备的故障率，从而为企业节省了大笔的维护、维修费用。

系统的代币式非接触式IC卡的应用是世界首创，车站设备人机界面良好，自动售票机和闸机可为乘客提供最方便可靠的票务服务。乘客可以随时随地给IC卡储值，甚至能够将IC卡当作电子钱包使用，同时与城市公交系统实现"一卡通"。AFC系统的采用不仅成倍地提高了乘客的通行速度，方便了市民出行，还有利于准确及时地对客流量、销售额等数据进行实时的收集和管理。

(二) 系统构成

AFC系统由综合中央计算机系统、中央计算机系统、编码/分拣设备、车站计算机系统车站AFC现场设备（包括进/出闸机、双向闸机、自动售票机、票房售票机、自动检票机和便携式检票机）、车票及通信网络组成。

1. 车站AFC现场设备

AFC车站终端设备主要功能包括接收车站计算机系统下发的系统运行参数、运营模式命令及黑名单等，以及向车站计算机系统上传原始交易数据和设备状态信息，具有正常运行、故障停用、测试、检修、停止服务以及紧急等运行模式。

当与车站计算机通信中断或系统故障时，车站售检票终端设备应具有单机工作和数据保存能力，并能实现数据的外部导出，且故障修复后数据能自动上传。

（1）闸机

地铁采用扇门闸机，能对乘客持有的公交"一卡通"系统及地铁专用的非接触IC卡车票进行检查、编码，对于有效的车票打开扇门让乘客通过。

出闸机时能对指定的地铁专用非接触代币式IC单程卡回收。

双向闸机将同时具备进闸机及出闸机的功能。

在站控室设置紧急按钮，当发生紧急情况时，可使用该按钮打开所有闸机的扇门，保证乘客无阻碍地离开付费区。同时，在没有电力供应的情况下，闸机的扇门应处于常开状态以保证乘客进出。

员工票、特惠票、黑名单票的使用采用声光报警装置（可由车站计算机控制声响、闪光、亮灯），以便站务人员进行监督。

（2）票房售票机

票房售票机安装在车站的票务处，具有售票模式、补票模式以及售票、补票兼顾模式。

票房售票机由车站工作人员操作，能对公交"一卡通"及地铁专用车票进行处理。

票房售票机可对车票进行发售无效更新和充值、替换、退款、交易查询、收款记录及处理乘客投诉、记录票务管理/行政收款等。

票房售票机在完成车票处理及操作员班次结束后，将打印收据及班次报告。

（3）自动售票机

自动售票机安装在非付费区，用于发售代币式单程票。

自动售票机配有触摸屏以及乘客显示屏，上面配有地铁线路图以及设备使用指南。

自动售票机能发售两种不同票面的车票，并能一次交易发售多张车票，包括两种票面以及不同票值的车票。自动售票机接收硬币、纸币、地铁储值车票及"一卡通"储值车票，并可以进行硬币找零。

（4）自动检票机

自动检票机安装在非付费区，供乘客对车票进行查询，能读取公交"一卡通"及地铁专用车票的数据。所有涉及公交"一卡通"车票的查询需求应与公交"一卡通"系统的要求相符。

（5）便携式检票机

便携式检票机是站务员或稽查人员对乘客使用车票进行检查的设备，能读取公交"一卡通"及地铁专用车票的数据。

便携式检票机能通过显示器显示车票的查询结果，通过机座可与车站计算机或工作站相连，下载所需的系统参数、软件及上传数据。

2. 车站计算机系统

车站计算机系统主要功能如下。

（1）接收中央计算机系统下发的系统运行参数、运营模式命令及黑名单等，并下载给车站现场设备。

（2）采集车站现场设备的原始交易数据和设备状态数据，并上传给中央计算机系统。

（3）对车站现场设备进行实时监控和管理，并显示设备的运行状态，根据需要启用紧急模式。

（4）完成车站各种票务管理工作和自动处理当天所有的数据和文件，定期生成统计报告。

3. 中央计算机系统

中央计算机系统主要功能如下。

（1）能独立实现所辖线路的运营管理、票务管理及设备管理。

（2）对重要数据具有自动备份和恢复功能。

（3）接收综合中央计算机系统下发的系统运行参数、运营模式命令、交易结算数据、账务清分数据、审计文件、黑名单及票卡调配管理数据等，并下载至车站计算机系统。

（4）向综合中央计算机系统上传各类车票的原始交易数据、设备状态数据及设备维修数据等，完成与清分中心的清算对账和线路的收益管理功能。

（5）接收车站计算机系统上传的车站售检票终端设备的数据，包括车票的交易数据、设备状态数据、辅助设备维修数据等。

（6）向车站计算机系统下载系统参数和运营模式命令及黑名单等。对采集的数据进行分类处理和报表打印，以满足系统监控、运营管理及决策分析的需要。

（7）对车票进行跟踪管理，并能提供车票交易的历史数据和车票余额等信息的查询及黑名单管理。

（8）具有操作权限的设置和管理功能。

（9）具有集中设备维护和网络管理功能。

4. 编码分拣设备

编码分拣设备的主要功能包括接收综合中央计算机系统下载的操作参数，以及时钟同步、安全控制、授权、定期审计查询等，同时具有对系统发行的车票进行初始编码、分拣及赋值、校验、注销等主要功能。此外还可将设备状态信息、故障信息及操作员信息上传到综合中央计算机系统。

5. 综合中央计算机系统

综合中央计算机系统主要功能如下。

（1）能独立实现所辖线网的运营管理、票务管理及设备管理。

（2）对重要数据具有自动备份和恢复功能。

（3）接收公交一卡通中央清算系统下发的系统运行参数、交易结算数据、账务清分数据及黑名单等以及公交一卡通安全、车票等参数和数据。

（4）向公交一卡通中央清算系统上传各类车票原始交易数据，实现地铁系统与公交一卡通系统间的清算、对账。

（5）统一线网内的车票发行。

（6）接收中央计算机系统上传各类车票的原始交易数据。

（7）向中央计算机系统下发系统运行参数、运营模式命令、交易结算数据、账务清分数据、各类审计文件、黑名单及票卡调配管理指令等。

（8）对系统进行密钥设置、权限管理以及密钥下载。

（9）负责一卡通车票在地铁线网内不同线路之间交易的清分。

6.车票

车票是记录乘客乘车信息的媒介和载体，能记录车票的系统编号、安全信息、车票种类、个人信息、进出站信息、金额、有效期、历史交易记录等信息，与车站现场设备共同完成AFC系统的售检票功能。

车票的一般规定有如下方面。

（1）采用非接触卡式及代币式IC卡车票。

（2）纪念卡符合ISO14443有关票卡电气及物理特性的要求。

（3）单程票采用易于回收的代币式形式。

（4）不需回收的车票的外形符合ISO7816的有关要求。

7.通信

AFC系统全线网和全线路的骨干传输网络由通信系统提供，各层级系统内的局域网由AFC系统独立构建，整个AFC系统的传输网络采用标准开放的协议。

（三）系统参数管理

AFC系统是广泛应用参数进行管理和控制的系统，各类参数有着不同的作用范围。AFC系统参数可以由清分中心和线路中心设置，分别称为清分中心（ACC）级参数和线路中心（LC）级参数。

1.ACC级参数

ACC是城市轨道交通线网AFC系统各线路各类数据汇总、处理的中心，可完成AFC系统各种运营参数的统一协调管理。ACC级参数又称线网全局性参数，是指针对AFC系统网络运营需求，由ACC设置的系统管理和控制的参数。在网络化运营情况下，根据典型的AFC三级管理模式——清分中心（ACC）、线路中心（LC）和车站（SC）三级管理的模式，ACC级参数分为系统控制参数、线路控制参数和设备控制参数，相应参数的应用范围分别是清分中心、线路中心和车站设备，该类参数可以支持和保证车站内无障碍换乘和线路间互联互通。

（1）系统控制参数

系统控制参数是指为应对AFC系统运营需求，ACC针对整个AFC线网设置的参数。该类参数包括服务商、网络拓扑、日历时间、费率、介质票卡、车票、积分方案、黑名单等。

服务商参数主要提供与AFC系统相关的各个运营服务商的身份和角色信息，使各服务商具有各自在全局线网内唯一的代码。网络拓扑参数是线网运营系统中对线网拓扑信息的定义，包括线路、车站和区域的信息。日历时间参数包含对轨道交通线网运营系统中日历和时间信息的定义，包括本地时间、特殊日期、时间段、旅程时间和运营时间等。费率参数定义了某个费率组在某个费率等级所对应的费率，提供了车费计算方法。介质票卡参数是对介质类型、介质技术和介质封面类型的定义，其中介质类型表示生产票卡采用的技术类别，如Desfire、Mifare 1、CPU卡等。车票参数包含车票处理、车票类型及车票产品发售属性等参数,其中车票类型记录了该车票的票种和是否属于优惠票成纪念票等信息。积分方案参数负责制订执行积分计划的具体属性,包含积分方法、积分兑换门限、折扣率、积分计划周期等信息。黑名单参数定义了单程票和市民一卡通中限制使用的票卡卡号清单。

(2)线路控制参数

线路控制参数是指为应对AFC系统运营需求,ACC针对线路设置的参数。线路中心负责接收ACC级参数并将其下发到该线路,同时进行参数版本同步。该类参数包括车站级别、线路数据上传时间列表、ACC数据下载时间列表等。

车站级别参数是进行库存管理的依据,包括对车站级别及库存级别的属性定义。线路数据上传时间列表参数定义了LC上传至ACC的各类数据的时间属性,包括实时客流、票卡库存、线路等数据的生成时间间隔和上传时间间隔。ACC数据下载时间列表参数定义了线路中心下载由ACC下发的各类数据时间属性,包括可供线路下载的开始时间、下载次数和下载时间间隔等。

(3)设备控制参数

设备控制参数是ACC对车站设备运营控制的数据定义,包括AGM(闸机)、BOM(半自动售票机)、TVM(自动售票机)、AVM(自动加值机)等的参数。通过这些参数,ACC对全线网内的设备进行统一设置,保证了轨道交通系统为乘客提供统一的服务界面。

各类ACC级参数相互组合、共同应用,不仅保证了ACC能够及时地逐级下发控制命令,也保证了设备中记录的各类数据能够经由LC定期地上传至ACC,供清分中心进行清分结算和运营管理。

2.LC级参数

目前的城市轨道交通网络一般以线路为单位进行建设,不同的线路可能由不同的实体来进行运营管理,因此不同线路之间的管理形式允许存在一定的差异性。线路中心可以根据不同线路的特点,对参数类型进行增补,如设备控制参数、线路系统参数等。与ACC级参数中的设备控制参数不同,这里定义的设备控制参数主要是对设备的运营状态、运营表现等进行相关设置,如闸机关闸时间间隔、BOM售票时乘客显示屏显示时间、TVM广告等,都具有线路特色。线路系统参数主要是对单条线路的系统及操作员权限进行相关设置,如单程票票箱容量、时间同步校准、操作员数量及列表、操作员密码输入时间及重试次数限制等。

二、换乘站系统设计

(一)国内部分城市AFC系统现状调研

1.当采用合设系统方案时,各城市均采用由一家集成商提供系统和设备的方式。显然,合设系统的方案必须考虑各换乘线路建设期的差异,当建设期差异很大时,将会给合同的执行带来问题。

2.通道换乘站采用按线分设系统，同站台换乘站采用合设系统的方案是各城市的共性。同站台换乘站采用的换乘方式因运营需求不同而有所差异，应结合运营的具体需求来确定。

（二）资源共享分析

1.业务分析

资源共享不仅仅是为了节省投资，更主要的还是为了方便运营管理。因此要分析系统资源共享的问题，仍然要从系统所实现的业务开始。

系统业务从所实现的功能来分，主要包括票务类、收益类、运行类、维护类和辅助类业务等。

从运营管理的方便性和线路中心对车站的管理两方面来看，可以形成以下结论。

（1）当换乘站为一家运营单位管理，而线路中心为多家运营单位管理时，车站系统应采用合设方案。

（2）当换乘站为一家运营单位管理，且线路中心也为一家运营单位管理时，车站系统采用合设方案更方便运营管理。

（3）当换乘站为多家运营单位管理时，车站系统可采用分设方案，但合设方案在技术上也是可行的，前提是线路中心也采用合设方案。

2.系统和设备资源共享分析

车站AFC系统设备主要包括计算机类设备和售检票终端设备。能够共享的设备主要是计算机类设备，但其投资对于AFC系统来说微乎其微，这不是AFC系统共享的实质。AFC系统共享的实质是共享系统，即业务实现的平台。系统共享，则信息可以整合，管理也方便。

在这种C/S架构的系统中，共享的是服务端，只要访问服务端的应用接口是标准、公开的，客户端就可以是不同的人员、部门乃至单位，因此接口的标准化是AFC系统共享的前提。同时，共享应考虑安全，因此服务端是根据客户端的权限提供有限的服务。

3.用房资源共享分析

车站AFC系统的用房主要包括设备室、票务室、配线间、维修工区等。

从设备资源共享的分析可以看出，如果采用共享方案，设备室、维修工区可以仅设置一个。票务室设置数量需结合换乘站类型进行确定，配线间是为了方便配电、布线而设置的，设置数量与具体站型有关。

4.人力资源共享分析

在车站，涉及AFC系统的运营人员主要是客运人员和维护人员。其中，售票员的配置是与半自动售票机设置相关的，因此这类人员和设备一样，不会因是否为换乘站而有所减少。值班站长、客运值班员均有管理车站票务的职能，但这只是其运营管理职能之一。因此客运人员配置的多少不仅取决于AFC系统的设置，同时，当换乘站由一家运营单位管理时，其工作量相比普通站将增大，人员配置依然需根据工作量确定。

5.资源共享分析总结

从以上几方面的分析可以看出，换乘站系统整合与否对于设备配置、用房设置、人力配属等的影响很小，合设方案与分设方案相比并没有很明显的优势。而对于系统业务的处理，换乘站系统整合则具有较大的影响，合设方案较分设方案更方便运营和管理，主要体现在车站和线路中心管理等方面。

第三节 火灾自动报警系统

一、FAS的设计

(一) 系统结构设计

在发生火灾时，车站相关系统按照预定模式进行联动。

1.环境与设备监控系统（BAS）：采用通信连接方式，在火灾发生时，FAS向BAS发出火灾模式信息，BAS控制相关设备的动作实现消防联动。

2.气体灭火系统：独立完成保护区内的火灾报警及气体喷放等监控功能，并通过通信接口将信息上传至车站级FAS。

3.车站紧急后备盘：硬线方式连接，在紧急情况下，值班员通过紧急后备盘上的火灾模式按钮，人工启动FAS和BAS的相应模式。

4.自动售检票系统：以硬线方式连接，在发生火灾时，实现闸机紧急释放，便于人员疏散、撤离。

5.门禁系统：在火灾情况下，门禁系统接收FAS指令后，可实现通道门和房间门的释放，方便救灾、灭火。

6.供电设备：以硬件方式连接，在发生火灾时，实现切除非消防用电。

7.综合监控系统（ISCS）：以通信方式连接，车站级实现对FAS设备的监控和火灾的确认等相关操作，同时通过与其车站级互联的广播系统实现消防广播联动，通过互联的闭路电视系统主动将监视器屏幕切到火灾发生现场的视频监视画面。车站综合监控系统将本站火灾信息上传到中心综合监控系统，中心综合监控系统根据预定模式向相邻车站的综合监控系统下发救援控制命令，同时把火灾信息传递给信号系统，执行列车的后方站紧急扣车或过站不停车等紧急控制命令，从而实现线路全系统的联动，并控制和扑灭火灾，防止火灾发展和蔓延，保证人民生命和财产的安全。通过综合监控系统，能高效地组织人员撤离，缩短应急事件的处理时间，提高运营管理效率。

在此综合监控系统深度集成FAS的模式下，车站内将不再设置FAS工作站。操作员可以通过综合监控系统工作站，实现原FAS工作站上的监视和控制功能。这减少了投资并降低了操作的复杂度，有利于防灾救援的实施。

在此模式下，虽然FAS仍保留了自身的独立光纤环网、独立的中心服务器和工作站，但在实际应用中只作为后备冗余使用。

（二）系统功能设计

ISCS集成FAS，ISCS中心级和车站级工作站可以实现全线和本车站范围的FAS功能。

1.火灾信息的监视：感烟或感温探头预报警，报警信息画面及报警窗显示，报警确认；手动报警信息的显示和确认；火灾分区的报警显示和确认。

2.探头工作状态的显示和控制操作：感烟或感温探头的隔离，恢复状态显示和状态转换控制。当探头发生故障时进行隔离操作，以防止误报；使用恢复操作可取消隔离状态，使其进入工作状态。

3.风机和风阀的控制：在FAS控制范畴内，风机和风阀采取单点控制。

4.火灾模式的手动下发：适用于未能由FAS产生火灾报警信息等特殊情况下的火灾救援，如FAS探头故障等。

5.FAS报警控制器的操作：采用手动/自动模式的状态显示和模式转换控制。

6.实现消防系统的联动：当发生区域火灾时，在手动模式下向FAS报警控制器下发火灾确认指令。

7.报警控制器的报警消音：可停止FAS报警控制器的分区报警音。

8.报警控制器的报警复位控制：恢复报警控制器到正常状态，以便于再次发生火灾时系统能正常工作。

二、换乘站建筑及消防原则

一条线路、一座换乘车站及其相邻区间的防火设计按同一时间内发生一次火灾来考虑，并综合考虑防火、排烟、疏散、救灾等方面。

换乘站的防火分区建议如下划分。

1.同站台换乘站

两线车站公共区为一个防火分区。

2.同站厅换乘站（T型、L型、十字型）

两线车站公共区为一个防火分区，两线站台分别采取防火分隔措施。

3.通道换乘站

两线车站公共区分别为两个防火分区。

第四节 门禁系统

一、系统构成和系统功能

(一) 系统的基本结构

轨道交通门禁系统通常采用集中管理、分散控制的模式，设中央管理级、车站管理级和现场设备三层架构。地铁门禁系统是通过计算机网络，将中央级、车站级和就地级的门禁系统和设备连接组成的自动化控制系统，能实现包括智能门禁控制、消防联控、综合报警及人员跟踪等多种功能。按照功能来划分，地铁门禁系统的设备可分成中央级设备、车站级设备以及就地级设备。其中，中央级设备主要由中央服务器和中央门禁授权工作站组成，车站级设备主要包括车站门禁工作站和系统控制器，就地级设备则由就地控制器、读卡器、电子锁、开门按钮、紧急破玻按钮等设备组成。

(二) 系统的特点和组合形式

从地铁线路整体考虑，门禁系统一般采用"服务器客户机"分布式网络结构，以OCC的门禁系统管理服务器为中心，采用集中管理和分散控制的模式。

1. 集中管理

在网络环境和ACS管理服务器图形化信息管理平台下，位于OCC的ACS管理服务器作为统一的管理平台，具有强大的实时操作、运行管理、信息显示查询、设备管理和配置功能，通过信息共享、信息处理和控制互连，实现对各车站、车辆段、停车场等门禁系统的集中管理和操作。

各ACS管理工作站的操作员或管理员通过专门的通信网络访问OCC的ACS管理服务器，从而实现对各分区门禁系统的监控和管理。他们的职责包括：对门禁硬件系统进行设置调试和管理控制；设置和控制每个人员的开门权限、开门时间、开门位置等；通过信息提取和查询，可以查看指定门禁的所有读卡信息记录；实时监控指定门禁的开门状态与人员进出信息，远程控制门状态等；可以按各种分类信息，进行进出记录汇总和报表打印；能自检门禁使用状态发出的故障预警。

2. 分散控制

各车站分管理中心门禁系统的功能和结构相对完整。当各车站分管理中心系统间的连接出现故障时，各车站智能门禁控制器均能独立工作，而且能够有效控制各自站的出入口。

3. 与综合监控系统的连接形式

在OCC，根据地铁建设和运营管理、维护的不同要求，综合监控系统（ISCS）可以采用集成或互联的方案建立与门禁系统的联系。综合监控系统集成子系统是指接入子系统的全部信息都由综合监控系统传输，子系统在控制中心和车站的功能由综合监控系统实现，但子系统没有独立的信息传输网络。而综合监控系统互连子系统则是被连接的子系统，具有单独的信息传输网络，是一个完整独立的系统。但综合监控系统与它在不同的网络级别接口，传输必要的信息给这些子系统，实现监控功能。由于综合监控系统基本都布置在控制中心，从而使得这里的门禁系统有集成或互联两种构成方案。

（1）ISCS集成ACS

当综合监控系统集成门禁系统时，ACS不设置单独的服务器，这时ISCS能够完成ACS的管理和控制。

ACS的控制管理功能，如开关门、权限管理、报警等，都必须通过综合监控系统软件完成。此时，ACS必须向ISCS开放自己经过加密的网络协议。这种方案既节约了投资，又提高了管理效率，非常适合新建地铁的自动化系统，广州地铁5号线就是采用这种方案。

（2）ISCS互联ACS

当综合监控系统采用互联方式接入门禁系统时，ACS仍作为一个独立的监控系统存在，拥有自己冗余的服务器。ISCS仅通过接口完成与ACS的交互，如读取门状态信息、刷卡信息、持卡者相关信息等。这种方案保持了ACS的独立性，比较适合已建地铁自动化系统的升级改造。

（三）系统的主要设备配置及功能

1.中央管理级

中央管理级设于线路控制中心内，主要设备包括门禁中央服务器、授权工作站以及管理工作站等。

（1）门禁中央服务器

它用于存储全线门禁系统所有相关数据，包括门禁通行卡信息、人员进出记录、设备状态及故障信息、非正常报警信息等，并对整个门禁系统的设备进行管理、维护和监控。

（2）授权工作站

它进行授权管理，设置门禁通行卡的使用权限，结合读卡器可完成门禁通行卡的发卡工作。

（3）管理工作站

它完成对门禁系统的日常监控和管理，包括监控全线门禁系统的运行状态，设置系统运行模式及下达运作命令以及各类信息查询、统计及报表打印等。

2.车站管理级

车站管理级（包括各车站、控制中心大楼、主变电所、停车场、车辆城市轨道交通门禁系统的应用及方案优化探讨）设于车站控制室或相关建筑的监控管理室，主要设备包括监控工作站、门禁网络控制器等。

(1) 监控工作站

监控工作站由机电设备监控系统设置,通过对门禁系统的集成,在监控工作站实现对本站点内门禁系统的全面监控。

监控工作站可显示各道门的开闭状态和门禁通行卡的使用信息,并对使用非法卡、强行闯入、延时不关等异常情况发出报警信号,同时对门禁系统设备状态、故障及报警记录、各道门的人员进出记录等信息进行查询、统计并打印输出等。

(2) 门禁网络控制器

门禁网络控制器可以实现与门禁就地控制器的通信以及与上层门禁中央服务器的通信,对门禁就地控制器进行管理,还能将接收到的火灾联动指令分配至相应的就地控制器等。当与上层网络的通信出现故障时,门禁网络控制器自动转入独立工作模式,仍可对就地控制器进行管理,现场门禁通行卡的识别等功能均不受影响。网络通信恢复后,自动连接上层网络并将通信中断期间的数据上传。

(3) 各车站控制室内配置综合后备盘(IBP)

IBP盘上设有门禁系统紧急解锁按钮。当发生火灾等情况,需按预设联动程序将相关区域门禁解锁。未成功时,可通过IBP盘上的紧急解锁按钮切断门禁系统锁具的工作电源实现全站解锁,确保人员顺利疏散。

3.现场设备层

现场设备包括门禁就地控制器、读卡器、锁具、门磁开关、出门开关、紧急出门按钮等。

(1) 门禁就地控制器

门禁就地控制器对读卡器、锁具、门磁开关、出门开关、紧急出门按钮等装置进行监控,处理读卡器上传的门禁通行卡信息,判断是否将锁具解锁。与网络控制器通信中断时,门禁就地控制器自动转入离线独立工作模式,但不影响门禁通行卡的识别等功能。与网络控制器通信恢复后,可上传离线工作期间的数据。

(2) 读卡器

读卡器采用非接触式读卡方式读取门禁通行卡的信息并传至门禁就地控制器,并根据门禁卡的权限(有效卡、无效卡)发出不同的声光提示。票务室等重要部位设置带密码键盘的读卡器,即通过使用有效卡并输入正确的密码方可进入,提高门禁防护等级。

(3) 锁具

锁具为门禁系统出入控制的执行机构,锁具型式有电磁锁(分为电磁直吸式、电磁剪力式)、机电一体锁、电插锁(也称阳极锁)、电动锁扣(也称阴极锁)等。门体的材质和型式、项目投资控制等是选择锁具需考虑的主要因素,上海轨道交通目前使用的主要是电磁锁。电磁锁工作电源为直流12 V/直流24 V,锁具吸合力(抗拉力)大于250 kg,失电解锁。

（4）门磁开关

门磁开关用于检测门扇开启或关闭到位，并将信号传送至门禁就地控制器。

（5）出门开关

门禁防护区室内安装出门开关，出门开关通过门禁就地控制器将锁具解锁。

（6）紧急出门按钮

紧急出门按钮动作即切断相应锁具的工作电源而直接解锁，同时将信号传送至门地控制器。当出门开关等装置或设备故障时，可敲碎紧急出门按钮上的防护玻璃实现开门，确保人员安全撤离。

4.门禁系统其他主要功能

（1）消防联动

作为消防联动的对象之一，车站门禁系统与火灾报警系统（FAS）设有接口。当发生火灾时，门禁系统能够接收火灾报警系统的指令将相关区域的门禁解锁，便于人员快速疏散。

（2）电视监控联动

当门禁系统产生连续使用无效卡、强行闯入、延时不关等报警信号时，向车站电视监控系统发出联动信号。由电视监控系统调取相关报警区域的图像信息，使监控人员能够即时监视现场异常情况。

（3）考勤

通过考勤软件能够安排员工的工作时间，并对员工考勤记录进行自动分析和统计。考勤主要功能包括工作时间安排、人员工作安排、人员异常安排、考勤次数设置、生成考勤报表、形成并打印输出统计报表等。

二、系统的联动与优化

（一）系统的联动

在综合监控系统中，无论门禁系统是集成还是互联，在日益关注资源共享、信息互通的地铁建设中，与门禁系统相关的联动都应该仔细、周密地考虑。在非法闯入、门锁被破坏或读非法卡时，系统会发出实时报警信息。当接到防盗报警信号后，可联动门禁控制器关闭相关区域的通道门。当出现火警等情况时，可实现消防联动，由中心统一开启出入通道。重要出入口可启动CCTV，实现联动监控。同时，可根据实际需求，在门禁系统设置让持卡人具有刷卡撤防的功能，即通过设置布防后（可根据需要进行密码布防）。当房间内需要再次进入时，则可在规定的时间段通过刷卡进行撤防操作，从而免去烦琐的操作，达到一卡通快捷方便的实用效果。

1.与自动火灾报警联动

当火警发生并得以确认时，自动火灾报警系统（FAS）向ISCS发出报警信号。ISCS根据传送的火灾信号，采取一系列措施，并联动ACS自动释放各相关通道的电控门锁,以便人员逃生。以车站站台火警为例,首先FAS检测到或有人员发现车站站台火警,随后OCC、车站或其他建筑物的火灾紧急撤离程序启动。当ISCS从FAS收到火灾告警消息后,在OCC启动以下联动序列。

(1) 确认火灾告警以及火灾状态、地点、程度。

(2) 自动在行调操作员终端上显示此站台闭路电视(CCTV)系统图像。

(3) 自动在大屏幕(OPS)上显示此站台CCTV图像。

(4) 自动触发CCTV的录像。

(5) 根据火灾场所和程度启动合适的通风/排烟模式。

(6) 通知列车不要进入此车站。

(7) 确保合适的照明。

(8) 启动合适的疏散信号。

(9) 启动广播(PA)紧急通知。

(10) 启动适宜的自动扶梯、电梯模式。

(11) 打开疏散门以及其他相关门的门禁。

(12) 将闸机回转栏设为自由转动。

(13) 检查受影响站台的屏蔽门(PSD)响应。

(14) 确认消防部门响应。

(15) 检查信号(SIG)系统的响应和列车移动。

(16) 建议操作员在行调终端上对相邻车站通过的列车进行扣车操作。

(17) 继续监视直至告警解除。

2. 与防盗报警联动

如果在OCC或车站布置了防盗报警系统,就可以考虑设计其与门禁系统的联动。当防盗报警发生时,门禁系统可自动锁死所有的门或事先由管理员设定的门。一般的门禁系统均具备与报警设备实现直接联动的能力,或通过串口对其他安防系统设备进行联动控制,甚至可以升级为具有OPC接口的管理系统。例如,将防盗报警系统报警点的输出接入门禁控制器的输入,就可以由门禁控制器设定周界防范所需联动的门或其他设备(如警灯、警号等)。

3. 与CCTV系统联动

操作员通过CCTV的视频监视,可以快捷、直观地观察地铁现场情况。一旦ACS发出报警信号,通过联动CCTV的视频矩阵进行控制,CCTV的监视屏自动切换到相应的区域监视报警点的情况,并发出报警信号提醒操作员处理事件。CCTV联动一般采用本地网络的软件联动,即CCTV和ACS通过开放通信接口方式实现软件控制。在综合监控系统软件中,分别为监视点和监视事件关联/指定摄像机。

(二) 系统的优化方案

1. 换乘站门禁系统共享方案

随着城市轨道交通网络化建设的推进，形成了众多二线换乘、三线换乘，甚至四线换乘的车站。换乘站的门禁系统可实现共享，即由先建线设置一套门禁系统（门禁网络控制器、监控工作站共享）覆盖整座换乘车站。后建线仅需根据本线门禁保护区域的布置和数量，增设门禁就地控制器及读卡器、锁具等终端设备并接入先建线门禁网络控制器即可。共享方案减少了门禁系统与其他相关机电系统的接口，从而提升可靠性，并有效节约工程投资，给后期的运营管理也带来许多便利

2.实现门禁系统的网络集中授权

门禁系统授权功能设于各线控制中心，若某一员工的工作范围涉及两条或多条运营线路，则需在相关线路的授权工作站分别对该员工的员工卡进行授权，处理较为烦琐。随着城市轨道交通网络化建设及网络化运营管理的推进，解决上述问题显得更为重要。

基于各线门禁通行卡均采用技术标准统一的轨道交通员工卡和借助通信系统上层网（各线控制中心间的通信网络）的资源以及在各线门禁系统相关通信协议开放的基础上，可通过设置一套门禁系统网络中央服务器和集中授权工作站，实现对员工卡的全网络集中授权。即由集中授权工作站将员工卡授权信息通过网络中央服务器下发至各相关线路控制中心，再由线路控制中心门禁服务器将授权信息发至各相关车站的门禁网络控制器和就地控制器，从而一次完成员工卡的各线授权。

3.实现车站级应急授权功能

如果控制中心授权工作站故障或控制中心与车站网络通信中断等情况发生，将导致门禁系统的人员名单不能及时下发，从而产生安防隐患或影响员工的正常进出。

在各车站级监控工作站中配置授权功能作为后备措施。当控制中心的正常授权功能不能实现时，可由具有相应权限的操作人员通过车站监控工作站将相关员工卡权限信息发送至门禁网络控制器和就地控制器，完成本站的紧急授权。

4.不同型式锁具的综合运用

机电一体锁进门时与电磁锁类似，即在读卡器上使用有效卡后，旋转门外执手就可开启房门，而室内无需安装出门开关和紧急出门按钮，出门时直接旋转门内执手即可开门（开门过程均为机械动作，无需门禁就地控制器发出指令）。

机电一体锁有断电开和断电锁两个选择。断电开，即切断锁具电源时门锁处于打开状态，但锁舌仍闭合，可以扣住门。断电锁，即锁具失去工作电源时保持锁闭状态，但可以通过钥匙开启门锁，旋转门内执手即可将锁具解锁，在保证人员生命安全的同时也确保了财产的安全。

第五节　屏蔽门及站台施工技术

一、屏蔽门的类型和原理

(一) 屏蔽门类型

轨道交通屏蔽门按其功能可分为两大类：闭式屏蔽门和开式屏蔽门。闭式屏蔽门也就是我们通常所说的轨道交通屏蔽门，开式屏蔽门即我们通常所说的安全门。开式屏蔽门又分为全高开式屏蔽门和半高开式屏蔽门两种。

半高开式屏蔽门主要作用是保证乘客的安全，高度一般为1200～1500 mm，由于它不能完全隔绝列车运行的空气流动风和噪声对乘客的影响，因此这种结构多用在敞开式地面站台或高架站台。全高开式屏蔽门除具有保证乘客的安全的功能外，还能阻挡列车进站的气流对乘客的影响，高度一般为2800～3200 mm，这种结构多用于没有空调系统的地下站台。

闭式屏蔽门除具有保证乘客的安全的作用外，还具有隔断区间隧道内气流与车站内空调环境之间的冷热气流交换的功能。所以要求屏蔽门的气密性良好，这样才能使车站与区间的热交换减小到最低程度，达到节能的目的。门体高度一般为2800～3200 mm，这种结构多用于设有空调系统的站台。

(二) 屏蔽门的系统构成

1. 屏蔽门的门体结构

屏蔽门的门体结构一般由承重结构、门体（包括滑动门、固定门、应急门、端头门）、顶箱、踏步板、上下部连接结构等构成。

2. 屏蔽门的门机系统

屏蔽门的门机系统是由驱动机构、传动机构、悬挂机构、锁定解锁机构组成。目前国内外屏蔽门供应商中一般采用皮带传动门机系统，极少数屏蔽门供应商中一般采用丝杠传动门机系统。丝杠传动门机系统传动效率高，位置控制更准确，但产品成本、安装精度要求和维护成本高且噪音大，所以，在屏蔽门系统中应用较少。齿形皮带传动门机系统，噪声低，安装调节和维护方便且维护成本低，在屏蔽门系统中广泛被采用。

3. 屏蔽门控制系统

屏蔽门控制系统由中央控制盘（PSC）、门控单元（DCU）、就地控制盘（PSL）以及传输介质组成。

(三) 屏蔽门系统的工作原理

轨道交通站台屏蔽门设有与列车门相对应、可多级控制开启与关闭的滑动门，同时在站台边还设有可手动开启的应急门，其作用是当列车门与滑动门不能对齐时，供乘客疏散。在屏蔽门的两端设有可开启的端头门，是供车站工作人员进入隧道的专用门。

1.正常运行模式（由系统级控制）

系统级控制当滑动门收到信号系统开门/关门指令后执行开门/关门命令，滑动门在电机带动下实现开门/关门动作，滑动门打开后乘客由该通道进出列车，所有滑动门关闭且锁紧后，屏蔽门系统将该信息反馈给信号系统，司机只有在接收到所有滑动门关闭且锁紧的信息后才可以发车。

2.非正常运行模式

当信号系统失效时，司机或站台工作人员可通过设置在站台端头的就地控制盘（PSL）或通过车控室紧急控制盘（IBP）控制一侧站台滑动门的开关。

当一档或多档滑动门发生故障时，通过站台工作人员可通过就地控制盒（LCB）将发生故障的滑动门隔离，或者将发生故障的滑动门调整到手动模式，调试单档安全门。

3.紧急运行模式

当发生故障或紧急情况时，如果就地控制盘（PSL）和紧急控制盘（IBP）操作失效，在站台轨道侧可由列车上的乘客手动打开滑动门或应急门，或在站台侧由站台工作人员用钥匙打开滑动门或应急门，供乘客疏散。

二、屏蔽门的安装和调试

（一）屏蔽门的安装

屏蔽门系统的施工单位应积极与地铁其他施工单位协调、配合，服从业主、监理或集成商的统一管理和协调。施工管理及施工人员应经过专业培训合格后才能上岗。

（二）屏蔽门的测试、调试

屏蔽门系统测试、调试主要包括样机、出厂、安装现场三个阶段的测试、调试。

1.单系统测试

（1）开关门力测试

屏蔽门门机及门体结构安装完毕后，测试门体的运行情况，主要是通过推拉力计拉动滑动门门体进行关门运动，读取拉力最大时的推拉力计读数。当读数在要求的范围内时，测试合格。测试过程如下。

①安装好屏蔽门门机及门体结构，使其按要求正常运行，并调整开门时间、关门时间。

②将滑动门打开。

③当滑动门关闭行程超过三分之一的范围时，通过推拉力计测量以阻止滑动门关闭所需的力。

(2) 电源测试

①屏蔽门系统所有设备安装布线完毕并检测合格后，须在设备室进行设备系统的通电检测，主要检测所有电源及设备是否正常运行。

②闭合屏蔽门系统控制电源柜及驱动电源柜中与低压配电接口处的空气开关，同时闭合控制电源柜中相关的控制及驱动输出空气开关，目测控制电源、驱动电源是否有电源报警现象出现。

③屏蔽门系统所有设备安装布线完毕后，在站台进行单元屏蔽门的电源线检测及通电试验，主要检测电源模块输出电压。当电源模块输出电压在要求的范围内，并确定输入DCU的电源电压正常时，则测试合格。

单个DCU的输入电压为直流110 V（该参数不同厂家的系统有差别），把万用表调至测电压挡，红黑表笔分别接驱动电源线的两根线，读取电压值，观察其是否在额定的输入范围之内。

(3) 手动开门力、关门力、解锁力测试

滑动门安装完成后，对滑动门的手动开门力、关门力、解锁力进行测试，主要通过推拉力计对手动开门力、关门力、解锁力进行测试。当手动开门力、关门力、解锁力在要求的范围内，滑动门手动打开30秒钟后能低速关闭且锁紧时，则测试合格。

(4) 障碍物探测功能测试

在滑动门中放置一个规定尺寸的障碍物，门关闭过程中如探测到障碍物，门将停止，释放关门力，静止3秒钟（可调节）后再关。连续3次循环后，如果障碍物依然存在，滑动门将处于自由状态，门状态指示灯闪烁。将障碍物移开，发出一个关门信号，滑动门立即低速关闭且锁紧，门状态指示灯灭则测试合格。

(5) 总线通信测试

①总线通信测试一：主监视界面显示的状态及报警测试

在主监视界面中，能够监视全站屏蔽门系统的工作状态，具体包括：控制电源、驱动电源、UPS电源、总线等的工作状态，指示显示绿色时为正常工作状态，指示显示红色时为故障状态；信号、PSL、IBP、PSC等控制命令的执行情况；全站所有屏蔽门，包括滑动门所处状态、手动解锁、工作模式，应急门、端门开关状态。状态改变或报警发生时，应观察主监视界面是否会有对应变化。

②总线通信测试二：单档门监视界面显示的状态及报警测试

单档门的监视界面中能够详细观看到全站屏蔽门系统中单档门（应急门、端门）的工作情况，包括感应器、控制系统发出的命令信号。就地按钮、手动解锁、DCU与总线间的连接等的状态和故障信息可通过显示器进行实时显示，正常工作时为绿色，故障时为红色。状态改变或报警发生时，观察单档门监视界面是否会有对应变化。

③总线通信测试三：历史数据查询界面测试。

屏蔽门运行日志存储在计算机上，提供查询状态并显示报警信息，并能以Excel

的格式输出查询结果，便于工作人员分析屏蔽门故障的原因和非正常开门/关门信息。改变查询条件，观察能否正确执行查询操作。

④总线通信测试四：速度及位移曲线界面测试

PSC监视软件能够保存滑动门在正常和发生开门/关门故障状态下的运动曲线。通过软件中提供的曲线查看功能，可以提取已保存的曲线数据进行分析对比，总结滑动门的运动特性。

滑动门开门/关门后，选择执行绘制开门/关门曲线，观察绘制的曲线是否与实际运行情况相符合。

⑤总线通信测试五：继电器监视界面测试

继电器监视界面应能监视继电器的断开、吸合和发生的故障，方便维护人员进行更换和维修。通过执行SIG、PSL、IBP命令，观察继电器监视界面是否会有相应变化。

⑥总线通信测试六：DCU参数设置测试

DCU设置用于对指定DCU的运行关键参数进行在线设置，用户可以将同一组参数一次性下载到上下行线所有DCU上，也可以对上下行线任一DCU进行单独设置。设置完DCU参数后，通过运行单档门并进行单体测试，观察是否与设置参数一致。

⑦总线通信测试七：软件下载测试

软件下载测试用于对指定DCU或PEDC软件进行在线升级，可以同时下载多个DCU，也可单独下载任一DCU。下载完软件后，通过执行SIG、PSL、IBP命令观察主监视界面和单档门监视界面显示是否正确。

2.屏蔽门系统的接口测试

屏蔽门系统的接口测试主要包括屏蔽门门体等电位测试、接地及绝缘层测试、与车辆的接口测试、与限界专业的接口测试、PSL功能测试等。

（1）屏蔽门门体等电位测试

用兆欧表对整列门体间的等电位电阻进行测试，每一单元屏蔽门的等电位连接线均可靠连接。若要求屏蔽门与轨道等电位，应测试接轨电阻值是否符合要求。

（2）接地及绝缘层测试

地铁牵引配电系统采用直流供电，并把钢轨作为汇流通道，因此钢轨与大地间存在的电位差会对乘客造成影响。为确保乘客及工作人员的安全，要求在乘客及工作人员易接触到的金属部件与列车的金属部件之间采用等电位连接。在站台两端各用一根电缆与钢轨回流线相连，同时屏蔽门采用绝缘安装，以保持轨道与站台的电气隔离。

①通过直流低电阻测试仪检测接地电阻，系统设备房所有设备接地电阻应不大于0.4Ω。

②通过500 V兆欧表检测屏蔽门与大地之间的绝缘电阻，绝缘值应不小于0.5 $M\Omega$。

(3) 与车辆的接口测试

在列车停车精度范围内，测试屏蔽门门体（主要为滑动门）与列车门的对应情况及首尾滑动门单元开启后对司机出入司机门的影响。在列车未停准的情况下，测试应急门与列车门的对应情况。

(4) 与限界专业的接口测试

检测屏蔽门安装后屏蔽门轨道侧轮廓线（包括在设计荷载下屏蔽门的变形量）至轨道中心线的距离是否满足限界要求。在任何情况下都不允许屏蔽门侵入其限界。

(5) PSL 功能测试

通过 PSL 向屏蔽门发出开门/关门命令，如果屏蔽门的开门/关门无故障且同时开启和关闭，所有的信号指示灯都正常，则测试合格。

① 通过 PSL 向屏蔽门系统的中央接口盘（PSC）发出开门请求命令，PSC 接到命令后向门控单元（DCU）发出开门指令，DCU 收到指令后，控制滑动门开门。

② 通过 PSL 向屏蔽门系统的中央接口盘（PSC）发出关门请求命令，PSC 接到命令后向门控单元（DCU）发出关门指令，DCU 收到指令后，控制滑动门关门（包括有障碍物存在的情况）。

3. 屏蔽门系统的联动测试需要注意的问题

(1) PSL、IBP、信号系统的测试首先应注意每个单元之间的串联控制命令线路及接线顺序是否正确，否则无法响应各控制命令，甚至导致命令缺少的故障。

(2) 进行 PSC 柜的功能测试时，由于 PSC 柜的硬线线路种类很多，且功能独立，主要通过图纸和线路的标号来区分 PSC 柜的线路类别，且接线时要求集中、细致。

(3) 控制命令 PSL、IBP、SIG 的供电系统是互相独立的，各路供电系统以 1 A 或 3 A 的保险丝作为保护。任何发生短路的线路，首先会熔断保险丝，从而起到保护 PSC 内部线路和设备的作用。

三、安全监控技术研究

(一) 现有地铁站台屏蔽门系统存在的安全隐患

1. 列车门与站台屏蔽门间存在空隙

根据列车动态包络线的计算，为了列车运行安全，站台屏蔽门及其他设备都不得侵入列车界限。同时考虑到受载荷时站台屏蔽门的变形量和安装误差，在安装时站台屏蔽门和列车门之间会留有 30 cm 左右的空隙。由于在设计上没考虑这个问题，站台屏蔽门和列车门之间没有安装相应的防夹检测装置。在人多拥挤的情况下，乘客被夹在站台屏蔽门和列车门之间的事情时有发生。

在乘车时，由于人多拥挤，经常出现人在列车内，包带被站台屏蔽门夹住，而包却在站台屏蔽门的站台一侧的情况。由于包带的宽度小于 10 mm，站台屏蔽门的防夹检测装置大多是接触式感应装置，很难检测到这一情况。如果此时列车起动，势必会危及乘客的人身安全,并且会严重损坏列车门及站台屏蔽门,带来难以预料的后果。这些都是现有屏蔽门系统潜在的安全隐患。

2.列车与地铁站台间存在空隙

列车在运行时会存在一定的摆动。为了保证列车的安全运行,列车与站台之间一般留有10cm左右的空隙。有的空隙甚至更大,很容易导致乘客上下车时因踩空而受伤。

（二）安全装置的设计

1.列车门与站台屏蔽门间存在空隙的解决办法

列车与站台屏蔽门之间的窄隙是客观存在的。当人或物件被夹在中间时,因客流量大及没有检测装置,若司机和站台工作人员未及时发现,就容易导致事故发生。研究表明,如果在屏蔽门和列车门之间加装激光探测传感器阵列和紧急报警开关,当传感器检测到有人或物体被夹在空隙中时,传感装置向车站总控制和司机室发出报警和终止列车起动的信号,同时,乘客可拉下紧急开关自救。

红外传感器、超声传感器和激光传感器都可以用于障碍物的探测。但对于地铁系统,安全和可靠性是首选条件。站台上情况复杂,且存在各种干扰信号,因此在传感器的选择上选择了抗干扰能力好的激光传感器。站台屏蔽门的防夹方案主要包括以下两部分。

（1）站台屏蔽门由移动门和固定门等部分组成

在站台屏蔽门轨道一侧的每扇活动门上装一个紧急报警开关,当乘客被夹在中间时,可拉下紧急报警开关。紧急报警开关会及时通知车站总控制室和司机,使列车停止起动,从而实现自救。

（2）在每扇移动门两边的固定门上安装激光探测传感器阵列

激光探测传感器由激光发射器、激光接收器和电源等部分组成,发射和接收装置分别安装在每扇门两边的固定门上。当有人或物体夹在空隙中时,接收端无法接收信号,则控制系统可判断出列车门和站台屏蔽门之间有人或物体存在,就会向总控制室和司机发出报警。

2.车与地铁站台间存在空隙的解决办法

任何物体都不能侵入列车的限界,列车和站台之间的空隙也是列车安全运行所需要的。站台设计和钢轨的磨损不同会导致列车与各站站台之间的间隙宽度不同,有的间隙可达到20 cm。现已运行的高速铁路列车与站台之间也存在较大空隙,但高速铁路列车的每个车门下都设计了一个自动伸缩踏板:车门打开时,踏板自动伸出;车门关上后,踏板自动收回。这一设计很好地解决了空隙问题,在高速铁路和动车运营中很少出现乘客上下车踏空受伤的情况。但地铁列车上还未见有类似设计的应用。

如果对现有地铁列车安装自动踏板,不但改造成本高,而且可能破坏列车的安全性。故可以考虑将自动伸缩踏板安装到站台上,这样改造成本低,也容易实现。

自动伸缩踏板由伸缩结构、驱动电机和控制部分等组成。伸缩机构由伺服电机驱动实现伸缩动作，控制器接收来自总控器的信号，使踏板伸缩和屏蔽门的开启实现同步控制。其伸缩量可根据需要进行调节，将自动伸缩踏板与列车车厢之间的间隙减少到 2 cm，踏空事故自然不会再出现。

四、站台绝缘层施工技术

（一）国内地铁屏蔽门绝缘层状况

由于轨道交通系统采用直流牵引供电，直流牵引供电设备及走行轨道（与车厢金属件、车轮为一体）对大地均采用绝缘安装，因此走行轨道与车站之间存在电位差。为保证乘客安全，地铁车站的屏蔽门门体与走行轨道连接成一体形成等电位，而车站站台处于地电位，乘客上下车时就存在门与站台的跨步电位问题。因此，站台必须设置一定宽度的绝缘层，方能保证乘客安全。目前，地铁站台绝缘还没有相应的技术规范或设计规范可供参考，也没有相应的技术储备，国内各地的地铁只能互相参考。

（二）现有地铁屏蔽门绝缘层的技术分析

在站台结构板找平层上粘贴橡胶绝缘膜再铺装石材的方式经实践证明是不理想的。进一步研究发现，该方式沿用防水的概念来做防电流泄漏，但两者之间存在本质区别：防水是防水分子泄漏，防电是防电子、离子的运动。站台面石材下水泥砂浆中的氢氧化钙、硅酸盐等成分是导电体，而绝缘膜上下层都被水泥砂浆覆盖。泄漏电流沿水泥砂浆层扩散，绝缘电阻值很小甚至导通，且橡胶绝缘膜之间、橡胶绝缘膜与砂浆之间不能保证完全黏结。因此，站台石材下面的绝缘结构缺陷很多，绝缘电阻值检测大都无法通过。即便通过，也是勉强达到 0.5 MΩ，稍微受潮，绝缘电阻就会急剧下降。

（三）站台绝缘的关键因素

随着屏蔽门而出现的地铁站台绝缘是一个新的研究方向，依据相关专业知识，需要明确以下几个关键因素。

1. 绝缘材料与绝缘结构

地铁站台绝缘结构设计的科学合理是绝缘效果良好的基础。绝缘材料只是绝缘结构的要素之一。现行方案中使用绝缘电阻率很高的材料而绝缘电阻实测值很低，就是因为绝缘结构设计缺陷造成的。例如橡胶绝缘膜绝缘电阻率很高，但由于其上有一层水泥砂浆，导致站台石材面绝缘电阻实测值很低。

2. 绝缘施工及绝缘检测

地铁绝缘站台的设计、施工及检测专业性很强，已逐渐演变成一个新的领域，如施工过程中的温湿度控制，施工工艺控制，施工过程与土建、装修、屏蔽门等工种的节点衔接，绝缘电阻的正确测量等都是专业性很强的工作，非普通装修工种所能胜任,必须由在此领域有一定研究实力的专业公司来实施。

(四) 整体复合绝缘层方案

针对现有绝缘层的各种不足,在已实施的昆明轨道交通示范线工程中,采用了新型的整体复合绝缘层方案。

1. 绝缘材料

整体复合绝缘层方案中绝缘材料是一个有机及无机材料两者聚合的材料体系,有机无机材料按一定比例配合,形成绝缘性能好、硬度高、耐变形等综合性能优异的固态绝缘材料。

2. 绝缘结构

(1) 整体复合绝缘层与装修设计的配合做到无缝对接,绝缘区的设计宽度、形状、水平及垂直面均不受限制,充分展示设计的完美性。材料的调控性决定其前后施工处的无缝衔接,操作简易、快速且后期无须过多维护。

(2) 整体复合绝缘层铺设于石材下方,满足地铁防火要求,不影响站台导向标志的布置,维护极为便利。

(3) 整体复合绝缘层操作简便,与混凝土垫层、石材面层成为一体,无受压变形等隐患,性能长效。

(4) 整体复合绝缘结构为无分割的整体,但可以随意设置分格缝。

(5) 整体化使其不存在难以控制的节点,有效保证了分格缝,且石材接缝处性能优异,有效节省了工期。

(6) 站台面石材在湿度大的环境下仍有优异的绝缘性能。

3. 施工工艺

(1) 复合绝缘材料采用现场机械调制、人工铺设的施工方式。

(2) 材料的半固体状使施工更为简便,也让前后施工达到无缝、无接口的整体化。

(3) 在施工中不借助任何易老化失效或变形剥离的辅助器件,一体化工艺杜绝了石材面分区缝失效而引发的整体绝缘无效隐患,确保绝缘层如石材般长效耐用。

(4) 优异的施工方式使面层石材成为独立的绝缘个体,对混凝土层无平整度等特殊要求。

(5) 水平面及垂直面接点处可处理为无接缝的整体,避免接缝口带来的隐患。

第三章　道路交通控制技术

第一节　干线协调信号控制

在城市交通中，由于交通流量大，各相邻交叉口相互关联、相互影响，只关注某一个交叉口的交通控制不能解决城市主干道的交通问题。在城市道路网中，交叉口相距很近，如各交叉口分别设置单点信号控制，车辆经常遇到红灯，时停时开，行车不畅，也因而使环境污染加重。为使车辆减少在各个交叉口上的停车时间，特别是使干道上的车辆能够畅通行驶，人们首先研究把一条干道上一批相邻的交通信号连接起来，加以协调控制，就出现了干道交叉口交通信号协调控制系统（以下简称线控系统，也称滤波系统）。

一、干线协调控制的分类与连接

（一）线控系统的分类

1.定时式线控系统的协调方式

（1）对于单向交通

实施单向交通的道路，或者双向交通量相位差悬殊的情况下，只要照顾单向交通流，是最容易实施交通信号协调控制的。

（2）对于双向交通

对于实施双向交通的道路，如果各交叉口之间距离相等，比较容易实现协调控制，当信号之间车辆行驶时间恰好是线控系统周期时长的一半的整数倍时，可获得理想的效果。各交叉口的间距不等时，信号协调控制就较难实现，必须采取相关方法求得信号协调，且会损失有效通车时间。

双向交通定时式线控系统的协调方式有以下三种类型：

①同步式线控系统

在同步式协调线控系统中，连接在一个系统中的全部信号，采用共同的配时方案，在同一时刻，在相同相位上显示相同的灯色，即它们的相位差为0。

当交叉口间距相当短，而且沿干道方向的交通量远远大于交叉方向的交通量时，可把相邻交叉口看作一个交叉口，采用同一个配时方案，绿灯开启时刻也相同，组成一个同步式协调控制系统，改善干道车辆的通行；或当干道交通量特别大，高峰小时交通量接近通行能力，下游交叉口红灯车辆排队可能越过上游交叉口时，把这些交叉口组成同步式协调系统，可避免拥堵情况的发生。但在后面两种情况下，采用同步系统，会使相交街道上的车辆增加停车时间；另外，使用这种系统，由于前方显示全是绿灯，会导致个别驾驶人加速赶绿灯，影响正常的交通秩序。因此该系统协调方式有很大的局限性，一般，只有在特殊情况下采用。例如，在有重要车流通过，经常采用交通管制手段，要求必须实现无停车通过，而此时通常采用人为干预的手段，需要大批人力来分段控制各个交通路口，以使得其他方向的车流停车让道，而如果采用同步式线控方式，可以节省大量人力，直接通过信号灯的调节使车辆顺利通过。

②交互式线控系统

在交互式协调系统中，连接在一个系统中相邻交叉口的信号，在同一时刻，显示相反的灯色。其目的是限定车辆在半个周期时间内通过一个交叉口，即如果有一辆车在半个周期时间内能驶过两个交叉口之间的距离时，则驾驶人就可不必停车，如果司机超过了设计时速，它们将不得不在每个信号前停车，该系统要求全部信号的周期时间必须统一，且必须随行驶车速而定。因此，该系统也主要用于各路之间的间距基本相等，并要求车辆在两路口的运行时间与该系统的周期长度的一半基本相等。车辆在相邻交叉口之间的行驶时间等于信号周期时长的一半。

③续进系统

续进式系统又称滤波协调控制系统，它根据道路上的要求车速与交叉口之间的距离，确定合适的相位差，用以协调干线上各交叉口绿灯的启亮时刻，使在上游交叉口绿灯启亮后开出的车辆，以适当的车速行驶，可恰好在下游交叉口绿灯启亮后到达。如此，使进入系统的车辆可连续通过若干个交叉口。

为保持此相位差在一定时间内不变，在这段时间内各交叉路口的周期值要保持相同。与同步系统不同，各交叉路口的绿灯时间通常是不同的。在确定绿灯时间和相位差值时，要考虑干线上两个方向都能形成"滤波"，这样按一定车速在干道上行驶的车队，能够不遇红灯或少遇红灯，有时一路绿灯地通过干道。

在决定主干道上可允许的绿灯时间时，必须把侧向交通流量考虑在内，通常应对各种不同需求加以折中，对于交叉口间距不等的道路要在两个方向上进行折中。

续进式线控系统中的各信号周期，对于主交通流方向上绿信比由该方向交通量大小、交叉口之间距离以及系统速度来确定。由于在所控道路上各交叉口绿灯信号形成一种步进式"滤波"，所以又称"滤波带线控系统"。"滤波带"中各绿灯信号时间长短,还受到各自交叉口的交叉交通流的影响,该方式是最常见的主干道线控方式,适用于交叉口之间的距离不长(一般少于600m),各交叉口之间的交通流的相差不大,而且主次方向交通流有明显差别的城市主干道。

实际上由于道路条件的限制,车辆一路"绿灯"不遇红灯是不易实现的,通常情况下,系统是工作在同步式和交替式的混合方式中。设计时可以用加优先权的方法来"优先"某一交通流的通行。例如,对于干道上的"潮汐式"交通,即早晨以进城(入境)为主,晚上以出城(出境)为主,具有明显的方向性,则可以早晨"优先"入境交通,晚上"优先"出境交通。这样,系统的总效益就会提高。

从上面的叙述可以看出,定时式交叉口干线协调控制有其很大的优越性,能够较好地减少交通阻塞,减少停车次数,降低交通污染。但我们仍要看到该系统的不足之处,其主要表面在以下几个方面:

第一,车辆以一定的速度在滤波带上运行困难较大。其原因是我国城市道路中车速呈正态分布,并且要求混合交通中各种车辆运行的速度一致也是不合理的。

第二,转弯车辆无法控制。因为支路绿灯亮时,转弯车辆可以通行,此时主干道正好是红灯,因而按滤波交通设置的相位差会使这些车流闯红灯,且在下一个路口必须停车等候。

第三,对道路条件要求过高。理想的道路条件之一是系统内的各个连接道的长度接近,这种接近的程度越高,所形成的滤波带就越宽。但在我国,大多数干线交通中这样的道路条件并不具备,有时相距还很大。

2.感应式线控系统

在干道上交通量相当小的情况下,为确保干道少量车辆的连续通行,而维持线控系统,这时所产生的总延误时间,很可能比单点信号控制还大。为避免这一缺点,在线控系统中使用感应式信号控制机,相应配以车辆检测器。当车辆检测器测得交通量增加时,开动主控制机,使之全面执行线控系统的控制;而在交通量降低时,各交叉口的信号机各自按独立状态操作,使线控系统既能得到良好的连续通车的效果,又能保持适应各个交叉口的交通变化。此系统称感应式线控系统。

(1) 使用半感应式信号机的线控系统

在线控系统中,采用半感应信号机,并用线控系统的基本配时方案来控制这些半感应信号机。这种系统,在每个交叉口的次要街道上安装检测器,次要街道检测有车时,仅允许次要街道不影响主干道连续通行的前提下,可得到基本配时方案内的部分绿灯时间,并根据交通检测的结果,次要街道的绿灯一有可能就尽快结束;次要街道上没有车辆时,绿灯将一直分配给主干道。

(2) 使用全感应式信号机的线控系统

在采用全感应信号机的线控系统中,在一般情况下,系统各交叉口可按其正常的单点全感应方式操作;在系统某个交叉口前的干道上测得有车队存在时,上游交叉口信号控制机即通知下游邻近控制机，下游控制机协调单元即强令正在执行的相交街道或对向左转相位及时结束，让干道上车队到达时能够顺利通过交叉口。

（3）关键交叉口感应式线控系统

英国曾用过一种简易的感应式线控系统，这种系统仅在关键交叉口使用感应式信号控制机，安装车辆检测器，而把其前后信号控制机同关键交叉口的控制机连接起来。同下游交叉口连接的感应联动信号，可避免因下游交叉口的车辆排队对关键交叉口通车的影响，这种连接方式称前向连接；同上游交叉口连接的感应联动信号，可避免因关键交叉口的车辆排队对上游交叉口通车的影响，这种连接方式称后向连接。

不采用中央控制器，而在一些战略性交叉口采用全感应式信号机。这既照顾到关键交叉口的交通流状况，又能使相邻交叉口形成干线协调控制系统。这里的"关键交叉口"，是指在线控系统涉及的路段上交通繁忙、交通流较复杂的交叉口。使用这种方式既能使战略性交叉口的交通流尽快疏散，又能使邻近交叉口不会因为战略性交叉口过来的交通流而造成交通阻塞。该方式的适用条件是：一个关键交叉口上下游有几个非关键交叉口；交通量不是太大；交叉路口交通流之间的相互影响一般局限在相邻几个路口范围内。

利用前置信号与速度指示相结合的线控系统，在主要交叉口数十米的位置上设置一个前置信号，让离散的交通流变成连续交通流。另外，在交叉口前置信号的几个地方设有速度指示标志，驾驶人按标志所示的速度行驶，以保证交通流在前置信号前"成束"，刚好在绿灯时间内通过交叉口。

3.计算机线控系统

线控系统协调方案的确定以及计算方法十分复杂，人工实施难免发生人为错误，而且交通效益不一定是最好的，更无法处理多相位等复杂配时方案交叉口的协调。使用计算机可以得到由人工难于实现的控制方案。计算机协调线控系统有"脱机"和"联机"两种方法。

（1）脱机方法

脱机方法是一种用按某种优化原则编制的计算软件，由计算机计算确定线控系统的配时方案，然后把这些配时方案设置到各交叉口的信号控制机中，各信号控制机定时按照已经设定的配时方案控制各信号灯运转的方法。因为此方法对信号控制的实施与计算机无关，所以称"脱机"控制。MAXBAND和PASSERⅡ是两种典型的配时方案优化系统，各有优缺点，感兴趣的读者可以查阅相关资料。

（2）联机方法

联机方法，不仅线控系统的配时方案是由计算软件获得，而且计算软件所需要的输入数据（主要是交通信息）由计算机从车辆检测器中直接取得，线控系统信号灯的运转也是由计算机进行控制，所以称"联机"控制。

联机控制系统，按照控制方式来划分，可以分为"配时方案选择式"和"配时方案形成式"两种类型。

配时方案选择式控制系统的基本方法是：用线控系统计算软件，根据不同的交通状况，计算出相应的配时方案，把这些相应于不同交通状况的配时方案都移置到控制计算机或配有计算机的信号控制机（主控机）中，设置在路上的车辆检测器，测得路上的实际交通数据后，把这些信息传送到控制器或计算机进行数据处理，并按处理结果，选择最接近于测得交通数据所适用的配时方案，定出信号控制参数，计算机或主控机即按照这些控制参数指挥信号灯的运行。

（二）线控系统的连接

为使线控系统各信号灯在灯色显示时间上，能按系统配时方案取得协调，必须把设定在系统各控制机中的配时方案，用一定的方式连接起来。按其连接介质可分为无缆连接和有缆连接两类。

1. 有缆连接

有缆连接是线控系统各控制机以电缆作传输介质连接的方式。

（1）用主控制机的控制系统

在一个用定时信号控制机的线控系统中，设一台主控制机来操纵用电缆与之连接的各个下位控制机，每周期发送一个同步脉冲信号通过电缆传输给各下位机。时差被预先设定在各下位机内，各下位机都保持在这个时差点上转换周期。所以下位机从主控制机接到同步脉冲信号后都要推迟到此时差点上才转换周期，因此，可保持各控制机间正确的时差关系。这是一类使用广泛的控制系统，其特点是主控制机每个周期都自动地对其各下位机进行时间协调。

传输脉冲信号的电缆可以是专用的，也可以利用沿线的通信线路。

这种系统可执行多时段的配时方案，配时方案的数目视各下位定时控制机的功能而定。在主控制机中可设置一个定时时钟操纵的配时方案的转换点，当时间达到这个转换点时，主控制机发出一个转换信号，制定系统中各下位机同时相应地改变配时方案。

这种系统的改进方式，是把主控制机改为一台同信号控制机完全分开的系统协调机（计算机），这台系统协调机（计算机）并不控制某个交叉口的信号灯，而只是用来发送同步脉冲信号和配时方案的改变指令。这样全系统都可用一样的信号控制机，这台同信号控制机（计算机）脱离的独立系统协调机，可安装在某个交叉口上，也可安装在交通工程师的办公室、信号维修站或其他合适的地点。

随着智能交通技术的发展和应用，线控系统已经作为其中的一个子系统，各信号机的连接一般可通过智能交通控制系统中的通信技术来实现，而主控制机的功能也可以通过使用智能交通控制系统中的客户端来实现。

（2）逐机传递式系统

在系统内各控制机中没有时差控制设施，对各控制机分别预先设定各机的配时方案及时差，用电缆将系统中各控制机逐一连接。开始运转时，当第一交叉口绿灯启亮时，发出一个信号传给下一个交叉口的控制机；第二个控制机接到信号后，按相位差要求延迟时间变成绿灯，并按绿信比的要求切换，这样依次下去，直到最后一个控制机。当第一个路口再一次出现绿灯信号时，按上面的程序重复进行。

2.无缆连接

无缆连接线控系统中，线控系统各信号控制机配时方案间的连接，不用电缆作信息传输的介质。

（1）电源频率连接

利用交流供电网络的固定频率作为计时方式，并通过人工或自动装置将信号控制器内实时时钟的日、时、分、秒校正至同步的方法实现无电缆协调控制。

采用这种方法的优点是比较简单易行。在同一供电网络中可获得较精确的同步。但是如果供电网络中电频率的波动较大时，可能会造成系统失调，此时必须要用人工到现场进行校正。

（2）时基协调器

在线控系统中的每个控制机箱都设置一个十分精确的数字计时控制器——时基协调器，它们执行各自不同的配时方案，以保持系统中各个交叉口之间的正确时差关系。

时基协调器可执行每天各时段和每周各天的不同配时方案，所以可用在多时段配时的线控系统中，在配时方案有改变时，必须由人到现场对各控制机逐一调整。

（3）石英钟时基

在信号控制机内设置一个标准石英钟和校时装置，可以使整个线控系统中控制方案的误差较小。在个别信号机出现故障或者时钟紊乱时，只需调整故障信号机即可，不会对整个系统产生影响。

三、定时式线控系统的配时设计

（一）配时所需数据

在确定线控制系统的配时方案之前，必须调查、收集一批必要的道路交通数据。

1.交叉口间距

相邻两交叉口停车线到停车线之间的距离。

2.街道及交叉口的布局

干道及相交道路的宽度、各进口道宽度及进口道车道数。

3.交通量

交叉口的交通流向、流量，各个方向交通量的日变、时变图。

4.交通管理规则

如限速、限制转弯、是否限制停车等。

5.车速和延误

路上(或每对交叉口之间的)规定行驶车速或实际行驶车速(或行驶时间,及当时所用控制方式下的延误。

然后根据调查数据,特别是交叉口间距及交通量数据,确定干线上交叉口纳入线控制的范围。把交叉口间距过长和交通量相差悬殊、影响信号协调效果的交叉口,排除在线控系统之外,或纳入另一个相宜的系统内。再用这些数据计算纳入线控系统范围内的各信号所需的配时,确定一批配时方案以备用。

(二) 各参数的确定

1.计算线控系统的周期时长

(1)根据每一交叉口的平面布局及计算交通量,按单点定时控制的配时方法,确定每一交叉口所需的周期时长。

(2)以所需周期时长最大的交叉口为关键交叉口,以此周期时长为线控系统的备选系统周期时长。

系统周期时长大于非关键交叉口所需周期时长时,非关键交叉口改用系统周期时长,其各相绿灯时间均随着增长,各路口干线方向的绿灯时间可依据交通状况适当调整,达到最优化。

2.计算线控系统中各交叉口的绿灯时间

干道协调控制下,计算绿信比时,关键交叉口绿信比的计算方法与单点优化绿信比的计算方法相同,非关键交叉口的算法不同,要根据关键交叉口进行调整,具体步骤如下:

(1)确定线控系统中协调相位的最小绿灯时间。协调相位即是协调方向的相位。

(2)确定非关键交叉口非协调相位最小有效绿灯时间。

(3)确定非关键交叉口协调相位的有效绿灯时间。干道协调控制子区内的非关键交叉口,其周期时长采用子区的公用周期,协调相位的绿灯时间不应短于关键交叉口协调相位的绿灯时间。

(4)计算各交叉口各个相位的绿灯显示时间。

3.确定信号时差

总结以往的线控系统,相位差优化通常采用的两种设计思路是:一是最大滤波带法。二是最小延误法。其中以最大滤波带为目标的相位差优化方法主要有图解法和数解法,本节主要介绍这两种相位差优化方法。

4.控制效果评价

线控制配时方案在实施之初,应当实地验证方案的效果;在实施之后,还应当定期到实地验证,即检测车辆平均延误、排队长度等交通评价指标。若发现效果不够理想,应根据实际情况重新调整控制方案。

（三）图解法

线控系统相邻信号间的绿灯起步时差，可用下面两种方法调整确定：目前适合人工计算的方法主要有两种。

图解法是确定线控系统相位差的一种传统方法，其基本思路是：通过几何作图的方法，利用反映车流运动的时间-距离图，初步建立交互式或同步式协调系统。然后再对通过带速度和周期时长进行反复调整，从而确定相位差，最终获得一条理想的滤波带，即通过带。

（四）数学解析法

数解法是确定线控系统相位差的另一种方法，它通过寻找使得系统中各实际信号位置距理想信号位置的最大挪移量最小来获得最优相位差控制方案。

四、线控系统的选用

（一）线控系统的应用条件

选用线控系统时应考虑的主要因素有以下几个方面：

1.车流的到达特性

在一个信号交叉口，车辆形成车队，脉冲式地到达，采用线控系统可以得到良好的效果，如果车辆的到达是均匀的，线控效果不会理想，就降低了对线控系统的要求。产生车辆均匀到达的因素有：

（1）交叉口之间的距离过远，即使是成队的车流，也会因为其间距离过远而引起车辆离散，不成车队。

（2）在两个交义口之间，有大量的交通流从次要街道或路段中间的出入口（如商业中心停车场等）转入干线。

（3）在有信号的交叉口处，有大量的转弯车辆从相交街道转入干线；等等。

2.信号交叉口之间的距离

在干线街道上，信号交叉口之间的距离可在100～1000m以上的范围内变化，信号交叉口之间的距离越远，线控效果就越差，一般而言，信号交叉口之间的距离不宜超过600m。

3.街道运行条件

单向交通运行有利于线控系统的实施以及实施后的效果，因而对单向交通运行的干道干扰应优先考虑采用线控系统。

4.信号的分相

由于信号配时方案和信号相位有关，信号相位越多，对线控系统的通过带宽影响就越大，因而受控制交叉口的类型也影响线控系统的选用。有些干线具有相当简单的两相位交叉口，有利于选用线控系统，而另一些干线要求多个左转弯相位，则不利于选用线控系统。

5.交通随时间的波动

车辆到达特性和交通量的大小，在每天的各个时段内有很大的变化。高峰时期交通量大，容易形成车队，用线控系统会有较好的效果，但在非高峰时期施行线控系统就不一定有好的效果。

(二) 影响线控系统效果的因素及改进措施

1.影响线控系统控制效果的因素

对于线控系统，起初几乎认为只要把信号连接成一个系统，就可以形成有效的续进系统。经实践后才开始认识到并不是所有情况都能形成有效的线控系统，也因此认识到有必要研究影响线控制统效果的各种因素。具体应该考虑的主要因素有以下几点：

(1) 车队离散现象对干道协调控制效果的影响

车队离散性主要反映为车流在运动过程中其头部和尾部之间的距离逐渐加大，以致整个车流通过下游停车线所需的时间会加长。在一个信号交叉口，如果车辆形成车队，脉冲式地到达，采用线控系统可以得到良好的效果。交叉口之间的距离太远，即使是成队的车流，也因其间距远而引起车辆离散，不能形成车队。

如果考虑这种离散影响，在干道协调控制设计时，滤波带宽不应取作常数，而是一种扩散状的变宽滤波带。带宽应根据首车和末车的速度来确定。但是，应该注意到，如果下游交叉口的绿灯时间都按照扩散的滤波带设计，则最下游交叉口的绿灯时间就会长得无法接受，这是一种对离散性不加约束的控制方式，在实际工作中往往是不可取的。因为沿主路方向设置过长的绿灯意味着使支路获得的绿灯时间相应地压缩到很短。这样，一方面主路方向绿灯时间利用率很低；另一方面，支路上饱和度却变得很高，车辆受阻延误时间大大增加。只有在某些特殊路段，且下游交叉口支路上车流量不大的情况下，经过全面的利弊权衡，才可以考虑采用变宽滤波带，而且这种变宽滤波一般不应贯穿全部控制路线。在大多数情况下，我们采用对离散约束的控制方法，即采用等宽滤波，车流在一个路段上产生离散经过信号约束，不再继续扩展到下一个路段。这样，位于车流首部或尾部的部分车辆会在每一个路口有一定的延误。从行车安全角度来说，以推迟绿灯开始时间，阻挡车速过快的首部车辆为宜。这样做，实际上还能起到一种调节车流离散程度的作用，因为开快车的前部车辆受到红灯连续阻滞后，司机会意识到应当适当降低速度才有可能不再受阻。

(2) 公交协调控制对干道协调控制效果的影响

在干道协调控制中，公共汽车也是必须要考虑的。如果沿控制路线有公共汽车行驶，并打算在信号控制方案中对公共汽车行驶给予一定的优先权，那么，就可以设计一种考虑公共汽车行驶特点的滤波配时方案。

公共汽车有别于其他机动车辆的行驶特点，主要有两点：一是车速较低。二是沿途要停靠站上下乘客。如果不照顾公共汽车行驶特点，按照所有车辆的平均速度设计滤波，则会使公共汽车受到红灯信号阻滞的概率大大高于一般车辆，而且受阻延误时间也会大大超过其他车辆。从运输经济角度来说，这种控制对策显然是不可取的。

为了设计便于公共汽车行驶的滤波方案，必须调查搜集如下几项基本资料：

①一个信号周期内到达停车线的公共汽车平均数。

②每一区间路段上，公共汽车平均行驶时间。

③公共汽车停车站设置情况（在每一区间路段有几次停车）。

④在每一个停车站公共汽车平均停车时间。

根据以上各项调查资料，在时间一距离图上，不难绘出公共汽车的行驶过程线，然后便可据此选用一个初始的滤波方案。初始滤波方案，虽然能够比较理想地满足公共汽车受阻滞最少的要求，但很可能会过分地增加其他车辆受阻延误时间。为了检验方案的可行性，应该把其他车流在初始滤波方案控制下的行驶过程也绘在同一张时间一距离图上，并计算出它们在沿线各个交叉口受阻平均延误时间总和。利用某种目标函数，可以对这一初始方案的经济效益做出估价。若认为是经济的，便可不再对此方案进行调整。否则，应当调整滤波方案，并重复上述步骤，直到得出满意的方案为止。

(3) 转弯车流对干道协调控制效果影响

沿控制路线的各交叉口，可能会有部分车辆转弯而离开主路，转到支路上去。同样地，沿途也可能有若干车流从支路上转弯汇入主路车流中。这样，沿控制路线，车流量将不是一个恒定的数值，滤波带宽度也就不应该是一个不变的定值。滤波带宽度只要与每一区间段上的实际流量（把转弯驶入与驶出的流量考虑在内）相适应即可。需要说明的是，从支路上驶入主路的车流和主路上原有的车流，它们在流量一时间图上可能有一个时距差。

到达下游停车线的时间就不一致。在安排下游交叉口的绿灯起讫时间时，应该充分考虑到这一点。但是，这并不等于在任何情况下都要照顾支路上驶入的车流，要看具体情况而定，即支路上车流量大小，与主路车流的时距差大小等。

(4) 影响干道协调控制效果的其他因素。

①交叉口间距对干道协调控制效果影响

当两个或多个交叉口相连时，为了使车辆在干线上更加有效地运行，尽可能地减少延误，一般把这些交叉口的绿灯时间进行协调。通常信号交叉口的间距可在100~1000m的范围内变化。信号交叉口间的距离越远，线控效果越差，一般不宜超过600m。当交叉口间距满足上述要求时，在干线上行驶的车辆易于形成车队，车辆到达交叉口较为集中。相反，干线上行驶的车辆不易于形成车队，出现车队离散现象，到达交叉口车辆较为离散，这就不利于进行交叉口的干道协调控制。

②车队平均行驶速度对干道协调控制效果的影响

车速是干道协调控制中的关键因素，如果在设计时车速取的不合适，实际控制效果肯定不会很好，甚至导致设计完全失败。

车辆在路段上行驶时，就每辆车辆而言，行驶速度是有差别的，但就整个车流而言，其平均车速的波动范围则是有限的。我们这里说的车速不是车辆通过某一点的瞬时速度的平均值，而是在一个区段（通常是从上游停车线到下游停车线）内全行程速度平均值。

在不同的道路上，车速分布规律可能是不相同的，应该根据实际观测的数据，再经统计分析，以确定车流空间速度的实际分布曲线。在设计配时方案时，沿整条控制路线，不一定始终采用同一个设计车速，而应该根据每一路段具体情况分别选用合适的车速，尤其是在全线各段交通情况差异很大时更应如此。

③交叉口相位、相序设计对干道协调控制效果影响

由于信号配时方案和信号相位有关，信号相位越多，对线控系统的通过带宽影响越大，因而受控交叉口的类型也影响线控系统的选用。有些干线具有相当简单的两相位交叉口，有利于选用线控系统，而另一些干线由于多个交叉口设有左转弯相位，则不利于选用线控系统。

④交通量随时间的波动

车辆到达特性和交通量的大小，在每天的各个时段内有很大的变化。高峰期交通量大，容易形成车队，用线控系统会有较好的效果，但在非高峰期线控系统就不一定有好的效果。

2. 提高线控效果的措施

影响线控系统效果的因素很多，为了提高线控系统的效益，可在实施线控的干道上设置前置信号和可变车速指示标志。

（1）前置信号

在主要交叉口前几十米的地方设置交通信号灯，可以使交通流在信号灯控制下集中，放行后在交叉口处不停止地通过，从而可使交叉口上的绿灯时间得到有效利用，提高交叉口的通行能力。

（2）可变车速指示标志

在交叉口前一个或几个地方设置速度标志，指示驾驶人以提示速度行驶，通过交叉口。可变车速标志上指示的速度数值，同信号交叉口的显示灯色和时间有关，同时受交叉口信号控制机的控制。

（3）前置信号与可变车速指示标志合并使用

据有关资料统计，采用前置信号与可变车速指示标志并用的线控系统可使在交叉口不停车通过的车辆数从交叉口通行能力的55%提高到70%~77%。

3. 对线控系统的改进措施

线控系统方案形成后，会由于多种原因而导致线控系统不能达到预期效果，可以

通过以下措施进行改进。

（1）如果滤波带宽较窄，滤波覆盖车辆较少，可以适当延长个别路口干线方向绿灯时间，或者通过调整相位设置来提高滤波带宽度。

（2）采用不同的系统周期时间和系统速度进行试算，挑选出效果较好组合。

（3）如果车辆的到达较为均匀，不利于形成车队，会导致滤波效果差，此时，可以考虑将此主干线进行分段控制，人为地使车辆聚集，形成车队。

（4）选用线控系统时，各交叉口主干线方向的通行能力应当大致匹配，不能出现"瓶颈"路口或者个别路口需求过大而导致交通拥挤。如果出现此类问题，最佳方案是对此路口进行改造，增大通行能力；如果条件不允许时，应当将此路口排除线控系统，并提前控制车流，防止车流迅速到达而引起交通拥挤。

（5）如果干线交叉路口间距不均匀，个别路口间距过小时，可以考虑将两个路口合并，形成同步系统。

（6）选用线控系统时，车辆的行驶速度必须严格控制，否则会影响系统效果，可以设置速度提示标志或者设置车辆引导装置。

（7）干线系统方案确定后，应先进行仿真评价，并及时调整。在实施过程中，由于车辆运行情况与以往有很大不同，此时可能会导致车流运行速度增大、交通吸引力增大等问题而影响系统效果，此时应当及时调整方案。

第二节　区域交通信号控制

城市区域交通信号控制通常基于这样一个事实：在一个区域或整个城市范围内，一个路口交通信号的调整将会影响相邻路口的交通流；而相邻路口交通信号的改变也会影响本路口的交通状况。因此，从整个系统的战略目标出发，根据交通量检测数据，协调区域内各路口的交通信号配时，必然能够取得整体最优的效果。而这种效果是交通信号单点控制所不能获得的。

一、区域交通信号控制的概念

区域交通信号控制（以下简称面控制）系统的控制对象是城市或城市的某个区域中所有交叉口的交通信号。区域交通信号控制系统的概念是：把控制对象区域内全部交通信号的监控，作为一个交通监控中心管理下的整体控制系统。其是单点信号、干线信号系统和网络信号系统的综合控制系统。区域交通信号控制系统的总目标是：在未饱和交通条件下，降低车辆行驶延误，减少红灯停车次数，缩短车辆在路网内的行驶时间，提高路网的整体通行能力。

区域信号控制系统是用计算机对城市或某个区域路网的路口信号机进行协调控制的，是以计算机为中心的数据通信系统。因此，随着计算机技术的不断发展，以及通信、检测、控制技术在交通控制领域的广泛应用，区域控制系统得到了快速发展。早期的区域控制系统着重对周期、绿信比和相位差等交通信号参数进行最优控制；现代的交通控制系统则是多种技术的集成，包括车辆检测、数据采集与传输、信息处理与显示、信号控制与优化、电视监视、交通管理与决策等多个组成部分。智能运输系统的开发与应用大大扩充了实时交通流信息的内容，区域交通信号优化控制面临着新的发展。

区域控制系统可提高现有道路的交通效率，改善道路交通安全，节省消耗，减少环境污染，收集交通数据，提供交通情报，强化交通执法和指挥诱导，为整个社会提供综合经济效益。实践证明，现代化的交通控制系统是缓解城市交通问题的重要措施，其具有投资少、效率高、见效快且有效面广的优点；同时它也是城市现代化的重要标志。

二、区域交通信号控制的优点

（一）区域控制总的优点

（1）便于整体监视和控制。
（2）因地制宜选择合适的控制方法。
（3）有效、经济地选择设备。

（二）集中控制的优点

全部控制设备只位于一个中心；系统地研制和维护不复杂；所需设备较少，维修容易。

（三）多级控制的优点

（1）通过数据的预处理和集中传输，能减少传输费用。
（2）由于系统不依赖一个中心控制或集中的传输机构，系统具有较高的故障保护能力（系统的一部分故障不影响其他部分），提高了系统的可靠性。
（3）能处理实时单元的容量较大（检测器、交叉口信号机等）。
（4）控制方法和执行能力比较灵活。

（四）区域控制系统注意事项

1.控制性能的发展性

在这种大的控制系统的建设中，要有次序地把现有的定周期式信号机更换为面控系统。尽量使控制机引入新的研究成果，而不致改变原来的机器构成即尽量利用老的信号机。

2.控制范围有扩大的可能性

随着城市的发展，城市规模的扩大，必须有可能扩大控制范围，以扩大中央控制室的作用。

3.高度的可靠性

所有机器要有高度的可靠性，即系统中的一部信号机发生故障，系统中其他信号机不会出现异常，整个系统仍能照常工作，且能早期发现而予以修复。

4.使用的方便性

随交通状况的变化，对机器控制的内容及机器动作的监视和变更更要比较容易，如出现暂时性异常时，亦能及时处理。

5.软件的适用性

在我国现实交通条件下，还必须考虑自行车交通等各种交通方式的合理处理。

三、区域交通信号控制的分类

（一）按控制策略分类

1.定时式脱机操作控制系统

这种系统是利用交通流历史统计数据进行脱机优化处理，得出多时段的最优信号配时方案，存入控制器或控制计算机内，对整个区域交通实施多时段定时控制。

定时控制简单、可靠且效益投资比高，但不能适应交通流的随机变化，因为在脱机优化过程中，信号配时是利用计算机对大量历史数据分析与计算以及优化求解，寻求在新情况下的最佳配时方案。为此，采用脱机操作系统的信号协调控制多适用于交通流相对稳定的道路网。该系统只有在网络交通条件发生重大变化，信号配时方案不能满足要求时，才重新对整个网络进行一次交通量数据采集、处理，进而更新信号配时方案。很显然，离线控制系统简单、可靠，但不能及时响应交通流的随机变化，因此当交通量数据过时后，控制效果明显下降。

2.感应式（响应式）联机操作控制系统

这种系统是用设在道路上的车辆检测器实时对交通流进行检测，并将检测结果反馈给中心计算机进行优化计算，不断得到适合交通流变化的优化信号配时方案，由中心计算机控制路口信号机实施。

感应式联机操作控制系统，也称"自适应控制系统"，意为能够自动适应交通流变化而进行配时调整的系统，因此，该系统多适用于交通流变动较大的道路网。

通过路网上的车辆检测器，实时采集交通量数据，进行交通模型辨识，进而可得到与配时参数有关的优化问题，在线求解该问题即获得配时方案，然后对区域内的交通信号实施控制。在线控制系统能够及时响应交通流的随机变化，控制效果好，但控制结构复杂，系统维护困难。

（二）按控制方式分类

按控制方式的不同，区域控制系统可分为以下两大类：

1.方案选择方式

根据不同的交通流状况，事先做好多种备选配时优化方案，并存入计算机，在联机运转过程中，按照交通检测器对路网交通流量的实时检测结果，由计算机选择相应配时方案由路口信号机实施，以达到交通流变化实时调整信号配时的目的。

2. 方案形成方式

根据车辆检测器采集到的实时交通流信息，实际计算最佳的配时方案与不断变化的交通流相适应，实施动态交通控制。

（三）按控制结构分类

将网络内所有信号连接起来，用一台中型或小型计算机对整个系统进行集中控制。其原理、结构均较简单。

1. 集中控制结构

当需要控制的信号数目很多，并分散在一个很大的地区内时，设计集中控制系统必须特别谨慎，要考虑以下几点：

（1）需要监视和控制的实时单元（检测器、信号控制机及可变信息标志等）的数量。

（2）对信号网和检测器收集并分配数据和指令所需通信传输线路的费用。

（3）可选用的控制方法和执行能力的灵活性。

2. 分层式控制结构

把整个控制系统分成上层控制与下层控制，上层控制主要接收来自下层控制的决策信息，并对这些决策信息进行整体协调分析，从全系统战略目标考虑修改下层控制的决策；下层控制则根据修改后的决策方案，再做必要的调整。上层控制主要执行全系统协调优化的战略控制任务，下层控制则主要执行个别交叉口合理配时的战术控制任务。这种结构可以避免集中结构的缺点，且可有分级控制的功能，提高了系统的可靠性，但需增加设备，投资较高。

分层多级控制一般分为三级控制结构。

第一级位于交叉口，由信号机控制。

第二级位于所控制区域内的一个比较中心的地点。

第三级位于城市内的一个合适的中心位置，应该起到一种指挥控制中心的作用。从此中心能监视城市内任一信号交叉口的交通状况，接收、处理有关实时交通流数据，并提供监视、显示和控制指挥设备。此外，控制中心能接收有关设备故障的情报，以便采取相应的措施。

在控制模型计算方法上，当前控制系统大部分是在正常交通条件下设计，即在未饱和的交通条件下；有的方案以降低延误、行程时间为目标，有的方案以减少停车次数为目标，有的则以提高路网通行能力为目标等。超饱和交通条件下的控制方案，近年来，一直是国际上的重要研究课题，已出现了一些超饱和控制的模型，但均尚未付诸实用。

第三节 交通诱导控制

一、交通诱导控制的发展和分类

(一) 交通诱导控制概述

交通诱导控制是一种主动式的控制方式,是指通过一定的交通信息发布媒介,实时向道路交通参与者提供道路的实际运行情况,提醒、建议或控制交通参与者选择最佳的行走路线,从而避免或者减少行程延误和损失的一种道路交通控制方式。交通诱导控制重在加强交通参与者与交通控制系统之间的信息传递,是以交通情报信息传递为主的控制。

交通诱导系统(Traffic Guidance System,TGS)或称交通流诱导系统(Traffic Flow Guidance System,TFGS)、交通路线引导系统(Traffic Route Guidance System,TRGS)、车辆导航系统(Vehicle Navigation System,VNS),是基于电子、计算机、网络和通信等现代技术,根据出行者的起讫点向道路使用者提供最优路径引导指令或是通过获得实时交通信息帮助道路使用者找到一条从出发点到目的地的最优路径。

自20世纪60年代以来发展并得到广泛应用的各类交通信号控制系统已证实具有效,但此类系统只能处理到达交叉口车辆的合理运行问题,对网络上车辆分布的控制却无能为力,也就是说,无法达到网络上交通负荷尽可能均衡分布从而使路网使用效率最高、用户最优的目标。交通诱导控制发展于20世纪70年代,其出现来源于控制思想和策略的进步,相对于传统的信号控制系统来说,更多地使用了计算机、通信等技术。交通诱导控制通过实时传递交通情报信息,引导和控制交通参与者的交通行为。交通诱导控制涉及许多的现代理论和技术,其中主要包括控制技术、通信技术、计算机技术、检测技术、图像处理技术、优化方法、交通工程理论等,一个先进的交通诱导控制系统通常是这些现代理论和技术的综合集成与有机结合。

通过路网实时交通信息的采集、交互传播,来诱导车辆选择最佳路径的交通诱导系统,成为交通管理发展的趋势。这种系统的特点是把人、车、路综合起来考虑,通过诱导道路使用者的出行行为来改善路面交通系统,防止交通拥堵的发生,减少车辆在道路上的逗留时间,并且最终实现交通流在路网中各个路段上的合理分配。由于控制设备复杂、优化模型困难等原因,交通诱导控制的应用还在发展中,目前还没有达到传统信号控制的普及程度。

(二) 交通诱导控制的特点与分类

从宏观上来说,交通诱导是一种控制信息的传递过程。所传递的信息内容是道路交通的情况,如是否繁忙、是否拥堵、是否有其他备选路径等。信息可以是现场的状态信息,如"已经拥堵",或者控制预测信息,如"预计车流较多"等。交通信息来自道路视频监控系统、接处警系统、公路车辆智能监测记录（卡口）系统、交通信号控制系统、人工采集以及相关单位和部门提供的动态信息等。信息需要进行加工以传递到不同的接收点。传输信息的介质，包括可变信息情报板、车载导航终端、计算机网络、数字广播、数字电视、移动通信设备、电话等多种形式。在目前的技术手段下，所有的信息通过驾驶人的判断，对车辆的运行情况做出调整，从而达到控制的目的。

1.强制性与建议性控制

根据交通诱导控制的强制性程度划分，主要分为强制性（约束性）控制和建议性（非约束性）控制。

（1）强制性（约束性）控制

交通诱导控制是通过传递交通信息以达到诱导与控制交通流的目的。如果所传递的交通信息是以道路交通法律、法规中所规定的具有约束性含义的交通标志的内容（或图案）的形式表示，则这样的交通诱导信息就具有法律上的强制性和约束性，交通参与者必须严格执行和遵守这种交通诱导信息的约束性，否则，即属于交通违法行为。例如，道路上的可变交通标志和高速公路上的可变限速标志等都具有这种约束作用。

（2）建议性（非约束性）控制

交通诱导控制除传递约束性的交通信息外，更多的情况是向广大交通参与者提供交通运行状况及行车建议等情报信息。这类信息属于非约束性信息，即信息是否被交通参与者采纳并非具有法律上的强制性，而是交通参与者自己做出进一步交通行为决策和判断时的参考依据。例如，可变交通信息标志、交通广播、车载诱导系统都具有这种功能和作用。

2.车内诱导与车外诱导控制

根据交通诱导信息的作用范围划分，主要分为车内诱导控制系统和车外诱导控制系统。

（1）车内诱导控制系统

该系统的诱导对象是单个车辆，也称车辆个体诱导系统。实时交通信息在车辆和信息中心之间传输。这类系统的诱导机理比较明确，容易达到诱导的目的，但其对车内设施和信息传输技术要求比较高，造价相对昂贵。

（2）车外诱导控制系统

该系统的诱导对象是车流群。交通诱导信息在车流检测器、信息中心和外场信息显示设备（交通信息板、交通诱导屏等）之间传输，也称群体车辆诱导系统。车外诱导系统一般又可分为城市交通诱导系统（包括城市街道诱导信息发布系统、城市停车诱导系统等）和公路交通诱导系统（含高速公路交通诱导系统等）。

车外诱导是以"广播"的形式通知一个群体，车内诱导是具体到一个个车辆个体进行诱导，两者的技术复杂程度与效果有较大的差别。在中国现阶段，一般所设计并实施的交通诱导系统属于车外诱导系统。这种系统投资少、见效快，对群体车辆有较好的诱导作用，可以快速缓解交通拥堵现象。待条件成熟后，交通诱导系统建设可以在车外诱导控制系统的基础上进一步扩展，建设车内诱导控制系统。

二、交通诱导控制的原理

交通诱导控制作为一种动态的实时控制方式，其控制的基本原理或其组成结构概括起来包括三个部分：信息收集、信息加工和处理、信息传递（使用）。

（一）信息收集

交通诱导控制来源于信息的收集。从交通原始数据的类型上来说，有道路状况、交通流量、交通流速、道路占用率等。从信息的采集方式上来说，有传感器自动采集传输及人工信息提交两类。

交通信息的收集或信息采集是交通诱导控制中最基本的环节，其他一切控制决策或有效信息的提供都是在所收集信息的基础上进行的，能收集到种类丰富、实时性强、准确度高的原始数据，是交通诱导控制的起点，也决定了诱导信息的准确性及诱导效果。基于各类传感器的自动化交通信息收集可以收集到海量的、丰富的数据，并辅助于强大的计算机处理能力，是人工信息提交不可比拟的。近年来，大量传感器技术的成熟与应用以及智能交通系统基础设施建设的完善，交通信息检测器的使用越来越普及。目前，国内外在交通检测系统或交通信息采集系统中应用了电磁传感技术、超声传感技术、雷达探测技术、视频检测技术、计算机技术、通信技术等，检测器主要有环型感应线圈检测器、超声波检测器、红外检测器、雷达检测器、视频检测器等。

单个传感器数据采集存在一些固有缺陷。例如，检测器精度的影响和技术原理导致获得的信息具有一定的随机性，因而获得的数据具有随机误差，提供的交通数据不一定符合实际情况。针对这类情况，一般采取多传感器数据融合的交通信息采集方法，进行数据的相互补充。例如，在城市道路交叉口，一般同时设置视频检测摄像机和环形线圈检测器。多传感器集成和融合给系统提供的额外益处，包括坚固的操作性能、扩展的时间覆盖、增强可信度、增强空间分辨率、提供数据的可靠性、增加了维数、减小模糊等。传感器信息收集的数据经过采集系统的预处理、加工、封装，发送到指定的数据通道去进行下一步交通信息的加工与处理分析。

采集质量的高低直接影响到整个交通控制系统的运行效果。在交通信息采集的过程中必须遵守下面两个基本原则：一是信息采集的全面性，即在进行信息采集时，尽量采集监控区域内所有或绝大部分的交通信息，从而保证充足的样本量，减少采集信息与实际状况之间的误差。二是信息采集的有效性，即保障能够及时发现由于系统发生故障或受环境变化导致的检测结果失真，从而剔除错误数据，以免影响后续的信息处理。

人工信息提交主要是指在重大事件或活动发生时，按照具体的交通规划方案主动引导交通流。例如，重大事故应急救援诱导，需要医院及事故地点，人工的信息输入可以作为整个交通诱导系统的一个部分来看待。虽然基于传感器与系统间的直接信息交换是发展趋势，但需要指出的是，人工信息收集具有不可替代性，是无法采用传感器技术完全获取的。

交通信息收集也是随着技术的发展而不断丰富的，现阶段主要以"路"的信息采集为主。随着各类传感器不断普及，关于"车"的信息，如车辆的实时位置信息、车辆运行工况信息等可以作为信息输入的一部分而大量获取。配合数据处理与计算技术的发展，进而从更多维度感知整个路网的交通情况。

（二）信息加工和处理

交通诱导方法依据一定的路网均衡原则，得到最优的交通流量分布模式为交通诱导系统提供诱导决策的依据，动态路线诱导则通过群体诱导系统（如交通广播、信息显示屏）或个体诱导系统（如车载导航系统）等手段发布非强制性的诱导信息来改变车流的空间分布。信息的加工和处理是交通诱导控制的最主要也是最复杂的一个环节，它不仅要对目前的交通状况进行科学分析，而且还要对未来可能的交通变化趋势进行准确判断，才能做出既有利于满足交通参与者交通需求，又能有效改善交通运行状况的控制决策。交通信息加工和处理主要包括以下几个过程：

1. 根据原始数据获取与分析当前交通流状态。

具体包括各类传感器的信息输入以及部分车辆的位置信息输入，通过对这些数据过滤异常，去除无效非法数据，对不同来源的数据进行整合。以适当的指标体系计算多个维度的信息，得出整个交通系统的状态，如是否通畅，是否拥堵、拥堵位置，持续影响时间等。同时，通过对历史数据的总结与学习，不断调整指标体系与评估方法，实现智能化评价分析。

2. 预测下一阶段的交通流状态。

基于输入的实时数据和历史数据预测估计路网的当前状态，包括行程时间、交通量、车速等，以作为预测将来状态的初始条件之一。建立恰当的交通诱导模型，同时利用估计的当前状态作为预测的初始条件，预测将来的交通状态。根据历史数据及现时数据进行综合分析与评估，预测近期的交通流变化情况，对未来可能发生的情况进行判断。

3. 生成引导信息或指令。

例如，信号控制方案的调整与选择，诱导控制方案中诱导路径的计算，系统某一部分出现故障时系统自动采取的相应对策等。根据实时情况及预测情况，结合交通流的控制目标，确定诱导控制的点及控制投放方法，根据情况生成交通诱导指令及信息，并根据指令的反馈来进一步动态调整，以达到实时诱导控制交通流、均衡路网交通负荷的目的。同时对于已产生诱导的指令,评估诱导结果,进行反馈调整。

在交通信息相关系统中,最难解决的就是如何向出行者动态地提供出行前和在途路径诱导信息。在"准动态"交通分配模型中,动态数据每5min为一个研究时段,而实时的数据必须在窗口期内进行高速处理,才能达到准确的诱导控制。因此,需要借助先进的数据融合技术将这些数据有效融合。涉及的数据源多、数据量巨大,这项技术是国际上公认的智能交通系统研究的难点问题。

(三)信息传递(使用)

信息传递或再现是交通诱导控制系统的最后一个环节,主要是将诱导系统所做出的交通控制决策显示或表现出来,供交通参与者参考和决策。它是体现诱导控制系统效用的最直观的环节或部分,也是与交通参与者联系最密切的环节或部分。诱导控制的作用及目标的实现基本上都是直接通过这一环节达到或完成的。交通诱导控制作用的实现,主要借助于交通诱导信息的媒体展现,包括可变信息标志(板或牌)、无线电收音机、车载导航信息显示器、互联网等。展现之后的结果通过驾驶人的判断,主观上做出规避拥堵的行为,从而调整路线,从微观上做出改变。机动车驾驶人的调整结果在宏观上改变整个交通流的运行,从而达到诱导的目的。

诱导信息传递也存在比例问题。当诱导比例较小时,交通诱导不会影响交通控制系统的运行,这是由于比较小的诱导车辆比例对路段流量和交叉口信号配时影响不大。随着诱导比例的上升则表现出与交通自动控制系统的相互影响。因此,适当的诱导比例也会对诱导控制效果造成影响。

三、交通诱导控制的主要方式

(一)可变交通标志诱导控制

目前,可变交通标志诱导控制是一种应用范围最广泛、最普遍的诱导控制方式。其主要是利用交通控制系统所采集到的交通运行状况及各种交通参数信息,经过控制中心的计算机处理后,由可变交通标志信息板或情报板实时地显示道路交通的状况及相关的控制信息。例如,某交叉口或路段的交通拥堵情况、某地点发生交通事故的情报、某停车场有无空余泊位的信息,以及交通环境噪声、城市污染和天气情况等,向驾驶人提示最佳的行驶速度、提醒交通参与者选择合适的交通路线等。这种控制方式由于及时向交通参与者发布了有关的交通信息,可以使交通参与者及早采取对策,从而可以达到有效缓解、疏导和控制交通的目的。

1.可变交通标志控制系统的功能

通过同一信息板可在不同的时段分别显示不同的交通标志,从而可实现对交通流的动态控制。可变交通标志的显示屏,其外观、作用都类似于普通的静态交通标志。但是,作为可变交通标志,它可以根据不同时段的交通管理与交通控制的需要,随时变换所显示的交通标志的种类,即同一块交通标志显示板通过显示内容的变化,可以起到多个交通标志的作用。因此，可变交通标志比一般的静态交通标志具有更大的灵活性，也就能进一步适应交通管理中对交通流的动态控制的实际需要。

及时向广大的交通参与者显示有关的交通信息及情报信息，便于实现交通管理与控制的主动化。可变交通标志的显示屏可以随时显示控制中心收集到的有关交通路况信息（如交通流量变化、交通拥挤路段、道路施工或故障等）、情报信息（如交通事故、意外事件等情报）及停车场信息，便于及时提醒车辆驾驶人及某些特定用户注意或主动采取相应的应对措施，从而可以有效地管理与控制交通需求，又可以避免一些特殊情况下的交通事故或延误的发生，提高了交通管理与控制的主动性。

提醒或引导驾驶人选择合适的行驶路线，有利于交通负荷在路网的均衡分布。对于拥堵程度较高的道路，在车流到达其入口前，通过可变交通标志显示屏向交通参与者发布有关的拥堵道路信息及替代道路信息，以促使驾驶人主动选择合适的行驶路线，减少拥堵。

2.可变交通标志控制系统的构成

可变交通标志控制在技术上简单易行、成本低廉，且信息处理与采集的要求不高，对大部分城市来说可以快速部署建立相关的可变交通标志控制系统，得到立竿见影的效果。

（1）控制中心

控制中心包括信息的采集与处理两个部分。信息采集部分主要包括前端数据接入、数据分析处理及对各路面诱导标志的显示内容的编排、显示方式的选择、显示信息的记录等功能。其主要根据具体的交通运行情况，做出适用于不同可变信息标志的可变信息，然后通过通信系统传递给可变信息标志。

（2）通信系统

通信系统主要是指通信控制系统和通信线路，其主要作用是传递实时的交通检测信息以及控制中心制定的可变交通信息。在通信线路上有光纤、无线通信等链路，并且可以支持互备容灾。

（3）可变信息标志

可变信息标志是可变交通标志诱导控制系统的执行装置，其主要功能是执行和再现，由控制中心所制定与生成的实时可变信息。一个具体的可变信息标志的控制装置，主要由通信接口、控制器、实时时钟、图形生成器、输出驱动电路和显示屏等组成。

3.可变交通标志控制系统的信息发布方式

（1）从驾驶人的角度来看

当看到公路上的行车环境发生变化时，可根据可变信息标志的显示得知并改变路线。可变信息标志的设置位置必须与改变交通选择的切换点相适应，通常可变信息标志设置位置包括高速公路或城市快速路出入口前位置，长隧道入口前位置，潮汐车道起始路段和可变导向车道进出路口前等。

（2）从控制者的角度来看

可变交通标志控制系统通常支持如下几种基本信息发布方式：

①自动诱导显示

交通控制系统根据交通流量数据、交通拥堵信息自动生成诱导信息，传递给诱导系统，再发送到诱导屏显示。

②人工诱导显示

将突发性事件、天气状况等信息人工通过控制系统发往室外诱导屏显示，可设定为发送后立即显示或设定好后由控制系统定时发送显示。

③通用信息显示

能显示通用的交通信息，如交通法规、宣传标语等，根据设定好的显示时间，多条信息轮流播放。信息内容、显示时间可通过系统更改。

4.可变交通标志控制系统的控制方式

按照控制方式的不同，可变信息标志的控制又可分为人工控制和系统自动控制两种类型。

（1）人工控制

监控人员根据自己掌握的各种交通、气象等情况结合自己的经验制定出相应的监控方案，在监控软件上直接编辑相关交通控制和诱导内容并下发到可变信息标志显示。目前国内高速公路对可变信息标志的控制主要还是这种人工控制方式。这种方式简单、操作易行，但系统的自动化、智能化程度低。

（2）系统自动控制

监控软件通过对道路沿线布设的检测器实时上传的数据进行计算，分析出各个路段的交通、气象等状况并结合人工输入的交通事件等信息，软件系统自动形成交通控制方案并驱动可变信息标志显示该控制方案内容，从而达到诱导交通流、优化交通量分配的目标。在自动控制方式下，可变信息标志能根据高速公路上的交通、气象等状况的变化自适应地进行交通诱导信息的调整，系统的自动化、智能化程度大大提高。影响可变信息标志自动控制的主要因素有交通流、气象、交通事件和道路施工等实时信息。可变信息标志自动控制功能就是将这些信息作为信息来源，按照一定的数学模型进行计算，进而对于计算的多种结果及道路监控运行状况进行分析，并按照系统预先设置的方案比较与选取原则，确定控制与诱导方案，并通过通信链路发到可变信息标志上显示。

可变信息标志的自动控制采用事件优先级原则。事件按性质可分为交通拥挤、交通事故、路段施工、主线关闭等几种类型。其中交通拥挤是可以靠系统自动判断出来的，其他事件主要是靠人工输入的。在进行交通事故和路段施工信息录入时要录入明确的行驶方向和具体的公里数。系统根据事件对车辆通行的影响严重程度确定交通事件优先级,其优先级数值越大,优先级越高。系统对多种事件计算出的控制方案进行比较时选择优先级高的方案为最终诱导方案,通过可变信息板显示的有关引导标志,可以及时为驾驶人提供行驶中的引导或停车场信息,使驾驶人根据实际交通情况主动地放弃原定主要路线(或停车地点),另选路线到达目的地(或停车),或者主动绕开出事地点和有关交通拥挤的地段以便顺利到达目的地。这样,不但满足了不同的交通需求,而且有利于交通负荷在路网上的均衡分布,从而促进道路交通的安全与畅通。

(二)停车诱导控制

停车诱导系统(Parking Guidance and Information System,PGIS)是为了解决市中心寻找空闲车位困难的问题而产生的,属于交通信息服务系统中的一个子系统。它主要通过路边的可变信息显示板、无线通信设备等设施为向驾驶人提供停车场的位置、使用状况、诱导路线、交通管制以及交通拥堵状况等实时、准确、全面的车位信息,引导其通过最优的路径,到达最合适的停车场,以减少寻找车位带来的交通量,提高停车场的利用率,同时也节约了驾驶人的出行时间。停车诱导一方面可以快速使驾驶人到达目的停靠地点;另一方面又可以减少车辆在道路上的停留时间,通过信息的传递减少非必要的能源消耗及道路资源消耗。

1.停车诱导系统的建设目的

开发停车诱导系统的目的在于充分利用现有的静态交通资源,提高城市中心商业区交通系统的效率和功能。停车诱导的目的不仅是避免停车场内部的拥挤,而且要减少停车场相关道路的交通拥堵。停车诱导系统从使用角度来看,该诱导系统具有公益性质,它的使用能大大便利出行者,也能起到有效疏导动态交通的作用,达到"以静治动"的效果。

建立停车诱导系统的目的可以归纳为以下四点:

(1)提高停车者的使用方便性

停车诱导系统将现有停车场的使用状况信息,通过简单、明了的方式向驾驶人传递,引导驾驶人顺利到达距离目的地最近的有剩余停车位的停车场。

(2)促进交通顺畅、确保交通安全

停车诱导系统通过提高现有停车场的使用效率,最大限度地减少为停车而进行的等待排队和迂回行驶,减少路侧违法停车,从而达到减少道路交通障碍,最终实现交通流的畅通,确保交通安全的目的。

(3)改善停车场的经营条件

停车诱导系统通过实时向驾驶人提供停车场的使用状况等信息,从而化解由于停车需求与停车场在时空上分布不均衡所产生的问题,提高停车场的使用率,为高效率经营停车场创造条件。

(4)增加城市商业区域和旅游的经济活力

通过建立停车场诱导系统,形成城市商业区域"安全、便利、舒适"的形象,从而达到吸引更多的到访者、提高商业区域活力之目的，同时也可为旅游带来不可估量的潜在利益。

2.停车诱导系统的诱导形式

从诱导的形式上看，停车诱导系统分为主动诱导和被动诱导两种类型。所谓主动诱导，是指系统根据实时的停车信息给信息需求者提供具体的行车路线；所谓被动诱导，是指系统将实时的停车信息尽快地发布出去，将路径选择权交给使用者，让驾驶人决定行走路径。不管是哪种形式的诱导，准确的信息是系统运行效果的最终保证。

3.停车诱导系统的构成

停车诱导系统从构成上来看由四个部分组成，分别是停车数据采集系统、停车数据处理系统、停车数据传输及通信系统和停车信息发布系统。停车诱导的四个组成部分并没有明确的界限，各部分相互贯穿，共同组成一个统一的整体。准确、完备的信息采集是系统工作的基础，正确、实时的信息处理是系统正常工作的保证，信息传输是系统各部分连接的保障，信息发布是系统所有工作的体现。

（1）停车数据采集系统

数据采集系统的作用是通过远程监视装置、传感装置，采集对象区域内各个停车场相关信息，主要包括停车场的车位使用状况等信息，如停车场的名称、位置、停车空位、停车场的类型和服务水平、管理费用等。考虑对象区域的大小，还可通过与其他的智能运输系统（ITS）信息采集系统的联网，获得去往停车场的相关道路的交通信息，如是否拥堵等。从而提高交通系统信息的全面性和完整性，更好地为停车者服务。

停车场的信息采集可以有许多种方式：

人工现场计数：适用于规模比较小的停车场，在每个出入口设一个计数员（小规模停车场一般有2~3个出入口），手工记录出入车辆数，边输入边向控制中心传送相应数据。随着技术进步，人工现场计数的方式已经被自动化识别技术替代。

摄像机计数方式：将录入图像传入监控器，用自动识别器自动识别并记录，这种方式可用于比较大的停车场，需要人员也较少。

车辆感应器：属于较好的信息采集方式。信息采集可利用栏杆机或车辆检测线圈的信号，在每个出入口设置车辆检测传感器，利用这些传感器对进出停车场的车辆计数并自动记录、输入数据。

进出停车场车辆信息的采集也可以和收费方式相结合。此外，道路交通信息的采集与提供可以应用现有的道路交通控制的基础设施来完成。

（2）停车数据处理系统

在控制中心，信息处理系统将采集到的停车场使用状况以及周边道路信息，加工处理为便于向驾驶人提供的适当形式的信息，如停车场的满、空（剩余车位情况）信息、集散道路是否拥堵等。这个过程首先要收集各停车场的实时数据，用所有驶入车的数量减去所有驶出车的数量得到停车场内部车辆数,与数据库中的停车场容量比较,得到停车场剩余空车位或停车场的空、满状态。另外,把每个停车泊位的输入数据与数据库中的数据比较就可得出每个停车泊位的占有或空闲状态。然后根据实际需要将这些状态信息转换为文字、颜色、图像或声音信号,同时也产生相应的信号,传输给可变信息板等媒体。

(3) 停车数据传输及通信系统

停车场诱导系统的信息传递分为从各个停车场向控制中心传递停车场使用情况的信息、从控制中心向信息发布装置传递信息两个阶段。通信传输的基本任务是保证信息流在特定的传媒中传输畅通,做到快速、及时、准确。在公路通信传输系统中,通常混合使用市话电缆、数字光纤、无线通信三种手段传输。

信息传送根据传送方式的不同可分为有线(传统的方法是利用电话线传递)、无线及互联网专线传递。有线传送可以通过专用双绞线、同轴电缆、光纤等,也可以通过电话线、有线电视传输线等,在选择时要考虑到传输距离和成本。

无线传送传统上是通过微波、红外线(专用信号传送)等传送信息,近年来逐步普及了利用无线通信技术的数据传输。

(4) 停车信息发布系统

停车诱导系统的信息发布系统的任务是将控制中心信息处理系统分析、处理过的信息,以适当的方式向外界从周边地区向中心地带分为若干个层次发布出来。通常停车诱导系统是通过控制中心,随时将各个停车场的使用状况(停车位的满、空信息等),在可变显示板上以视觉的方式或通过广播以听觉的方式向驾驶人提供,也可以利用互联网等方式发布。将来也可以作为ITS的一个部分,将停车场信息和其他信息实时显示在车载导航系统上。目前,最为常用的信息发布形式为诱导信息板。

诱导信息板最常见的形式就是可变信息情报板,是专为公路上出行者提供实时交通信息的信息提供装置。控制中心将收集到的各种数据和信息,经中心处理机处理后生成指令,通过信息板向机动车驾驶人提供关于停车场的情况,及时发出停车场泊位使用情况信息。

为了防止诱导信息变化过快导致驾驶人无法判断,以及诱导信息过于精确增加驾驶人判断的难度,通常希望诱导信息具有一定的稳定性和模糊性,如至少保持数分钟才变化一次,以便不给驾驶人过多的判断余地。

提供给驾驶人的停车诱导信息有直接显示剩余空位数(以下简称剩余车位法)和定性的用"空""满"等文字来简单说明有无空余车位(以下简称空满法)两种方法。显然,后者比前者的信息较为模糊。在大多数情况下,两种信息的诱导效果没有大的不同。但是,在剩余空车位减少到一定程度的情况下,剩余车位法有可能会造成信息反映过于敏感和停车需求向某一点集中的不利局面。而在此时,恰恰需要停车诱导信息具有适当的模糊性。为此,国外较多地采用空满法。

为了便于管理和组织，停车诱导系统一般实行分级式诱导，也就是将全市划分区域，每一个区域都是一个停车诱导管理中心，整个系统的基本单元是同一种，就是诱导管理中心与其范围内的外界元素的对应，所有的区域诱导中心对总控制中心具有数据传输的功能，统一接口，在管理上实行分级别管理。区域诱导中心采集本区域内所有停车场的信息和各种停车泊位的信息以及本区域内交通状况，经过区域控制中心进行数据处理发布到各种媒体上以供用户使用，同时给总控制中心提供数据查询和重要信息，总控制中心可以将这些信息以不同的方式向外输送，信息在整个系统中从区域诱导中心到分控制中心再到总控制中心是一个从具体到集合的过程，是一个统计和分层次的流程。

4.停车诱导系统的发展趋势

停车诱导系统的发展方向是诱导的智能化，智能停车诱导系统（Intelligence Parking Guidance System，IPGS）的结构由主控中心、分控中心、智能停车场的计数装置、车载GPS定位和接收装置、路边可变信息情报板（VMS）和通信网络组成，其与普通停车诱导系统之间的主要区别在于智能停车诱导系统实现了系统和用户之间的信息互动和信息反馈，从而使驾驶人由被动引导变为主动选择。IPGS除了路边可变信息显示板和通信网络之外，还具有车载GPS定位及接收装置。IPGS对驾驶人的诱导主要通过车载GPS定位及接收装置实现，可变信息板可以作为系统的辅助功能，为没有安装车载单元的车辆提供信息引导，将停车诱导系统的功能变得更加完善和有效。

（三）交通广播式诱导控制

广播因其覆盖范围广、社会影响大、实时性好，在国内外已被证明是发布实时交通信息及相关信息、实时指挥疏导交通及进行道路交通安全宣传教育的一种有效手段。因此，我国各级公安交通管理部门都十分重视城市交通信息广播系统的建设和使用。特别是在交通流量大、交通情况复杂、道路阻塞频繁、雨雪等气候恶劣的地区，以及主要交通干线区域，为了便于交通管理部门与广大交通参与者之间的实时交通信息交流，加强对随机性大且流动性强的道路交通流的高效管理与控制，普及和推广交通广播式诱导控制系统是非常必要的。传统的广播仅指无线广播电台的播报，而随着技术的发展，基于无线互联网的网络广播也可以纳入这一范围，因此"广播"二字从狭义的无线广播电台扩展到一种播报信息的方式。

1.交通广播式诱导控制的概念

交通广播式诱导控制系统，是在公路交通广播的基础上发展起来的一种覆盖范围很广的诱导控制系统。所谓公路交通广播，是指利用专门的发信设备，随时随地向汽车驾驶人提供道路交通信息的一种通信系统。与其他方式传递的交通信息相比，它具有提供信息容量大、种类多、及时快速等特点，因此发展与推广应用很快。

交通广播式的诱导控制根据信息中心收集到的有关道路交通运行等方面的信息，通过广播式发送道路交通状况及相关信息，交通参与者（主要是车辆驾驶人）使用无线接收装置能随时接收这些信息，使交通参与者（主要是车辆驾驶人）能够及时选择、调整行车路线，从而达到交通畅通、安全、有序的目的一种诱导控制方式。

2.交通广播式诱导系统的组成

交通广播式诱导控制系统的组成是一种非常松散的结构形式。这种控制主要是利用交通检测器、电视摄像机、交通现场的记者等不同渠道收集交通信息，经过专门人员或设备对信息进行分析处理后，形成广播材料，由编播人员发送出去，供道路上的交通参与者接收，并据此选择合适的出行路线和行车对策。交通广播诱导控制系统的组成，可以分为信息收集部分、广播电台部分和信息接收部分。

（1）信息收集部分

信息收集是一切交通诱导控制系统进行信息处理和发布的基础和依据。对交通广播诱导控制系统来说，通过收集信息，能正确、快速地将控制区域或道路沿线等大范围内发生的所有与交通有关的情况，及时提供给广播诱导系统，这是实现交通广播式诱导控制功能的关键。信息收集部分是交通广播诱导系统的信息来源。信息的来源主要是由交通控制指挥中心的交通检测系统、交通电视摄像系统、交通报警系统等收集的相关信息，以及现场的交警、记者及其他相关人员等收集的与道路交通有关的信息。

（2）广播电台部分

广播交通台是交通广播式诱导控制系统的核心。首先，交通台的编播人员汇集各路收集到的交通信息，经过对信息进行筛选、分析处理后，形成广播材料；其次，再由编播人员将实时的交通状况信息，通过广播电台的发射天线或互联网等设备发射出去供道路上的交通参与者接收，并依此选择合适的出行路线或调整行车对策。

（3）信息接收部分

信息接收部分，是指交通参与者（主要是车辆驾驶人）通过车载式收音机或无线上网终端接收的实时交通信息，以便根据实时的交通状况，主动、合理地调整自己的出行路线和行车方式等交通行为。

3.交通广播式诱导系统的功能

交通广播式诱导系统的功能特点主要表现在以下四个方面：

（1）通过及时提供实时的交通信息，诱导交通流进行合理分布

通过提供实时的交通诱导信息，可以使广大汽车驾驶人在同一时间了解路况信息或停车泊位信息，主动避开拥挤路段，从而达到分流和疏导交通流的目的。将原有的被动、事后疏导改为主动、提前疏导，使城市的机动车辆在时间和空间上处于动态及静态的合理分布状态，最大限度地发挥道路的通行能力。

（2）利用交通广播系统即时地发布交通通告和进行交通安全宣传教育

利用交通广播诱导系统发布信息的方便性及广泛性，还可及时地发布交通通告、进行交通安全宣传和交通法律、法规教育，从而在潜移默化中提高交通参与者的交通

安全意识和法律素质，成为沟通公安交通管理部门和广大道路交通参与者的直接、重要和有效的渠道。由于它的方便性和普及性，道路交通广播已成为道路交通管理和交通安全宣传的一个重要"窗口"。

（3）实时发布有关交通拥堵的信息，有效缓解路段、路口的交通拥堵现象

交通广播诱导控制系统对缓解拥挤和阻塞路段、路口的交通状况有比较明显的作用。一旦道路交通参与者通过交通广播诱导系统得到交通拥挤、阻塞的信息后，多数会主动选择合适的行驶路线以避开当前拥挤、阻塞的路口和路段。这样随着进入到拥堵区域车辆数的减少，拥堵状况便会逐渐缓解甚至消失，从而实现有效的控制，达到安全、畅通、有序的管理目的。

（4）可以方便、广泛地对交通参与者实施多种交通诱导

与其他诱导控制设施相比，交通广播诱导系统具有下列优点：

①以普通汽车收音机为媒介，可同时向行驶中的众多汽车提供道路交通信息，而无须添加其他装置。

②可以向汽车司机及时提供交通事故，以及由于交通事故而出现的道路阻塞情况，采用何种方式绕行，预计何时道路才能畅通等一系列详细的信息。

③可以很方便地向司机报告在大范围内发生的任何有碍交通的信息。

④及时向车辆驾驶人发送停车场的泊位使用情况，减少车辆为寻找停车地点而在道路上的迂回。

⑤通过声音传递信息，对司机操纵汽车影响不大。

（四）车载导航式诱导控制

近年来，随着无线定位技术和通信技术的不断发展，基于GPS的车载导航式诱导控制系统成为目前较先进和较复杂的一种诱导控制方式，现已发展成为智能交通控制系统中的一个主要内容。简单地讲，车载导航式诱导控制，就是利用系统安装在车内的导航装置所提供的有关交通信息，为道路交通参与者选择自己的行驶路线提供参考或建议，或根据驾驶人在终端输入的交通需求，通过系统计算机的运算，由导航装置直接为车辆提供最佳的行驶路线的一种诱导控制。

1.车载导航式诱导控制系统的构成

车载导航式诱导控制系统主要由信息采集系统、信息传输系统、中心控制计算机系统、无线信息收发系统、车载系统等部分组成。

（1）信息采集系统

信息采集系统，是指由交通检测器、视频摄像机等现代交通信息采集设备组成的实时交通信息采集系统。其主要作用是收集道路状况和交通运行状况等实时交通信息，为实现车载导航式诱导控制提供必需的基础数据。该信息采集系统的组成、功能同其他交通诱导控制系统的信息采集（或收集）系统基本相同。

（2）信息传输系统

信息传输系统，主要是指有线通信系统和无线通信系统，主要负责交通信息检测设备和控制中心之间的信息传输，以及控制中心与导航车辆之间的信息传递等。随着技术的发展，有线通信系统多采用光纤通信技术，无线信息传输系统多采用5G数据通信技术。

（3）中心控制计算机系统

中心控制计算机系统是车载导航式诱导控制的核心部分，主要由主机、系统数据处理模型及相应的软件组成。为了保证整个诱导系统的运行和控制，中心控制计算机系统必须能够实现数据收集、存储、分析、处理、显示、诱导信息生成，以及实时地提供有关的诱导信息等功能。

（4）无线信息收发系统

无线信息收发系统主要由信号转换装置、信号发射装置和信号接收装置等组成。一方面它可以实现向车载导航车辆发射控制中心收集和处理的各种交通信息和诱导信息；另一方面可以接收由定位卫星及导航车辆发送的车辆运行情况（如路段通行时间、车辆当前位置等）的相关信息。

（5）车载系统

车载系统包括车载导航辅助系统和车载无线数据收发系统。车辆导航定位模块由车辆速度和方向传感器以及差分GPS接收器组成。这些装置可为导航提供精确的地理位置和时间数据，以跟踪车辆在道路中的位置。导航所使用的数据有传感器的感应数据、数字地图数据库和全球定位系统GPS信号。车载计算机的主要功能是处理车内的各种数据并负责路线寻优和导向。同时，负责进行车辆在路段上的旅行时间与历史旅行时间的比较，当实际旅行时间比历史旅行时间明显偏大时，会将此信息发送回控制中心，告知控制中心当前车辆所在路段可能有交通拥堵情况发生。

2.地图匹配

各大城市开始兴建交通信息诱导中心，需要获取安装GPS车辆的位置信息，通过一定的算法判断当时所行驶道路的路况及相应的道路状态信息。根据车载诱导导航的工作原理，要完成诱导，首先要通过GPS获取车辆的位置信息。由于城市道路复杂，GPS信号丢失、"漂移"等情况经常发生，因此需要采用一定的手段消除车辆定位的误差。地图匹配是一种通过地理信息系统技术消除车辆定位误差的方法。该方法始终假设车辆在道路网中车道上行驶，通过车辆的定位信息或者车辆行驶轨迹曲线，按照一定的算法与导航电子地图数据库中的道路或者曲线参数进行比较，最终将车辆定位在车道上。地图匹配算法不但可以与定位技术相结合提高车辆的定位精度，而且也是GPS浮动车信息采集中一项核心技术。

3.车载导航式诱导控制系统功能

车载导航式诱导控制系统，通过通信传输将GPS信息传送至信息中心；在信息中心经过对GPS信息的处理、数据挖掘和地图匹配处理的基础上，进而获得路段乃至整个路网的交通运行状态,最后通过多种信息发布方式,向出行者提供动态、实时路段甚至整个路网的交通状况。

第四章 道路交通安全技术

第一节 道路交通条件与交通安全

交通事故的发生不仅取决于道路的平、纵、横线形条件,也会受到交通量、速度、交通密度等交通运行状态的直接影响。平面交叉、立体交叉、公铁平交道口、隧道、施工作业区等交通设施,不仅具有不同的交通功能,在这些设施上所发生的交通事故同样也具有不同的规律和特点。道路照明、道路养护以及路侧状态等交通环境因素,亦是道路交通安全研究中不可忽视的因素。

一、交通条件与交通事故

(一)交通量对交通事故的影响

交通量是交通事故的重要影响因素,可以说没有交通量就不会发生交通事故。可通过分析多元事故预测模型的方差中交通量方差所占的比例,来量化确定交通量对交通事故的影响程度。

(二)速度与交通事故

速度影响交通事故最有利的证据是石油危机期间限速措施对各国交通事故死亡人数的影响。此时,限速的主要目的不是解决交通安全问题,而是应对能源危机。

当交通事故发生时,事故的后果与速度更是有直接关系,符合基本的动能关系,即碰撞能量与速度的平方成正比。速度不仅影响事故严重程度,也与事故发生风险有关。

1. 绝对速度与事故的关系

通过自我报告法(Self-report study)和案例对照法(Case-control study),部分学者研究了事故与事故发生时肇事车辆速度(称之为绝对速度)的关系。

2. 平均速度与事故的关系

由于事故发生时肇事车辆的速度是很难获取的,而绝对速度与事故的关系在工程应用上的意义也不是很大。因此,部分学者转向来研究平均速度与事故的关系,研究方法主要是前后对比法(Before-after study)。

随着速度的增加,死亡事故的增长速度要高于受伤事故,而受伤事故要高于所有事故类型合计的事故。后来,许多研究成果都证实了上述模型的有效性,并建议可用这些模型依据速度的变化来预测交通事故的变化。

3.速度方差与事故率的关系

较多研究结果表明,速度方差较大的道路比速度方差较小的道路具有更高的事故率,而平均速度较低的道路上更会出现较大的速度方差。

4.速度对事故严重程度的影响

当交通事故发生时,碰撞能量与速度的平方成正比。因此,速度越高事故严重程度也就越高。早期的一项研究成果表明,事故财产损失程度及人员受伤率均随车速的增加而增加,尤其是当车速超过60mile/h时。对于机动车碰撞行人的事故,机动车的速度更是导致行人伤亡的主要因素。

(三) 交通密度与交通事故

由于缺乏交通事故发生时的交通密度数据(交通密度可用每公里每车道上的车辆数来描述,反映交通拥挤程度),因此交通密度与交通事故关系的研究相对较少。但也有部分学者利用交通密度的相关指标,如交通量与通行能力之比(即V/C比),分析了交通密度与事故率的关系。

二、道路几何线形条件与交通安全

(一) 平面线形与交通安全

道路平面线形要素包括直线和平曲线,平曲线又分为带缓和曲线的平曲线和不带缓和曲线的平曲线两类。道路平面线形就是由多个直线和平曲线按照一定规律和要求组合而成的。直线的线形指标就是直线段长度。其中,具有控制性的两个指标值是长直线的最大长度和两相邻曲线间直线段的最短长度。平曲线的线形指标包括平曲线半径、平曲线偏角、平曲线长度、缓和曲线长度或参数和平曲线超高等。在承担同样交通量的条件下,平曲线上的交通事故要多于正常的直线路段,这是基本的事实。

(二) 纵断面线形与交通安全

纵断面线形要素包括纵坡路段和竖曲线路段。纵坡路段的线形指标就是纵坡坡度,包括上坡和下坡。在纵坡变化处设置的竖曲线有凸型竖曲线和凹型竖曲线两大类,每类又可细分为两种。

1.纵坡对交通事故的影响

纵坡坡度的大小主要影响车速和停车距离,对载重型车辆的影响尤为明显。在机动车和非机动车混行的城市道路里，道路纵坡普遍不大。因此，道路路段上纵坡对交通事故的影响相对较小，但平面交叉口进出口道上的纵坡坡度会对交叉口上的交通事故有着较大的影响。以机动车交通为主的公路上，为了克服高差，会采用较大的道路纵坡，此时纵坡对交通事故的影响较大。事故率会随着道路纵坡（不论是上坡还是下坡）的增大而增加。也有许多研究结果证实，在同等纵坡坡度时，下坡比上坡具有更高的事故率。

2. 竖曲线对交通事故的影响

与直坡路段相比，凸形及凹形竖曲线路段均属于视距条件受限制的路段。另外，车辆行驶在竖曲线上还会经历加载（凹形竖曲线上）或减载（凸形竖曲线上）等荷载变化过程。因此，竖曲线上的事故率要高于一般的直坡路段。

（三）平纵线形组合与交通安全

1. 纵坡与平曲线的组合路段

在纵坡与平曲线的组合路段上，事故率会随着纵坡坡度的增加和平曲线半径的减小而增大，平曲线半径越小、道路纵坡越大事故率越高。当下陡坡的坡底处接小半径的平曲线后，这样的组合路段上事故率还会更高。

2. 平曲线与竖曲线的组合路段

平曲线与竖曲线的组合路段，简称为弯坡组合路段，是道路上几何线形复杂且交通安全问题较突出的道路路段之一，尤其是半径较小的平曲线与竖曲线组合路段。在弯坡组合路段上纵向视距不足和横向视距不足的问题会同时出现，而行驶车辆所受到的复杂力学变化也增加了驾驶员的操纵难度。因此弯坡组合路段事故率普遍较高，其中部分线形指标较低的弯坡组合路段就是该条道路上的事故多发路段。由于道路类型不同、等级不同、交通量及交通组成的不同，弯坡组合路段上的交通事故及事故率会存在较大差异。

（四）横断面与交通安全

道路横断面主要由行车道和路肩组成，此外还包括边坡、边沟、截水沟等。多车道道路还可能设有中间带、紧急停车带、爬坡车道等，城市道路还可能设有专门的自行车道和人行道，这些也都是横断面的组成部分。

1. 行车道宽度对交通事故的影响

行车道宽度是影响交通事故发生的重要因素之一，尤其是对伤亡事故和那些与雨雪天气有关的事故。事故率会随着车道宽度的增加而减少。就具体事故形态而言，在双车道公路上，行车道宽度越窄，驶出路外的事故以及正面碰撞、对向剐擦、同向剐擦的事故就越多。主要原因是，在车道宽度较窄的双车道公路上，车辆会车或超车时的侧向余宽已经很小了。当一条车道宽度接近或大于4m时，小客车在同一车道内超越前面另一辆小客车的现象就很突出了，这对交通安全是十分不利的，也不符合"各行其道"原则。

2. 路肩宽度对交通事故的影响

路肩的主要作用是支撑和保护路面、提供行车时的侧向余宽和供故障车辆临时停放使用,其他作用还包括非机动车通行使用和设置交通设施等。事故率会随着路肩宽度的增加而减少,但 3.0~3.7m 的路肩会使事故率略有增加。虽然从整体上看事故率随着路肩宽度增加而减小的幅度不是很大,但就具体事故形态而言,驶出路外的事故以及与对向车辆之间的事故会随着路肩宽度的增加而显著减少。

3. 加宽道路对交通事故的影响

近些年来,国外一些国家十分重视加宽车道或加宽路肩对交通事故的影响问题,而这个问题恰恰是道路改扩建项目决策时的依据之一。由于交通事故是各种影响因素综合作用的结果,因此加宽车道或加宽路肩等只能对与车道宽度和路肩宽度密切相关的事故起到预防作用。

三、主要交通设施的交通安全

(一) 平面交叉口的交通安全

由于汇集了两条以上道路的交通量,加之交通冲突点的存在,平面交叉口上通行能力不足的问题、排队及行车延误过大的问题以及交通事故多发的问题均十分突出。平面交叉口的交通安全问题与交叉口的几何设计、交通控制方式、交通流特性等均密切相关。

1. 交叉口几何设计与交通安全

(1) 左转专用车道对交通事故的影响

在信号控制、无信号控制、四路交叉、三路交叉等各类平面交叉口上设置左转专用车道后的安全效果是许多交通安全研究所重点关注的问题。较多的研究结果表明,在双车道公路平面交叉口上设置左转专用车道可减少与直行交通有关的事故,在平面交叉口上设置左转专用车道可减少左转弯事故、追尾事故和侧面剐擦事故,设置左转专用车道后事故率可减少 18% 到 77%。但也许多平面交叉口上的多车事故、多车参与的伤亡事故都与左转专用车道的设置有关。

(2) 右转专用车道对交通事故的影响

与左转专用车道相比,针对右转专用车道开展的交通安全研究较少。但也有研究结果显示,在公路停车控制的平面交叉口上,只要一个入口设置了右转专用车道,就可使交叉口的交通事故减少 5%;若主路上的两个入口均设置了右转专用车道,交通事故可减少 10%。对于公路上的信号控制平面交叉口,当主路上的一个入口设置了右转专用车道后,交通事故可减少 2.5%;当主路上的两个入口均设置了右转专用车道时,交通事故可减少 5%。

(3) 交叉口渠化对交通事故的影响

从交通安全的角度上看,交叉口渠化的作用应包括限制冲突点、简化交通冲突区域、减少冲突率和降低冲突的严重程度等4个方面。渠化岛的设置规范了机动车的行驶路径，为行人过街提供了物理上和空间上的保护，并为交通控制设施的布设提供了场所。因此，这对改善交叉口的交通安全状况是十分有利的。

（4）交叉口类型对交通事故的影响

对于三路平面交叉，Y形交叉口的事故率要比T形交叉口高出50%以上。四路平面交叉的事故率普遍高于三路平面交叉，这主要与四路平面交叉上的冲突点较多有关。对于四路平面交叉，虽然错位交叉的交通条件不如普通的十字形或X形平面交叉，但是当次要道路上的直行交通量不大时，错位交叉的事故率反而比普通的四路平面交叉更低，也就是错位交叉中的两个T形交叉的安全状况要好于一个普通的四路平面交叉。

（5）交叉角度对交通事故的影响

交叉角度可分为正交（交角在90°±20°之间）和斜交（交角大于110°或小于70°）两种。交叉角度越接近正交时，对交通安全越有利。交通事故会随着斜交角度的增大（大于110°时）或减小（小于70°时）而增加。

（6）缘石转弯半径对交通事故的影响

交叉口缘石转弯半径的大小主要影响右转车辆的车速，对于右转的大型货车确实需要有较大的缘石转弯半径。

（7）视距对交通事故的影响

平面交叉中的停车视距、距交通控制设施的视距以及交叉口视距三角区对交通安全均有十分重要的影响。在视距不良的交叉口中，因视距不良引发的事故率为1.33次/百万辆车，而其他所有原因引发的事故率只有1.13次/百万辆车；当平面交叉口中影响视距的障碍物被清除后，交通事故可减少60%以上。

（8）入口宽度对交通事故的影响

增加入口车道宽度或公路上的路面宽度，可减少该入口上的事故率。在公路平面交叉中，增加入口路面宽度，可为规避碰撞事故提供空间，因此有利于道路交通安全。

（9）入口车道数对交通事故的影响

交叉口入口车道数的多少主要取决于交通需求和要求的交通服务水平。从直观上看，增加入口车道数会增加交通冲突区域的面积，因此这不利于交通安全。但事实并非如此，在信号控制平面交叉口上，入口车道只有一条时事故率是很高的，要明显高于入口车道数为2条或3条时。

（10）中间带宽度对交通事故的影响

双幅路的中间带宽度会在一定程度上影响交叉口的交通安全状况。在公路信号控制四路平面交叉口上，事故数会随着中间带宽度的增加而减少，但在城市平面交叉口上，事故数会随着中间带宽度的增加而增加。

（11）入口纵断面线形对交通事故的影响

从交通安全的角度上看，将平面交叉口设置在视距有限的凸形或凹形竖曲线上是很不理想的。车辆行驶在进入交叉口的上陡坡路口时，加速性能变差，因而增加了在冲突区域内的停留时间。在进入交叉口的下陡坡路口上，停车距离加长，这也是不利于交通安全的。

（12）入口平面线形对交通事故的影响

从交通安全的角度上看，交叉中相交的两条道路采用直线线形是最理想的。若采用平曲线，会增加驾驶员选择路线的难度，同时也不利于驾驶员获取视觉信息。平面交叉不仅不宜设在平曲线上，而且距平曲线应有一定的安全距离，这已被很早以前的研究成果所证实。

2.交通控制方式与交通安全

（1）交通控制类型对交通事故的影响

平面交叉口的交通控制类型主要有无控制、让行控制、停车控制、信号控制以及绕岛环形行驶等。

用让行控制方式来代替无控制方式时，绝大多数研究结果表明，受伤事故和财产损失事故均减少了3%左右，事故减少量不多的原因可能是让行入口上的车速依然较高。

用停车控制来代替无控制时，三路和四路平面交叉口上的受伤事故可分别减少20%和35%。若将停车控制改为让行控制，受伤事故和财产损失事故会分别增加45%和15%。

信号控制确实可有效地减少交通事故的发生，但具体减少的数量还与事故类型以及信号配时方案有关。

平面环形交叉口的交通控制方式就是车辆绕中心岛环形行驶，其显著的特点是改变了交通冲突的形式、降低了车速差以及进出交叉口的车速。多数研究结果表明，绕岛环形行驶的交通控制方式，对减少死亡事故和受伤事故的效果是明显的。

（2）禁止转向对交通事故的影响

有研究结果显示，不论是信号控制还是无信号控制，平面交叉口上禁止了部分转向交通均会显著地减少交通事故的发生。

（3）人行横道设置对交通事故的影响

平面交叉口划设人行横道的目的是引导行人在指定的地点通过交叉口并能引起驾驶员的注意。有一些研究结果表明，在平面交叉口划设人行横道后可使交通事故减少50%。影响人行横道上交通事故发生的因素还与人行横道的可视性、交叉口类型以及信号配时方案等有关。人行横道的设置不仅影响过街行人的安全，也会对机动车事故产生一定的影响。有研究显示，划设了人行横道后，会增加机动车的追尾事故。因此，要综合考虑行人安全和车辆安全来科学设置人行横道。

(4) 入口限速对交通事故的影响

尽管直接相关的研究成果很少,但从理论上看,降低交叉口入口的车速是可以降低事故严重程度及交通事故发生概率的。入口车速越高,需要的停车距离就越长,这就要求驾驶员在交叉口内遇到潜在冲突时必须能做出快速的反应,这对驾驶员的要求是很高的。

3. 交通流特性与交通安全

(1) 年平均日交通量对交通事故的影响

许多研究结果发现,平面交叉口上的入口交通量是导致交叉口交通事故发生的主要影响因素。因此,入口交通量之和常被用来作为计算平面交叉口事故率的关联因素。当然,也有研究结果认为,分别采用两条道路上的交通量或取其交通量之积作为关联因素可能更适宜。

(2) 转向流量对交通事故的影响

在某些特定类型的事故中,转向流量起着主导作用,如左转弯事故中的左转弯流量。

(3) 其他交通特征对交通事故的影响

虽然相关研究成果很少,但高峰小时入口流量、交通组成、平均入口车速、自行车交通量、行人交通量等亦会对平面交叉口交通事故或某种类型事故的发生产生一定的影响。

(二) 立体交叉的交通安全

1. 互通式立体交叉的分类及组成

互通式立体交叉是指相交道路建设在不同标高上,不同流向的车辆可以进行转向过渡的道路基础设施。互通式立体交叉是对平面交叉交通问题进行有效处理的一种工程手段,通过交通流的空间分离,减少或全部消除了交通流中的冲突点,提高了交叉口的道路通行能力并改善了交通安全状况。

互通式立体交叉,按照其交通流线之间的位置关系不同,可分为完全互通型立体交叉、交织型立体交叉和不完全互通型立体交叉(即立体交叉中存在平面冲突区);按照平面几何形状的不同,可分为苜蓿叶式立体交叉、喇叭形立体交叉、环形立体交叉、菱形立体交叉等;按照左转弯匝道布置形式的不同,可分为非定向式立体交叉、定向式立体交叉和半定向式立体交叉;按照服务的对象不同,又可分为公路立体交叉、城市道路立体交叉等。立体交叉的组成一般包括正线、跨越构造物、匝道、变速车道、出(入)口以及斜带。匝道是立体交叉中不同流向的车辆进行转向过渡的道路设施,是立体交叉的重要组成部分。

2. 立体交叉与平面交叉的交通安全状况对比

(1) 将T形平面交叉改造为完全互通式立体交叉后,在平均水平下,交通事故可减少16%。其中,受伤事故可减少24%。

（2）将十字形平面交叉改造为完全互通式立体交叉后，在平均水平下，交通事故可减少42%。其中，财产损失事故可减少36%，受伤事故可减少57%。

（3）将信号控制平面交叉改造为完全互通式立体交叉后，在平均水平下，交通事故、受伤事故分别可减少27%和28%。

（4）将不完全互通式立体交叉改造为完全互通式立体交叉，可使交通事故减少15%。

（5）将十字形平面交叉改造为不完全互通式立体交叉，可使交通事故减少26%。

（6）将信号控制平面交叉改造为不完全互通式立体交叉，可使交通事故减少22%。

（7）将带有超速检测装置的十字形平面交叉改造为不完全互通式立体交叉后，交通事故反而会增加115%。

至于将一种立体交叉形式改造为另一种形式后的交通安全效果问题，由于工程案例较少，研究成果不多且结论也很不一致。

3.立体交叉各组成部分上的事故率

立体交叉跨越构造物处的交通事故不多，主要是车辆碰撞桥墩、墙面及护栏等。其中，构造物处的桥墩、墙面、护栏等设施对下匝道的影响要大于上匝道。

匝道上的交通事故较多，这不仅与匝道类型及建设条件有关，还与匝道上的交通量、主线上的交通量、匝道长度、加减速车道长度等有关。菱形立交中直线形的匝道上事故率最低，而弯曲度较大的环圈式匝道上往往事故率较高，事故率最高的匝道发生在两条匝道平面交叉通过的剪刀形区域以及主线左侧驶出的匝道。

（三）隧道的交通安全

与建设在人地表面上的公路或城市道路相比，建设在地表下的隧道既有交通安全方面的优势又存在不利于交通安全的因素。

1.安全优势

（1）隧道里很少有交叉口或出入口道路；

（2）隧道里很少有或几乎没有行人和自行车交通；

（3）与存在急弯、陡坡的地面道路相比，隧道往往拥有更好的线形条件；

（4）隧道里几乎不会遭遇雪崩、山体滑坡等自然灾害；

（5）隧道里不会存在下雨或常规冬季条件下的行车状态，也不会面临除雪问题。

2.影响隧道交通安全的不利因素

（1）隧道里交通空间有限，紧急情况下规避事故的机会不多；

（2）隧道里没有日光，车辆进出隧道时会产生急剧的光线变化；

（3）隧道里新鲜空气不充足或流通不畅，雾、尾气等降低了驾驶员的视觉可见度；

（4）事故或火灾发生时，隧道里的逃生路径易被阻挡，救援工作难度较大。

隧道中,事故率最高的地点是进入隧道洞口前的 50m 范围内和驶出隧道洞口后的 50m 范围内,其次是隧道内接近洞口的 50m 范围内。隧道外洞口前(后)事故率较高的原因是该区段位于隧道的阴影区,相对于日光照射的路段,该区段上行驶的车辆更容易出现打滑现象。隧道内洞口处事故率较高的原因是驾驶员行驶至该处时易出现暗适应(进入洞口后)或眩光(即将驶出隧道时)现象。

3.关于隧道交通安全问题的其他有关研究结论

(1)城市里的隧道比其地面道路更安全;

(2)采用比地面道路大两倍的平曲线半径,有利于降低隧道的事故率;

(3)增设隧道照明、降低隧道纵坡及增加车道宽度等均有利于改善隧道的交通安全状况;

(4)公路上的双洞隧道要比单洞隧道更安全;

(5)由于比陆地上隧道的纵坡大,海底隧道的事故率高于陆地上的隧道。

(四)施工作业区的交通安全

施工作业区(Work Zone)是指道路改扩建施工作业地点或道路养护作业地点等单独设置的交通管理区域,根据施工作业持续时间的长短,可分为长期施工作业区、短期施工作业区、临时施工作业区以及移动施工作业区等。

对于边通车边施工作业或养护作业的施工区,其标准的交通管理区域一般包括警告区、上游过渡区、纵向缓冲区、横向缓冲区、工作区、下游过渡区及终止区等组成部分。显然,施工作业区的存在会成为通行道路上的瓶颈,道路通行能力、交通效率、交通管理以及交通安全问题都是很突出的。

尽管许多研究结果并不是一致的,但还是可以归纳总结出施工作业区上的如下事故特征:

(1)施工作业区上的交通事故要多于非施工作业区,公路上的施工作业区尤其是长期施工作业区事故率较高。

(2)虽然没有明显的证据证明施工作业区上的事故严重程度一定要高于非施工作业区,但许多研究结果表明,施工作业区夜间发生的事故和涉及货车的事故,其事故严重程度均高于非施工作业区。

(3)施工作业区突出的事故形态是追尾、同向剐擦和斜碰撞,但在作业区发生的死亡事故中,事故形态则是单车事故和正面碰撞事故。

(4)施工作业区涉及货车的事故较多,且事故严重程度较高。

(5)施工作业区绝大多数的事故发生在白天,但夜间事故的严重程度要高于白天事故,也高于非施工作业区上的事故。

(6)对于交通事故在施工作业区交通管理区域各组成部分上的分布特征,很多研究结论并不是十分的一致。但有部分研究结果显示,发生在工作区、过渡区上的交通事故要多于其他区域。

（7）超速和交通管理不充分是施工作业区交通事故发生的主要原因，不利的环境因素对施工作业区和非施工作业区没有显著性影响。

第二节 事故多发点安全管理技术

事故多发点安全管理（Black Spot Management，BSM）在许多国家的交通工程领域已是一项长期的、具有常规性的交通安全管理工作，尤其在事故多发点的鉴别技术、成因分析方法、安全改善措施等方面均已取得了丰硕的理论研究成果并积累了较丰富的工程实践经验。近些年来，为了进一步提升道路交通系统的交通安全状况，部分国家扩展了事故多发点安全管理的内涵，循序渐进地开展了路网安全管理（Network Safety Management，NSM）的理论研究和工程实践探索活动。

一、事故多发点鉴别技术

（一）事故多发点安全管理工作阶段

完整的事故多发点安全管理工作由以下9个阶段构成。

阶段1：资料收集阶段，主要是收集道路、交通及交通事故数据资料。

阶段2：道路划分阶段，即将道路或路网划分成评价单元（各种路段及交叉口等）。

阶段3：鉴别阶段，即识别出道路上或路网中的事故多发点段。

阶段4：分析与调查阶段，包括多发点事故数据分析和现场调查两个按先后顺序进行的工作过程。

阶段5：对策制定阶段，主要是提出事故多发点的安全改善对策方案。

阶段6：方案评价阶段，即评估安全改善方案实施后可能产生的效果。

阶段7：排序阶段，就是对拟改造的事故多发点进行建设排序。

阶段8：实施阶段，就是实施并使用安全改善措施。

阶段9：后评价阶段，跟踪并评估安全改善措施实施后的安全效果。

在理论与技术层面上，大多数国家关注的重点是阶段2、阶段3、阶段4、阶段6和阶段9，尤其是阶段3和阶段4。

（二）事故多发点定义

事故多发点（Hazardous location），又称事故黑点（Black spot），是指统计周期内在一条道路上或路网中具有较高事故发生频率的地点。可有数字定义法、统计定义法及模型定义法三种定义方法。

数字定义法依据的指标有3个，分别是事故次数、事故率、事故次数与事故率。我国公安部交通管理局曾经给过一个基于事故次数的定义，即"事故多发点是长度在500m范围内，一年之中发生3次重大以上交通事故的地点；长度在2000m范围内或道路桥涵的全程，一年之中发生3次重大以上交通事故的路段"。挪威的数字定义是"事故多发点是一个在最近5年内至少发生4次及以上伤亡事故且最大长度不超过100m的地点"。按照事故率定义的例子可以是"事故多发点是一个在最近4年内百万辆车事故率超过了1.5起的地点"。

统计定义法依据的指标有2个，分别是临界事故次数和临界事故率。该方法通过统计学原理对某类道路或道路设施确定出了临界事故次数或临界事故率，并将事故次数或事故率大于临界值的地点定义为事故多发点。

（三）技术要求与事故数据使用要求

1. 技术要求

事故多发点鉴别时的技术要求包括：是否参考大量相似地点、是否采用滑动窗口法、是否参考正常安全水平、是否采用记录或预测的事故数据、是否考虑事故严重程度和采用的事故数据年限等。

2. 事故数据使用要求

在鉴别事故多发点时使用的事故数据最好是"期望事故次数"。期望事故次数实质上就是单位时间内平均发生的事故次数。随着统计年限的增加，期望事故次数受某特定年记录事故次数的影响越小，这就越能反映出事故发生的真实水平。在交通事故预测中，预测结果往往就是期望事故次数，这就是所谓的"回归至均值"。

3. 事故数据年限要求

3年及3年以上的事故数据就具有一定的代表性了。

（四）基本的事故多发点鉴别方法

1. 事故次数法

对拟开展鉴别工作的评价点集合，首先选取一个临界的事故次数作为鉴别标准，并对评价点按事故次数多少由高到低排序，若某一评价点的事故次数大于规定的临界值或排序靠前，则该点即为事故多发点。该方法适用于仅依据事故次数定义的事故多发点。

2. 事故次数概率分布法

该方法假定事故次数符合泊松分布或负二项分布，然后依据一定的置信水平确定临界事故次数上、下限值。该方法适用于依据临界事故次数统计定义的事故多发点。

3. 事故率法

按照事故率大小对评价点进行排序并确定出可接受的临界事故率值，最后按照临界事故率值进行事故多发点鉴别。该方法适用于依据事故率数字定义的事故多发点，使用中应注意不要发生以下两种误判情况，即不要将低交通量、低事故次数的次要地点（可能事故率还不低）误判为事故多发点，又不要将高运输量、高事故次数的重要地点（此时事故率却不是很高）误判为非事故多发点。

4. 事故次数与事故率综合法

也称矩阵法。首先对每一个评价点根据事故次数和事故率给出其在矩阵中的位置，然后确定出可接受的事故次数临界值和事故率临界值，只有当某一评价点的事故次数和事故率均大于相应的临界值时，该点才被判定为事故多发点。该方法适用于基于事故次数和事故率数字定义的事故多发点，使用中要重点关注低事故次数高事故率的地点与高事故次数低事故率的地点，这些地点容易出现误判。

5. 质量控制法

该方法是将特定地点的事故率与道路、交通条件相似的所有地点的平均事故率作比较，并根据显著性水平建立评价危险点的事故率上、下限值。当评价点的事故率大于上限值时，则该点即为事故多发点。该方法适用于基于临界事故率统计定义的事故多发点。

6. 当量财产损失事故法

该方法通过权重系数将死亡事故、受伤事故或伤亡事故转化为当量的财产损失事故，并依据累计的当量财产损失事故数对评价地点进行排序和事故多发点鉴别。

7. 基于事故预测模型的事故多发点鉴别法

该方法依据实际事故次数与预测事故次数的差值大小对评价地点进行排序并进而鉴别事故多发点。

8. 基于交通安全服务水平的事故多发点鉴别法

该方法通过将实际的事故次数或伤亡人数等与交通安全服务水平分级标准进行对比，来判定评价点的交通安全状况并鉴别事故多发点。交通安全服务水平分为4级，一级服务水平代表交通安全状况良好，事故指标明显低于平均水平，事故指标再降低的可能性不大；二级服务水平代表安全状况较好，事故指标低于平均水平；三级服务水平代表安全状况较差，事故指标高于平均水平，需要采取措施改善其安全状况；四级服务水平代表安全状况差，事故指标明显高于平均水平，这类地点可认定为事故多发点。

（五）事故多发点鉴别时的路段划分

路段划分是事故多发点安全管理工作中的第二个阶段，其重点和难点是如何对道路路段尤其是公路路段进行合理的划分。

1. 路段长度

对于基于事故次数或临界事故次数定义的事故多发路段，当鉴别标准已知时，路段的长短将直接影响鉴别结果的准确性。

2. 路段划分方法

路段划分有定长法和不定长法两种划分方法。定长法是指按固定的长度如0.1、0.2、0.5或1.0km等将路线划分为均匀、等长的若干个路段，一般须人为考虑事故点的分布状态。不定长法是指按事故点的集疏程度人为或通过算法（如聚类算法）等对路段进行划分，路段长度不尽相同。

3. 滑动窗口法

滑动窗口法可归类为动态的定长法，是将一个按照规定长度设置的窗口，沿着道路方向以一定的步幅移动，移动的同时提取事故指标，当某个窗口的事故指标达到了事故多发点的鉴别标准时，该窗口所对应的路段即为事故多发路段。

二、事故多发点成因分析方法

（一）事故成因分析原理

事故成因分析原理主要有单事件原理、事件链原理、决定因素原理、多事件链原理和多线性事件序列原理等。

单事件原理的基本假设是交通事故发生时只有一个事件是可能的事故诱导因素，除此之外再没有第二个事件。依据这一原理，只需找到这个事件并把它改正过来，就可用来预防同类事故的发生。显然，很多交通事故并不是单一因素造成的，这种方法不能全面地解释交通事故是如何发生的。

事件链原理，又可称之为多米诺骨牌效应原理，它将事故的发生看成是一副由一套不安全条件所组成的多米诺骨牌，当其中一个不安全行为发生后，整个骨牌就倒掉了。根据事件链原理，事故调查人员需要通过收集事故证据来重新构建事件链。由于不安全条件和不安全行为难于定义和判定，因此这种方法很难被重复使用，不具通用性。

决定因素原理认为通过分析事故及其关联因素数据，可找出突出的事故影响因素，这就是事故成因。事实上，当有大量、充分的事故及其关联因素数据时，该种方法确实有可能得出更准确、更接近实际的事故成因。

多事件链原理认为如果存在发生事故的途径（即多分枝的事件链），那么事故就有发生的可能性。多事件链原理虽然源于事件链原理，但它更关注的是各种可能的事故发生途径以及如何提高预测事故发生概率的能力。

多线性事件序列原理将交通事故现象看成是一个活动连续体的一个构成体，交通事故就是打破原有平衡状态并导致有害事件出现的转换过程。该原理主要依据的是交通状态以及改变状态的事件。因此，这就需要在多事件链的基础上，进一步考虑事件间的时间联系。

（二）因果分析法

这里介绍的因果分析法均属于基于多事件链原理的事故成因分析方法。

1. 故障树分析法

故障树分析法（Fault Tree Analysis，FTA）是一种具有广阔应用范围和发展前途的系统安全分析方法，目的是找出事故发生的基本原因和基本原因的组合以及事故发生概率。

故障树是表示事故发生原因及其逻辑关系的逻辑树图，形似倒立的树。树的顶部

（即树根）表示某个事故或某类事故，这是顶上事件。树的底部（即树梢）表示事故发生的最基本原因，这是基本事件。树的中部（即树杈）表示由基本原因促成的事故结果，即事故的中间原因，也就是中间事件。顶上事件、中间事件、基本事件间的因果关系由不同的逻辑门表示。

编制故障树的具体过程如下：确定要分析的事故，即顶上事件，作为第一层；然后，找出它的直接原因或构成它的缺陷事件，作为第二层；上下层用逻辑门连接；层层分析到最基本的原因事件，这就编制出了一个故障树。在故障树编制完成后，需要进行简化，特别是故障树的不同位置存在相同的基本事件时，可采用布尔代数进行故障树的简化和整理。

故障树的定性分析，是根据故障树确定其结构函数，求取其最小割集或最小径集，确定顶上事件发生的事故模式、原因及其对顶上事件的影响程度。

顶上事件发生与否是由各基本事件的状态决定的。显然，所有基本事件都发生时，顶上事件肯定发生。但在大多数情况下，只要有部分基本事件发生就可能导致顶上事件的发生。引起顶上事件发生的基本事件的集合称为割集。显然，一个故障树的割集一般不止一个。如果在某个割集中任意去掉一个基本事件就不再是割集了，那么这个割集就称为最小割集。最小割集就是导致顶上事件发生的最低限度的基本事件集合。最小割集一般也不止一个，每个最小割集就代表一种事故模式。根据最小割集可以发现事故发生中最薄弱的环节，并可直观判断出哪种模式最危险，哪些次之。最小割集的求解方法主要有行列法、布尔代数化简法、矩阵法等。

如果故障树中某些基本事件不发生，则顶上事件也不发生，这些事件的集合称为径集。如果在某个径集中任意去掉一个基本事件就不再是径集了，这样的径集就是最小径集。最小径集是不能导致顶上事件发生的最低限度的基本事件集合。求出最小径集后，就可以掌握要使顶上事件不发生则会有几种可能方案，这对制定安全改善对策是非常有帮助的。最小径集的求法是将故障树转化为对偶的成功树，成功树的最小割集就是故障树的最小径集。

如果故障树中含有重复的基本事件，或基本事件可能在多个最小割集中重复出现时，最小割集间是相交的，此时可通过状态枚举法、最小割集法、最小径集法、近似计算法等计算顶上事件发生的概率。故障树中各基本事件的发生对顶上事件的发生有着不同程度的影响，这主要取决于各基本事件发生概率的大小以及各基本事件在故障树模型结构中所处的位置。为了明确最易导致顶上事件发生的基本事件，还必须对基本事件进行重要度分析。

2.事件树分析法

事件树分析法（Event Tree Analysis，ETA）是安全系统工程中常用的一种演绎推理方法。与故障树的由原因到结果的逆过程分析不同，事件树法根据事故发生的先后顺序，将事件分成若干个阶段，每个阶段的分析都从成功和失败两种可能后果考虑，最后绘制成近似水平的树形图。事件树可以事前预测事故及其不安全因素，并可在事故后分析事故原因，既可以定性地了解整个事件的动态变化过程，又可定量地计算出各个阶段的发生概率。

3.蝴蝶结分析法

蝴蝶结分析法（Bow-tie Analysis，BTA）是指用绘制蝴蝶结图的方式来描述事故，事故发生的原因，导致事故的途径、事故的后果以及预防事故发生的措施之间的关系，进而分析提出事故风险和事故控制方法。蝴蝶结图（Butterfly diagrams）来源于20世纪70年代的因果图（Cause consequence diagrams）。

（三）工程实践方法

事故多发点成因分析最常用和最有效的方法是工程实践方法，一般包括事故数据处理、事故影响因素分析、事故形态分析、现场调查和事故多发点真伪鉴别等阶段。

1.事故数据处理

通过深入检查和分析事故多发点上的事故数据，可以找出突出的事故影响因素和事故形态。检查和分析的事故数据，可以是具体的每起事故，也可以是统计的事故数据。一般要将事故数据归类统计并形成分析图表，主要有按照事故类型归类统计的事故列表、按事故影响因素归类统计的事故列表、事故形态描述和事故碰撞图。

2.事故影响因素分析

事故影响因素分析就是对事故多发点处的道路交通条件、人为因素、车辆因素、环境因素进行全面的分析，目的是找出这些因素与事故发生的关联关系。

道路交通条件分析的内容包括出入口控制条件、速度、道路横断面、交通量和路面条件等。许多道路设施是根据出入口的数量和控制条件来分类的，比如高速公路和普通公路、信号控制平面交叉口和无信号控制平面交叉口等，改善出入口的控制条件可以减少潜在冲突点的数量。由于采取了出入口控制措施，高速公路和城市快速路上的事故率相对较低，但由于车速较快，会增加事故的严重程度。道路横断面包括车道宽度、路肩宽度、路侧净区、路拱横坡等，均会影响交通安全。交通量是重要的事故关联因素，一般而言，交通量越大时发生的交通事故就越多，但由于交通量大时车速会降低，因而事故严重程度不一定会提高。重新铺筑路面可以提高抗滑力，也可消除车辙、裂缝、坑洞等，同时起到改善交通安全状况的作用。

大多数交通事故会涉及一个或多个人为因素，人为因素一般包括年龄、性别、攻击性驾驶、危险驾驶、乘员保护等。就年龄而言，老年驾驶员和青年驾驶员往往是发生交通事故较多的群体。老年驾驶员面临的主要问题是反应力和感知力减退并容易疲劳，青年驾驶员的主要问题是经验不足和不成熟。关于性别，在死亡事故中涉及的男性多于女性，但也有研究成果表明女性更容易受伤。超速、跟车过近、违章变道等攻击性驾驶行为以及酒驾、醉驾、疲劳驾驶等危险行为均是引发交通事故的重要原因。在乘员保护方面，未系安全带的驾驶员和乘客以及未戴头盔的摩托车驾驶员都有非常大的事故死亡和受伤风险。

车辆设计是一个重要的安全因素。目前，车辆的安全性设计主要集中在规避事故和事故保护两个方面。为了规避事故，车辆上已经配置了大量的装备和安全操作系统。一般而言，越是灵活、机动的车辆越容易规避事故，轻、小、低的车辆要比重、大、高的车辆具有更大的机动灵活性。当事故发生时，车辆上的各种安全设备以及吸能性能就变得十分重要了。

诱发交通事故的交通环境一般包括雨、雪、雾、风和阳光等。潮湿的路面会降低道路摩擦系数，同时也会降低车辆的牵引力。汇集的雨水会导致车辆轮胎打滑，从而失去控制。下雨时会降低驾驶员的视觉可见度。道路上的冰和雪会使车辆的牵引力急剧下降，因此会严重危及行车安全。由于冰难以发现和不可预期，因此它比雪具有更大的行车危险。浓雾可将驾驶员的视觉可见度降低至几米，造成驾驶员行车时事实上的失明。大风对交通事故的发生也是有影响的，主要是对大型货车和摩托车等。阳光的主要问题是可能造成驾驶员眩光。

3. 事故形态分析

在分析事故多发点的事故数据时，应根据事故汇总表、事故碰撞图以及其他信息来确定事故形态。总结出一张统计期内事故多发点上的事故汇总表是十分有用的，表中应包括事故形态、事故成因、路面条件、照明条件、伤亡人数等以及与驾驶员有关的年龄、性别等信息。

在事故汇总表的基础上，通过进一步细化事故发生地点以及车辆轨迹和方向等信息，可绘制出事故碰撞图，该图可更加直观地反映出事故形态等有关交通安全信息。事故汇总表及事故碰撞图对识别突出事故形态是非常有用和有效的，但它们还不能提供足够的信息来揭示事故成因。

4. 现场调查

最好选择在能够反映出事故多发点交通安全问题的时间段、时刻或季节开展现场调查工作，内容一般包括：

(1) 道路几何线形条件、交通控制条件、车道宽度等；

(2) 交通量大小，包括路段上分车型的交通量以及交叉口的转向交通量；

(3) 交叉口及道路路段上的视距条件；

(4) 道路路段或交叉口上道路使用者进入或离开的地点；

(5) 事故多发点周边的土地利用状况，如学校、大型商店、居民点的分布等；

(6) 交通运行状况以及道路使用者之间的相互影响；

(7) 未记录事故的新证据和新发现；

(8) 未来可能出现的交通安全问题，尤其是不同天气、不同照明条件和不同交通条件下可能出现的新的交通安全问题。

在现场调查前若有可用的航空摄影照片，将会非常有利于识别事故多发点周边的土地利用情况，甚至是掌握其变化情况。很多国家道路安全审计中给出的现场调查方法，也适用于事故多发点的现场调查，这样的调查可提供更丰富、更恰当的交通安全信息。

5.事故多发点的真伪鉴别

由于交通事故的强随机性，由前述鉴别方法识别出的事故多发点很有可能是一个假的事故多发点，有4种信息可用来判断事故多发点的真伪。

信息一：事故多发点鉴别结果；

信息二：事故成因分析结果；

信息三：道路现场调查结果；

信息四：交通条件和道路条件分析结果。

只有当上述4种结果都一致时，识别出的事故多发点才是真正的事故多发点。一般而言，事故成因分析主要用来提出可能的或假设的事故诱导因素，而道路现场调查则用来印证这些假设。为了避免调查者的人为因素影响，有些国家规定需要有两支相互独立的安全工程师队伍来完成事故成因分析和现场调查工作。

（四）道路安全工程指南方法

许多国家都有相应本国的道路安全工程指南，可据此初步确定事故多发点的可能事故成因。正如许多指南所强调的一样，这些事故成因是在大量的工程实践经验中总结出来的，具有普遍指导意义，但对于具体的事故多发点而言还是要具体问题具体分析。

（五）基于"突出性"原理的事故多发点成因分析方法

成因分析方法是基于"突出性"概念建立起来的，即事故多发点上的某些事故诱导因素或组合因素所引发的事故数量与相似地点的平均水平相比很突出，这些事故诱导因素或组合因素就是事故多发点的突出事故影响因素。

变量可分为道路交通条件变量和交通参与者行为变量两类，前者有利于从道路工程及交通工程方面提出事故预防措施，后者可用于交通执法和交通法规的制定。

变量选择的目的是将事故多发点处累计起来的、众多的事故影响因素缩减到只对多发点事故发生有显著影响的那些因素，即显著性变量。对显著性变量，在建模时要进行进一步的分析，对不显著性变量，则从进一步的研究中删除。变量选择的算法如下：

第一步，每个变量（事故影响因素）与因变量（事故数）是交叉分类的（即事故多发点的事故数对所有相似地点上的平均事故数），从而形成一个以事故数为基础的偶然事件二元表。

第二步，对于剩下来的每个变量，在这个变量本身与因变量及第一步中确定的主要变量三者之间形成一个偶然事件三元表。对每一个表计算统计值，并从中选择显著性水平最高的变量作为次要变量，同样淘汰掉不显著的变量。

第三步，对剩下来的每个变量重复第二步的过程，再在每一步中加入一个未被淘汰的变量。上述过程重复进行，直到所有变量被选择完或被删除完，或者数据用完为止。

第四步，如果因数据过少以至于在偶然事件中许多单元的样本量不足以进行正常的分析，此时还尚有既未被选择又未被删除的变量时，这些变量即作为稀有变量。此时去掉最后一个已选变量，用每个稀有变量来重复前述计算过程。如果某个稀有变量还是显著的，则在建模时还应包括这个稀有变量。

上述变量选择的算法保证了所选变量对评价点（事故多发点）事故的发生具有显著的影响，但变量间的内部组合情况还须由模型来查明和分离。

三、安全改善措施及其评价技术

（一）事故多发点的安全改善措施

识别出事故多发点的道路交通条件、人为因素、车辆因素、环境因素等事故成因后，即可制定可能的安全改善措施。这是一项十分复杂的工作，有时需要考虑工程建设方面的可行性。对识别出的突出事故形态，在制定安全改善对策时，需要考虑以下3个方面的问题：

1. 道路使用者的哪些交通行为导致了交通事故的发生？
2. 诱导道路使用者采取这些危险交通行为的影响因素各是什么？
3. 如何改善道路交通环境才能尽可能地减少道路使用者的这些危险交通行为？

事故多发点安全改善措施的制定具有个体性，同时也是一项经验性很强的工作。但许多国家都会有相应的道路安全工程指南，可对各种事故形态提出具有通用性的安全改善对策建议，可供借鉴。

（二）安全改善措施的事故预防能力

安全改善措施的事故预防能力，也就是实施安全改善措施后的成效，可用事故降低系数（Crash Reduction Factors，CRF）、事故修正系数（Crash Modification Factor，CMF）以及工程实践法来量化计算。

1. 事故降低系数

事故降低系数是指实施了某个安全改善措施后可预期减少的交通事故百分比。

2. 事故修正系数

事故修正系数是实施某一安全改善措施后预期的事故数与没有实施安全改善措施时预期的事故数之比。

3. 工程实践方法

事故降低系数及事故修正系数在来源上、可移植性上、方法的使用上以及变化性上均存在较大的局限性。因此，更好的工程实践方法是通过引入趋势修正系数、交通量修正系数和回归到均值修正系数来估算实施安全改善措施后可预防的事故数。

(三) 安全改善方案评价与排序

1.安全改善方案评价方法

安全改善方案的评价方法主要有净现值法、效益成本比法和成本效益法。

（1）净现值法

净现值（Net Present Value，NPV）是安全改善方案的收益与成本之差（收益与成本均需贴现），即：

$$NPV=PVB-PVC$$

式中：PVB——安全收益的贴现值；

PVC——改善方案成本的贴现值。

只有当NPV大于0时，安全改善方案在经济上是可行的。这种方法可对某一个地点找出最理想的方案，也可用于评价多个地点上的多个安全改善方案。

（2）效益成本比法

效益成本比（Benefit Cost Ratio，BCR）是安全改善方案的收益与成本之比值，即：

$$BCR=\frac{PVB}{PVC}$$

只有当BCR大于1时，安全改善方案在经济上才是可行的。但对有多个方案可供选择时或对多个地点有多个方案时，这种方法并不适用。此时，需采用增量加载的效益成本比法。

（3）成本效益法

当无法计算或不能得到安全改善方案的效益时，此时可采用成本效益法来评价安全改善方案。主要是基于成本效益指数（Cost Effectiveness Index，CEI）来评价，其计算公式为：

$$CEI=\frac{PVC}{AR}$$

式中：AR—安全改善方案可减少的事故总数。

显然，某个方案的CEI值越小，该方案的排序就应更靠前。但该方法不能给出判断某一方案是否有效的准则，也没有考虑事故严重程度的差异。

2.安全改善方案排序

安全改善方案排序时需要考虑的经济效益指标一般包括：

①安全改善方案的成本；②安全改善方案的收益；③减少的事故总数；④减少的死亡或受伤事故数；⑤净现值；⑥成本效益指数。

究竟选择哪个或哪几个指标来排序，主要取决于决策者的综合考量。当采用不同的经济效益指标时，排序结果是有所不同的。

四、路网安全管理技术简介

(一) 路网安全管理概述

越来越多的国家采用路网安全管理（Network Safety Management，NSM）来代替事故多发点安全管理（Black Spot Management，BSM）。路网安全管理不同于事故多发点安全管理的最大之处在于，它关注的重点是长度在2~10km的路段而不是事故多发点上长度小于0.5km的路段。事实上，欧洲一些交通安全状况较好的国家，如芬兰、瑞典等早在20世纪60年代就用路网安全管理来代替事故多发点安全管理，原因是在那个年代事故多发点已经全部被治理过。法国也准备停止事故多发点安全管理工作，从而转向路网安全管理。采用路网安全管理来代替事故多发点安全管理的最大理由是，随着大量事故多发点被有效治理，交通事故会明显减少，但却仍然存在着（只是不那么集中），这就需要有新的技术来继续推动交通安全的发展。

(二) 路网安全管理与事故多发点安全管理的区别

路网安全管理与事故多发点安全管理的区别主要体现在以下4个方面：

1. 目的不同

事故多发点安全管理的目的是以补救为主，针对的是已出现的交通安全问题。而路网安全管理既有补救的目的，更有预防的目的，即要消除潜在的行车危险。

2. 是否考虑事故严重程度

事故多发点安全管理在鉴别事故多发点时，是可以不考虑事故严重程度的。而路网安全管理在鉴别事故多发路段时，必须要考虑事故严重程度。

3. 评价的路段长度不同

事故多发点安全管理中评价的路段长度一般在0.5km以下。路网安全管理中评价的路段长度一般在2~10km，平均在5~6km。

4. 工作频次不同

在欧美等国，事故多发点安全管理工作每年或每隔1年开展一次，路网安全管理每隔2年到4年开展一次。

(三) 事故多发路段的定义

在路网安全管理中对事故多发路段尚无统一的定义。广义上可将事故多发路段界定为：在路网中与相似路段相比，具有较多事故和较高事故严重程度的长度在2~10km的道路路段。

(四) 事故多发路段鉴别时的技术要求

由于在交通安全基本理论上具有相通性，事故多发点安全管理中的许多方法，如基于经验贝叶斯的事故多发点鉴别方法、事故碰撞图的运用等均可适用于路网安全管理。

第三节 交通冲突技术

交通冲突技术是交通安全替代技术（Surogate Safety Assessment）下的一种非事故指标分析方法。它通过定量测量"近似事故"的交通冲突事件来替代交通事故数据，从而实现道路交通安全的快速分析，其核心原理是交通事故发生时的"时空接近度"原理。本章主要介绍交通冲突的定义、交通事件安全连续体概念、交通冲突衡量指标以及交通冲突技术的应用进展等几个方面的内容。

一、交通冲突技术基础

(一) 交通冲突技术及定义

1. 交通冲突技术

交通冲突技术（Traffic Conflict Technique，TCT）是国际上近些年来开始采用的一种非事故指标分析技术，它以大样本、短周期、高时效、低社会成本的优势，通过定量测定"近似事故"的交通冲突事件，来代替传统的事故统计分析方法，实现道路交通安全的快速分析。

2. 交通冲突定义

交通冲突是一种可观测的交通事件，其中两个或两个以上道路使用者在空间上或时间上相互接近，以至于如果任何一方不改变其运行状态时将会发生的碰撞事件。交通冲突定义的核心是交通事故发生时的"时空接近度"原理。

根据该定义，交通冲突是一种可以观测、识别和记录的交通事件。因此，可通过较短时间的观测采集到足够的数据样本，从而保证安全分析结果具有较高的可信度。

(二) 交通事件安全连续体

交通冲突与交通事故的关系可以从交通事件安全连续体的角度来理解。交通事件安全连续体是指对道路上发生的所有交通事件，根据接近事故的程度以及事故严重程度的不同，将这些事件置于同一个连续的维度空间内。其中，最危险的死亡事故位于空间的顶极，而最安全的无干扰通行事件位于最下极。典型的交通事件安全连续体模型为金字塔型分级模型。该模型将交通事件从安全到危险依次分类为：无干扰通行事件、潜在交通冲突事件、轻微交通冲突事件、严重交通冲突事件、财产损失事故、轻微受伤事故、严重受伤事故和死亡事故。

二、交通冲突衡量指标

(一) 基于时间的交通冲突衡量指标

1. 距离碰撞时间（Time to Collision，TTC）

距离碰撞时间是指如果冲突参与者保持当前的速度和方向不变,至两者碰撞所需要的时间。

计算TTC的前提条件是,交通运行中要有冲突事件。对于跟驰行驶的车辆,冲突事件是后车距前车越来越近,即后车的车速要大于前车。对于平面交叉口,冲突事件是次要道路上的车辆侵犯了拥有路权的直行车辆。TTC的值是随观测时间而连续变化的,可从无冲突时的无穷大变化到最小安全临界值。大量研究结果表明,TTC的最小安全临界值在1.0s到1.5s之间。

使用TTC指标来度量交通冲突时,面临的两个主要问题是:①需要有详细的时间与距离信息,这是一项既费时又费力的工作;②不同的距离与速度组合会产生相同的TTC值,而该值却不能反映出潜在事故的严重程度。

2.接近事故时间(Time to Accident,TTA)

接近事故时间是指从冲突的一方开始减速或改变行驶方向的时刻起至双方保持原有速度和方向不变至碰撞点时刻的时间差值。简言之,TTA就是相互冲突的一方开始采取规避行为时刻的TTC值。该值可用来简化TTC。

在不同冲突速度和TTA数值下,依据道路摩擦系数可确定出为了避免碰撞所需要的平均减速度值。将平均减速度值绘制成等距的平行的曲线,可用来评价交通冲突的严重程度,主要的评价指标有"一致的严重水平"和"一致的严重程度区域"。

使用TTA指标来度量交通冲突时,面临的主要问题是:①需要由受过培训的有经验的调查员来人为判读是否有冲突现象,以及冲突方之一何时采取了规避行为;②人工判读速度和距离都会产生较大误差,甚至是偏差。

3.距离人行横道时间(Time to Zebra,TTZ)

距离人行横道时间主要用来评价接近人行横道的车辆与人行横道上的行人之间交通冲突的频率和严重程度。潜在的危险是到达人行横道前的车辆没有按照人行横道前的限速标准行车,且驾驶员主观地认为人行横道上没有行人。根据瑞典的研究结果,每4个机动车驾驶员中只有一个会在人行横道前停车或减速给行人让行。

4.后侵入时间(Post Encroachment Time,PET)

后侵入时间是被侵害车辆进入潜在碰撞区域的时刻与侵犯车辆离开潜在碰撞区域的时刻之差。

PET与TTC、TTA等不同之处在于,PET不需要知道可能的事故形态,也不需要观测速度和距离。使用PET指标来度量交通冲突时,存在的主要问题是:①没有考虑导致事故的过程;②同TTC一样,没有考虑潜在事故的严重程度;③只能适用于带角度的冲突,在追尾冲突中由于冲突区域是移动的,因此很难度量PET。

5.衍生的后侵入时间(Derivatives of Post-Encroachment Time)

衍生的后侵入时间主要有侵入时间(Encroachment Time,ET)、空隙时间(Gap Time,GT)和初始后侵入时间(Initially Attempted Post-Encroachment Time,IAPT)

三种。

侵入时间是指侵入车辆侵占正常通行车辆（有路权的车辆）的持续时间，即侵入车辆离开冲突区域的时刻与该车辆到达冲突区域的时刻之差。

空隙时间是指侵入车辆刚驶离冲突区域时，拥有路权的车辆预计到达冲突区域的时刻与侵入车辆驶离冲突区域的时刻之差。

初始后侵入时间是指被侵入时拥有路权的车辆预计到达冲突区域的时刻与侵犯车辆离开潜在碰撞区域的时刻之差。

（二）基于车辆制动能力的交通冲突衡量指标

车辆的速度和制动能力在交通冲突中起着关键的作用。因此，可用来作为衡量交通冲突的指标。

1. 避免碰撞的制动减速度（Deceleration Rate to Avoid the Crash，DRAC）

避免碰撞的制动减速度是指当侵犯车辆保持当前的速度和轨迹行驶时，被侵犯车辆为了不与之发生碰撞所需要采用的制动减速度值。

2. 停车距离比（Proportion of Stopping Distance，PSD）

停车距离比是指被侵犯车辆至潜在碰撞点的距离与最小可接受的停车距离之比。

（三）实时数据及微观仿真环境下的冲突衡量指标

实时数据的获取技术及微观交通仿真的广泛应用极大地促进了交通冲突研究的发展与应用。将冲突严重程度与冲突累计时间整合，能更好地度量交通安全状况。

1. 时间累计的距离碰撞时间（Time Exposed Time to Collision，TET）

时间累计的距离碰撞时间是指在 TTC 事件中，TTC 值低于 TTC 临界值的累积时长。

2. 时间积分的距离碰撞时间（Time Integrated Time to Collision，TIT）

时间积分的距离碰撞时间是指观测 TTC 值与 TTC 临界值 TTC^* 之差的时间累计值，即积分值。

3. 不安全的密度参数（Unsafety Density Parameter，UD）

对于跟驰行驶的交通流，借鉴牛顿万有引力概念，不安全的运行状态与前后两车的速度差和后车的速度值及前车减速程度之积成正比，这个乘积值就是不安全的密度参数。

使用 UD 指标时面临的主要问题是：①将跟驰车辆驾驶员的反应时间作为定值，会产生偏差；②只有当前车驾驶员制动时，UD 值才会大于零，但走走停停状态下的冲突被忽略了；③冲突度量仅限于追尾冲突；④没有严格的数学或物理学意义。

三、交通冲突技术的应用

(一) 安全替代评价模型及其应用

1. 安全替代评价模型

安全替代评价模型（Surrogate Safety Assessment Model，SSAM）应用交通冲突数据来替代交通事故数据，对车辆之间规避碰撞的能力和特征进行评估的方法，是微观交通仿真技术与自动化交通冲突技术的方法集成。

对于新建的尤其是创新性的交通设施项目，微观交通仿真技术常被用来评估这些项目实施后可能出现的效果。在交通项目的方案评价和比选中，仿真方法也是经常被使用的方法之一。但目前的微观交通仿真系统尚不能对交通设施的交通安全效果进行分析和评估。因此，开发安全替代评价模型的主要目的就是，通过在微观交通仿真系统中嵌入安全替代评价模型，从而能实现对交通设施安全效果的仿真和评价。

安全替代评价模型研发的重点工作是：

（1）确定数据需求，制定标准化的数据格式及车辆轨迹文件格式，这些数据和格式应能支持绝大多数的微观交通仿真系统。

（2）就目前所定义的数据需求，开发出能高效识别和分类交通冲突事件的算法，并能计算得到每个事件的交通冲突衡量指标。

（3）在交通设施安全性分析及报告生成时，能提供可视化的成果和统计分析结果。

（4）通过共享车辆轨迹文件，鼓励交通仿真供应商加载安全替代评价模型。

已有4个交通仿真供应商加入了本项目的研发工作，它们是：

AIMSUN，Paramics，TEXAS和VISSIM。

2. SSAM软件

SSAM软件主要是用来自动识别交通冲突事件，并计算每个事件的交通冲突衡量指标。

（1）SSAM软件工作流程

微观交通仿真系统生成了每一辆车的轨迹文件，该文件以轨迹文件格式输入给SSAM软件，该软件自动识别交通冲突事件并计算交通冲突衡量指标，然后以图表格式将交通冲突数据输出给分析人员。

SSAM软件使用了两种交通冲突衡量指标：距离碰撞时间（TTC）和后侵入时间（PET）。

在SSAM软件中，TTC和PET均有系统设置的默认临界值，比如TTC默认的临界值为1.5s，分析人员可根据自己的实际需要来调整TTC和PET的临界值。一旦选择了交通冲突衡量指标的临界值，软件系统即可按此标准从车辆轨迹中识别交通冲突事件，并给出每个事件详细的分析结果，包括时刻、车辆位置、交通冲突衡量指标值等。当然，SSAM 软件也能提供汇总后的交通冲突数据。

（2）SSAM 交通冲突识别算法

从车辆轨迹中识别交通冲突的算法包括以下 4 个步骤：

第一步，在车辆轨迹文件中定义分析区域的大小，一般以网格线来划分区域，网格中最小的矩形尺寸为 12.5m×12.5m。

第二步，对于分析区域内的每一辆车，按车辆轨迹的每一个时间步长逐一分析，对车辆进行定位，车辆均设定为矩形。

第三步，对每一辆车，计算车辆位置参数（车辆矩形参数），并对它的下一个位置进行定位。然后，依据车辆的矩形间的重叠情况来识别冲突车辆对。

第四步，在目前的时间步长下，计算冲突车辆对的详细信息，包括位置、速度、TTC 值和 PET 值等。

3. 安全替代评价模型的应用案例

应用 VISSIM 仿真环境下的安全替代模型，分析信号控制平面交叉口中前置左转与后置左转的交通安全效果。前置左转是指左转绿灯相位位于直行绿灯相位之前，后置左转是指左转绿灯相位位于直行绿灯相位之后。目前，对于前置左转和后置左转的安全效果尚无统一的一致性的结论，相关研究成果也不多。

（二）视频分析技术在交通冲突研究中的应用

1. 视频分析技术简介

记录交通环境影像的数字视频包含了大量的信息，从中可看到移动的车辆和行人、摇摆的树枝和飞翔的小鸟，或者是什么也没有的空旷路面。对于人类而言，识别并关注其中的与交通有关的信息是十分容易的。但是，应用计算机编程来实现同样的功能却是一项琐细的工作，数字视频是由多个图像一个接一个播放组成的，而每个图像又是由大量的像素构成的。因此，原始图像数据只是一套描述某一时间段内每一像素值的数据。在这些海量的数据中，找到描述道路使用者的数据并将其转化为有用的交通数据（如轨迹、速度、尺寸大小及方位等），确实是一项具有挑战性的任务。

数字视频处理一般需要将两种算法结合起来，一种算法是每幅图像的结构分析，另一个是系列图像的变化分析。关于道路使用者的先验知识是十分有用的，道路使用者是移动的，他们进入画面、通过画面并离开画面。当检测到长期不动的物体时，这些物体就可认为是静态的道路环境物体。尽管车辆的形状具有多样性，而行人和自行车又会改变姿势，但是这些物体的尺寸大小依然可以被测定出来。物体的尺寸大小可用来识别道路使用者的类型，车辆会频繁出现在路面上，而行人则会出现在人行道和人行横道上。出现在道路上的车辆和行人均可看作平面物体。

2. 面向交通的视频分析技术

最早尝试使用计算机辅助处理视频数据的系统是一种半自动系统。比如，德国 VIVA traffic 系统能够提供一个用户友好的界面，在视频文件中从一帧到另一帧地导航,而且操作人员可通过交互式的方式来确定道路使用者的位置、速度、使用者之间以及使用者与其他物体之间的距离。

最简单的全自动视频分析系统可通过设置虚拟线圈的方式来检测道路使用者的出现,并测量有关交通流参数数据,如 Autoscope、Hitachi、Traficon、Visio Way 等交通视频检测系统。

3.视频分析系统的构成及功能

全自动视频分析系统一般由视频录制设备、视频处理软件及硬件、交通数据处理系统等构成。视频分析系统的功能一般包括:

①道路使用者检测;②轨迹提取Ⅰ(从兴趣点开始);③校正;④速度估计;⑤轨迹提取Ⅱ(隐马尔可夫模型)。

4.视频分析系统在交通冲突研究中的应用

在轨迹提取及速度估计的基础上,通过进一步引入适当的交通冲突衡量指标,即可获得异常交通事件及其交通冲突数据,据此可开展交通冲突研究工作。尽管目前尚无成熟的、商业化的基于视频分析的交通冲突系统,但欧美的一些大学和研究机构已率先开展了这方面的研究工作,并有少部分研究成果成功应用于工程实践项目。

(三)驾驶模拟器在交通冲突研究中的应用

驾驶模拟器已被广泛用于分析行车过程中的驾驶心理和人机工效学问题,也包括药物、酒精、疲劳驾驶时的驾驶员障碍行为分析以及制动性能、车辆室内设计等车辆动力学和车辆设计问题等。近年来,越来越多的交通领域研究人员开始应用更高级的驾驶模拟器来分析智能交通系统与设备的安全性和有效性问题,比如车辆防碰撞系统的安全性和有效性、车辆导航系统的安全性、无人驾驶系统的安全性等。

驾驶模拟器可模拟出相当多的影响道路交通安全的控制性指标,如几何线形条件、交通控制设施、车辆特性等,是一个理想的人、车、路、环境仿真研究平台。由于模拟器连接到了计算机系统上,因此可得到各种类型的、各种格式的数据并可实现数据的实时处理。

一般而言,驾驶模拟器由连接到计算机上的一系列投影仪组成,从而实现在高分辨率屏幕上来仿真现场环境。在驾驶模拟器室内实验室中,这些安装好的屏幕可提供150°~180°的驾驶视野。软件系统能够提供图形显示和动态仿真,从而有助于编辑交通情景并建立数据获取界面。

第五章 停车产业化的新技术

第一节 停车产业化的新技术与相关概念

一、智慧城市

智慧化是继工业化、电气化、信息技术、世界科技革命又一次新的突破。使用智能技术打造智慧城市,是世界城市发展的趋势和特点。智慧城市是互联网、电信网络、物联网、无线宽带网络和其他基于网络的产品组合,高度集成智慧的技术与发展高端智慧型产业,高效便捷智能服务为主要特征的城市发展新模式。

智慧城市是城镇(市)化、工业化和信息化的深度整合,是新一轮IT产品改进和进一步发展知识型经济转移到一个更高的阶段表现。加快推进智慧城市建设将有力地推动物联网、低碳、节能和环保技术融合。不仅能吸引凝聚一批知识密集、信息密集、创新密集的高技术、高附价值的先进的制造业和高端服务业,还可以通过应用新兴技术,有效地提高传统产业的科技含量,加快转型提升城市产业结构。同时,与改善城市知识产权含量,还能显著地降低能源消耗和污染排放率;以帮助促进低碳排放和可持续发展的城市生态文明转型。

智慧城市是政府高效、高端管理城市产业发展,是人民生活质量更加优良的发展蓝图。而且,通过建设智慧城市能进一步挖掘、整合和配置有形和无形的各城市资源,努力实现经济和智慧化、信息化和社会一体化;实现集成化程度高的城市发展目标。

每一次重大科学和技术的突破,将带来深刻的生产力和人类社会的巨大进步。物联网、云计算、下一代互联网技术为代表的新一轮信息技术革命,向智慧化和集成化方向发展。信息技术及其他工业技术的集成度提供了重要的技术基础。信息化和智慧化的时代已经成为不可抗拒的历史潮流,对中国的工业化和城市化进程产生深远的影响。

目前,国家正在大力推进信息化与工业化两化融合,全面开展"网络"一体化试点城市,大力培育物联网等战略性新兴产业,为智慧城市建设提供了良好的宏观环境。国内所有主要城市的从各自城市特点出发,制定了相应的战略举措,重点推进每一个智慧城市建设。不难发现,推动智慧城市建设提升城市创新能力和综合竞争力的重要途径,也会成为新一轮城市竞争的焦点。智慧城市建设先行一步,就会在新一轮城市发展中一路领先。

二、停车场的概念

(一)停车场的属性

停车是完整的交通出行的必要组成部分,最终目标不是简单地停车,是为了完成交通出行,以实现人与物体的运动。由于城市交通所需的物质基础停车场已经成为城市交通基础设施的重要组成部分。因此,停车场也有城市基础设施、公益性质的服务和间接收费产业等共同特点:前者是指停车场为全社会和广大市民提供出行服务所带来的停车经济,其社会和环境效益的间接手段远远超过了直接的经济效益。与其他城市基础设施相比,停车场是城市建设的物质载体,是保持经济和社会的互动城市存在前提和基础,是确保现代化城市经济的发展的重要体现。

(二)停车场的类型

不同类型的停车场,其客户、选址、建筑类型和管理做法是不同的。只有充分了解各类停车功能的使用,特别是在城市交通中的作用,能够进行科学合理规划城市的停车区。因此,停车场必须要有区分。

1.按服务对象分类

根据不同对象的服务可分为社会公共停车场与建筑配建停车场以及专用停车场3种。

(1)公共停车场也被称为公共停车设施

从事各种活动、提供旅游服务,通常设置在城市商业区,城市出入口道路过境车辆停车区以及需求集中在公共交通枢纽附近的停车场车位。

(2)配建停车场

指建造的大型公用设施或配套建设停车场,主要的活动与设施提供停车服务旅游。

(3)专用停车场

是指专门的交通运输主管部门或企业自备停车场,单位内自有车位。

2.按场地位置分类

根据停车场和城市道路系统的相对位置,可分为路上停车,路边停车,路外停车位。

（1）路上停车场

是指城市道路两侧或一侧，划出若干段带色路面，供车辆停车。路上停车对动态交通的干扰较大，它必须保持足够宽的道路供车辆通行。

（2）路边停车

指的是一些城市道路两侧或一侧安排了一些带停车场外的路边。虽然道路上的干扰少，但路边停车对行人交通顺畅和安全有较大的影响。

（3）路外停车场

位于城外的道路系统，通过专用通道与城市道路系统的各种停车场，对动态交通的影响较小。

3.按建筑类型分类

根据建筑类型，停车场可分为地面停车场、地下车库、地上车库、多用车库、机械式立体停车库5类。

（1）地面停车场

停车场是正方型，布局灵活，停车方便，管理简单，成本低的特点，是最常见的停车位类型。

（2）地下停车场：建在地下停车位有一层或多层。它可以缓解土地的短缺，提高土地利用价值，明显着降低土地成本，但需要额外的照明、空调、供水和排水系统的维护成本较高。

（3）地上车库

设计一个固定的建筑。由于成本高、车位利用率较低、这种单一用途的车库已被越来越多地被多用车库取代。

（4）多用车库

是指一个多用途的建筑，但它主要是用于停车，但也有相当一部分建筑面积为商、金融、电信、娱乐和办公。正是因为它的多用途，多用车库的吸引力大大提高，停车位利用率较高。

（5）机械式立体停车库

是指城市中心或不规则土地，建设多层半固定式钢车库，使用电梯或升降机自动停泊的车辆将需要运行向上和向下或水平，从而运送到适当位置停车。这样的停车场，节省空间，降低建设成本，是解决在城市中心停车难的有效途径。

4.按管理方式分类

按经营管理方式，可分为免费停车场、限时停车场、限时免费停车库、收费停车场和指定停车场。

（1）停车场免费停车

停车普遍在平面上，如住宅或商业的道路或街道停车场，大型公共设施，如商场、餐厅等建有停车场。免费停车时间通常较短，泊位周转率是很高的。

(2)限时停车场

限制车辆停放时间,并辅以适当的处罚,这种方法可以有效地提高停车位周转。限时的停车位通常有限,意味自启用的停车场,交警或值班人员负责交换监视。

(3)限时免费停车

停车位限时的基础上,辅以费用的管理措施。不超过停车时间限制,应享受免费的优惠,比那些需要继续停车位有限的时间内,将支付停车费。这种方法不仅保持了高昂的停车效率,同时也保持了较高的周转率停车场。

(4)收费停车场

不管时间的长短,所有的汽车停车收费。通常有两种收费方式,即计时收费和非计时收费。前者依据每个车位停车费的时间长短不同收费,后者没有停车时间限制,每个车位的收费一样。

(5)指定停车场

是指地面通过指定类别的人士设计的标志或一些自然停放车辆的停车场。这种方法在国外是比较常见的,一般分为2种:①表示临时停车,出租车接送客人作为临时车位停车或装卸货物递送邮件临时停车场;②对残疾人的关怀、老人以及医务人员并设置了指定的停车位。

(三)城市停车场的地位与作用

1.城市停车场的地位

城市停车场的问题已成为城市交通战略的一部分,在20世纪50~60年代,欧洲一些国家的城市管理局和规划人士所关心的是使车辆(主要是小轿车)使用方便,并作为编制规划的最后一步程序,努力寻找若干存车空地,设立停车场。经常考虑的是增设停车场,增加其循环周期,并改进道路容量等,甚至形成一种学派的观点,即解决交通拥挤问题,靠的是扩展道路容量和增设停车场。

但进入20世纪70年代和80年代,政府逐渐意识这样的政策不仅不能彻底解决堵塞问题,反而会造成严重的环境问题,如空气污染和噪声。城市开放有价值的空间也越来越少。因此,许多城市有意识地改变其政策。20世纪70年代的能源危机,节能理念逐步提高,城市土地节约利用的意识也得到了增强,所以越来越多的人认识到城市公共交通的重要性,包括公共交通项目和城市规划重要性。同时,城市停车位和作用的认识发生了变化,逐渐停车使汽车交通被视为一种合理化手段。

这一理念的变化带来了一种新的城市交通组织。停车不再被看作只是一种以满足汽车的交通出行的工具,而成为一个充满活力的交通影响和组织手段。事实上,停车场是用来作为一种实现城市交通的整体管理计划工具。它反映一个合理的小汽车出行需求,但也体现了环保和节能的需要,更重要的是优先发展公共交通和运输方式采取高效率政策的组合调度措施。

因此,城市停车场作为交通运输战略的一部分,可以说是城市发展一项政策战略。

2.城市停车场的作用

城市停车场在城市的地位和作用逐渐改变。现代城市的停车场可以总结出至少有四个角色扮演。

（1）使汽车在城市运行平稳

城市的流动性程度较高的出行，有相当一部分是通过汽车交通。汽车驾驶（动态）和停车（静态），总是交替进行。停车场驾车行驶，没有延续的停车，将难以达到满足要达到的目标。汽车要想在城市的顺利运行正常，停车是必不可少的。

（2）汽车流量合理化

汽车交通量超过城市道路交通容量1倍以上，就会造成城市交通拥堵。因此，根据各自现代城市需要适量地限制流量和抑制汽车数量。城市停车场，通过它的位置、大小、停车位的数量、价格以及推广的高出乘率政策等手段，适当抑制汽车交通数量的过度发展，达到合理化。

（3）促进公共交通的发展

现代化的停车场均安装了先进的诱导信息系统，使驾驶者很容易找到停车位。同时，20世纪80年代以来，欧洲和北美部分国家的一些城市已开发出一种新的停车一换乘系统，这个停车场既可以容纳大量小车，又有舒适方便的公交通往城市中心，停车方便，换乘方便。司乘人员可将车辆停放在停车场，乘坐公共交通到市中心，在时间和经济都比较节省，并减少城市中心的车流量。公共交通是这种转换地面交通的一种方式，既可节约资源，也可节省交通用地，还可降低停车位需求。

（4）组织动态交通

全市停车场自然会发挥一个动态的多种功能的协同效应的交通组织作用。客观地说，形成了一支结构合理，运行有序，忙而不乱的城市交通。在欧洲和日本，占所有城市的公共交通量人次的50%左右。一些城市（如东京）大群人在地下停车内活动，看不到拥挤的交通和人流。这个城市是一个高超组织能力的动态交通，包括公共交通和乘驾的作用是反映这种管理能力的一种手段。

许多大城市日益国际化和现代化，越来越多的人关注城市停车的地位和作用以及停车场的战略战略意思。我国城市停车场的研究仍处于初级阶段，理解它的地位和作用可能不够充分。

三、停车产业化

（一）停车产业化的内涵

一个国家发展停车产业化的主要原因：第一个是缺乏停车位的数量，难以满足日益增长的停车需求，从长远来看，由于制约停车设施建设和发展不能跟上停车位需求增长的步伐各种因素。第二个是现有的停车资源不均。到处乱停车与新建停车楼空置浪费形成了鲜明的对比；各政府投资停车场资金太少或没有投入；当停车没有形成规模经营，而管理很难实现标准化时，停车问题很难得到解决。

学术界对停车行业没有一个统一的定义。"产业"是指具有相同的属性组织集合成规模的社会认同度或实现量变到质变的企业。停车问题日益突出的今天，"市场化"和"产业化"是解决停车难提高效率的措施，是停车产业的建设和市场运作的核心。因此，"停车产业"实际上是市场机制和市场结构规范以前分散变化的所有企业管理活动。如停车场规划、建设、运营和管理等而形成的动态过程集合，构成一个良性循环的完整的工业体系和有机系统。停车行业没有放在一起活动的简单集合，而是要形成运营高效、稳定合理的制度。

（二）停车产业化特征分析

在城市发展的过程中，所有的人、所有的单位和所有建设项目，可以不离开城市基础设施（包括停车场），而大量的公共停车场行业的投资，建设规模大，回收期长的特点，与其他建设项目同步建设，同时能够减少浪费，避免停车设施闲置。例如，双方为了获得更好的价值时，投资建设的大型公共建筑同步要建相应的停车场。

停车产业的发展是在有先进的停车设施建设的停车需求之前，考虑到日益增长的停车需求，停车场提供的停车泊位供给往往是一次性，同时供应能力形成同步。从上面的分析，可以得出停车产业发展建设的同步性和超前性。

四、物联网

"物联网概念"是在"互联网概念"的基础上，将其用户端延伸和扩展到任何物品与物品之间，进行信息交换和通信的一种网络概念。主要有两方面特征：①物联网的核心和基础仍然是互联网，是在互联网上的延伸和扩展的网络；②其客户端延伸和扩展到任何物品与物品之间的信息交换和通信。因此，通过射频识别（RFID）、红外感应器、全球定位系统、激光扫描器等信息传感设备，按约定的东西的定义同意任何连接到互联网上，信息的交流和沟通，以达到物体的智能化识别、定位、跟踪、监控和管理的一种网络。

五、智能交通

（一）智能交通

智能交通是基于现代电子信息技术服务的交通系统。其突出特点是信息的采集、加工处理、传播、交流、分析和使用为主线，为参与者提高多样化的运输服务效率。

（二）智能交通系统

智能交通系统（Intelligent TransportationSystem 简称 ITS）是未来交通系统的发展方向，是把先进的信息技术、数据通信传输技术、电子传感技术、控制技术和计算机技术有效地整合到整个交通管理系统中,建立一个大范围、全方位、实时、准确、高效的综合运输指挥系统。ITS可以有效地利用现有交通设施、减少交通负荷和环境污染和保证行车安全,提高运输效率。

(三) 智能交通系统特点

智能交通系统具有以下两个特点:①专注于广泛的交通信息应用与服务;②突出重点,提高现有交通设施的运作效率。

相对于一般的技术系统。建设智能交通系统的完整性的要求更加严格的过程。这种整体性体现如下。

(1) 跨行业功能。智能交通系统的建设涉及很多行业,广泛参与的社会工程的复杂巨系统,在一个复杂的行业间的协调问题。

(2) 技术的特点。智能交通系统结合交通工程、信息工程、通信技术、控制工程、计算机技术等诸多领域的科学成就,需要许多有一技之长的工作在一起。

(3) 政府、企业、科研院所和高校参与,适当的角色和任务共享系统是一个重要的先决条件有效拓展。

(4) 智能交通系统将主要由移动通信、宽带网、RFID、传感器、云计算等新一代信息技术作支撑,更符合人的应用需求,可信任程度提高并变得"无处不在"。

(四) 系统组成

(1) 先进的交通信息服务系统(ATIS)。
(2) 先进的交通管理系统(ATMS)。
(3) 先进的公共交通系统(APTS)。
(4) 先进的车辆控制系统(AVCS)。
(5) 货运管理系统(FMS)。
(6) 电子收费系统(ETC)。
(7) 紧急救援系统(EMS)。
(8) 智能交通将拉动多个产业。

六、车联网

(一) 车联网定义与前沿

车联网是车辆通过各种传感器与信息系统之间互联的网络,它以车为主要信息节点,将人—车—路—环境,以及软件管理系统联接在一起,使人们能够得到即时有效的信息,从而得到综合的信息服务和各要素之间的协同作用与协调发展。简单地讲,物联网是将物物相联,车联网是将人-车-路-环境相联。车联网是物联网在智能交通方面的一种具体体现,是智慧城市发展的重要标志之一。

汽车移动物联网,简称车联网,是物联网的一个分支。当前车联网可以引领物联网行业发展。比如车联网行业中代表的杭州鸿泉研发的苏州金龙"G-BOS智慧运营系统"、陕汽"天杆健车联网服务系统"，通用"安吉星"等。国家对车辆的管理越来越完善，车联网终端前装（前装：车厂出车时就装在车上）将成主流。车联网是个新兴行业，应该可以独立成为一种新的行业，甚至会把包括汽车电子、通信、运营服务包括在内的行业涵盖在一起。

车联网，是指装载在车辆上的电子标签通过无线射频等识别技术，实现在信息网络平台上对所有车辆的属性信息和静、动态信息进行提取和有效利用，并根据不同的功能需求对所有车辆的运行状态进行有效的监管和提供综合服务，是基于无线射频识别（RFID）技术开发的涉车信息资源的应用。

（二）车联网技术

从技术的角度来看，车联网涉及先进的传感器技术、通信技术、数据处理技术、网络技术、自动控制技术、信息处理技术和传播技术。其目前的主要发展方向有两个，即汽车电子（如自动驾驶、电子标签等）和交通信息服务（特别是基于位置的信息服务LBS）。

Telematics是远距离通信的电信（Telecommunications）与（Informatics）信息科的合成词，按字面可定义为通过内置在汽车、航空、船舶、火车等运输工具上的计算机系统、无线通信技术、卫星导航装置、交换文字、语音等信息的互联网技术而提供信息的服务系统。而根据使用目的的不同，Telematics可分为三种基本类型，即交通信息与导航服务、安全驾驶与车辆保护及故障诊断的车辆维护服务、娱乐及通信服务。

第二节 建构集成ETC的智能停车综合管理系统

智慧城市需要做出充分利用信息和通信技术来感知、分析、整合城市核心系统运行的关键信息的能力，从而对包括民生、环保、公共安全、城市服务，包括各种工业和商业活动的需求做出智能的响应，为人类创造更美好的城市生活。

智能城市建设规划提出了4个示范项目，一个是智能交通，其目标是进行实时交通管理，包括城市动态交通的指导和控制，以及车辆停车场等静态交通的规划、建设和管理。事实上，该车辆是远远大于平均停车时间的行程时间。静态交通规划、建设和管理，应该得到应有的重视。

在泊位资源严重不足的同时，机动车仍以高出泊位供给增速数倍的比例发展，停车泊位缺口越来越大，与此同时，还存在着部分停车场门前冷落的怪圈。究其原因，除了停车场类型、布局，缺乏客观条件和驾驶者选择自己的偏好等主观因素外，不可否认的是，部分原因是相当数量的停车设施是没有可靠的来源，为驾驶员提供信息资源停车信息而引起的。因此，有必要建立一套智能停车场智能城市综合管理系统，一方面整合现有停车场泊位资源，面向社会提供停车场泊位信息服务，提升城市形象；

另一方面提高城市停车场管理的信息化水平，探索智能停车管理的新模式。

一、智能停车系统的意义

（一）开拓城市智能交通的新阵地

ETC收费系统作为"智慧城市建设示范项目"已获得广泛的认可和普遍的应用，ETC是一种利用电子标签识别为主、车牌识别为辅的自动收费模式。城市智能停车综合管理系统充分利用已安装好的5.8G电子标签，拓展该标签除停车收费之外的新应用，提升城市"车联网"应用的广度和深度，对智慧城市的全面建设起到积极的促进作用。

（二）缓解"停车难"问题

"停车难"问题是特大城市经济快速发展过程中面临的共同问题，该问题起因一方面由于机动车辆的飞速增长造成停车泊位的缺口不断增大；另一方面由于部分停车设施的泊位信息不公开而导致没有充分利用，以至于停车泊位越发紧张。完全解决"停车难"问题只有通过不断增加停车泊位的供给，实现供需平衡，但由于停车设施的建设需要一定的建设周期，短期内迅速提供大量的泊位供给是不现实的，因此为了切实可行的改善"停车难"问题，一方面要加大投入，提高建设效率，加快停车泊位的市场供给；另一方面需要对现在停车资源进行整合，并对社会进行信息发布，提高车位利用效率，缓解供求矛盾。

城市智能停车综合管理系统是通过三级诱导信息发布屏、城市停车信息综合服务门户、手机增值业务包、广播等多渠道推送停车泊位信息，可以有效提高停车设施利用率，缓解重点区域的"停车难"问题。

（三）改善重点区域的交通拥堵

重点区域的交通拥堵往往是由于机动车不按规则的"违停"和无序寻找停车泊位的"占道"造成的，不仅降低了道路上车辆行驶速度及通行能力，而且减少了交通路网容量，形成了静态停放与动态交通流互相干扰的恶性循环，直接影响了该区域的城市居民的工作和日常生活。城市智能停车综合管理系统通过基于多渠道信息推送的停车诱导信息发布，一方面改变目前无序的现状，增强停车寻位的导向性，减少车辆由于寻找停车位而在道路上巡游的时间；另一方面，通过有效引导，可以逐步提高设施停车的比例而不断降低路面停车比例，真正做到还路于行，保证道路交通的通畅。

（四）探索智能停车管理的新模式

国内城市级停车场管理尚无统一的模式和成熟的经验，通过本项目的实施，形成停车场相关技术和管理的地方标准和规范，同时结合省会城市一般有约90万辆车也具有电子标签的基本情况，探索具有城市特色的智能停车综合管理系统，为最终形成智能停车管理的城市模式积累经验。

（五）提升城市竞争力

城市之间的竞争，说到底是政府为企业、市民提供的公共服务之间的竞争，通过本项目的实施，可以帮助政府提升公共停车服务的水平，提高城市活力、优化居住环境，增强市民幸福指数，比如可以减少驾驶员寻找停车位的时间，降低了寻找车位过程中产生的油耗和尾气排放，可以缓解违章停车和道路交通的拥堵程度等等。

二、智能停车系统的作用

（一）促进停车场泊位资源有效整合

城市智能停车综合管理系统充分发挥效用的前提是对城市现有停车泊位资源的有效整合，停车泊位资源的整合涉及停车场各利益攸关方的核心利益，是城市智能停车综合管理系统顺利实施和持续发展的关键。为了创造利益攸关方双赢甚至是多赢的局面，需要采取行政+经济+技术的多手段协作的方式来实现。本系统架构设计为推进的核心，将从技术层面对城市停车场泊位资源的有效整合提供解决方案。

（二）拉动停车场经济效益的有效提升

城市智能停车综合管理系统建成后，据统计停车场利用率将提高30%～50%，停车场实际收益将增加20%，核心商圈的人流量增加30%，并且大幅降低停车场的运营管理成本，因此，本系统的建设有利于拉动停车场的经济效益，并带动周边商圈的人气，为潜在消费提供了更多机会。

（三）增强公共停车场社会服务的影响力

城市智能停车综合管理系统建成后将通过互联网、手机、诱导屏等多渠道推送停车泊位信息，提供高效、优质的公共服务，一方面树立了公共停车场在市民心中的正面形象，另一方面帮助政府提升了面向社会的信息服务水平，增强市民的幸福指数，同时强化了公共停车场服务社会的历史使命，为增强公共停车场的影响力奠定了坚实的基础。

三、建构智能停车系统的内容

（一）系统组成及其性能

系统主要由前端数据采集及控制设备、管理平台软件、网络通信设备和服务器等组成。其中端设备包括智能票箱、自动出卡机、ETC标签读写器、高速挡车器、车辆检测器、LED信息发布屏、各类感应传感器等；管理平台软件包括NMS中间件、RMT、数据库、应用软件等；服务器包括停车场工作站，数据库服务器、WEB服务器、RMT服务器等；网络通信设备则包括交换机、路由、硬件防火墙、无线模块、缆线等。

通过前期大量的调研工作，根据整体规划，分步实施的指导方针，该方案可以体现其先进、适用、安全、开放以及可扩展等特性。整个系统是基于智慧城市建设的，应该在智能化和便民方面体现出其先进性和适用性，并保证其在未来10年不会被淘汰；另外出于系统规模和成本方面的考虑，系统必须具备一个大型管理服务平台的特性，在初期试点建设时应具备更高更全的框架体系，同时初期投入不能毫无限制，应为后期扩展提供相应的接口和平台；由于系统还涉及费用结算和其他行政执法单位的信息交互，所以也充分考虑到其安全性和开放性。

（二）系统特色功能

1. 基于信息推送的智能停车诱导

智能停车诱导主要分为外部诱导和大型停车场的内部引导。根据整个系统的整体规划，以商圈为单位和中心向周边辐射，整合大部分停车资源，所以在外部诱导这一块分三级设置LED显示屏。一级诱导设在商圈外围主要干道路口设，显示停车目的地和车位信息来指引方向；在停车场周边路段设置二级诱导，具体显示停车库所在位置和剩余车位信息；在停车场入口设置三级诱导，显示剩余车位和其他商业信息。而内部引导主要是解决大型停车场找车位难的问题，采用划分区域，方向引导和空位指示的方式来引导车主直接驶入停车位。整个诱导实现的目标应是当车主进入诱导区域时，可以根据自己的目的地直接找到相应的停车场，并毫无障碍的驶入找到停车位，以最直观的方式在最短的时间内完成停车，从整体上缓解交通拥堵，乱停乱放等问题，并达到节能减排，提高公共资源利用率的效果。

2. 集成ETC的智能停车收费

目前一线城市接近90%车辆已经安装了ETC电子标签，将ETC集成到本系统中，可以利用ETC的特性实现停车场的不停车收费。车辆驶入停车场，通过ETC远距离快速识别，道闸直接打开，车辆顺利进入；当车辆驶出停车场时，ETC快速识别计算并直接扣费，道闸放行，完成整个停车收费流程。采用ETC进行收费，一方面扩展了ETC的应用范围，充分利用了现有资源；另一方面替代了现有的收费模式，更加准确规范，降低了人工和管理成本；最后方便了广大车主，缓解了高峰时间停车场出入口的拥堵情况。

3. 面向社会的综合信息服务

该功能是面对广大驾驶员，面向城市区域内的停车场管理公共服务平台，统计市区所有停车场的基本信息和时实数据，基本信息：车位容量、地理位置、服务时间和配套设施等；时实数据：现时停车量、实时余车位、现场图像、道路状况等，通过停车场管理公共服务处理系统计算最优的停车场信息和引导交通最优实时信息，通过各种渠道将信息快速地发布给广大驾驶员。这包括网上在线查询预订系统（WEB），手机短信平台、电话服务中心，交通管理部门的道路LED导向屏幕系统，广播电台、广播电视台、城市CMMB。

四、关键技术的应用

（一）射频识别技术

RFID（Radio Frequency Identification），即射频识别，俗称电子标签，是一种非接触式的自动识别技术，它通过射频信号自动识别目标对象并获取相关数据，识别过程无须人工干预，可工作于各种恶劣环境。RFID技术可识别高速运动物体并可同时识别多个标签，操作快捷方便。RFID按照应用频率的不同分为低频（LF）、高频（HF）、超高频（UHF）、微波（MW），相对应的代表性频率分别为：低频135KHz以下、高频13.56MHz、超高频860~960MHz、微波2.4GHz、5.8GHz；按照能源的供给方式分为无源RFID，有源RFID，以及半有源RFID。无源RFID读写距离近，价格低；有源RFID可以提供更远的读写距离，但是需要电池供电，成本稍高一些，适用于远距离读写的应用场合。本系统结合城市实际，应用5.8GHz的RFID技术实现停车场的智能化管理。

（二）智能无线传感技术

智能无线传感技术综合了传感技术、嵌入式计算技术、现代网络技术、无线通信技术和分布式智能信息处理技术，将功能相同或不同的无线智能传感器构成网络化、智能化的传感器网络，大大提高了传感器的监测能力。本系统中的智能无线传感技术利用车辆通过道路时对地球磁场的影响来完成车辆占位的检测，与目前常用的地磁线圈（又称地感线圈）及超声波检测器相比，具有安装尺寸小、灵敏度高、施工量小、使用寿命长，对路面的破坏小等优点。

（三）视频识别技术

视频识别技术以路网和停车场的上部署的高清摄像头获取视频信息，并基于视频流对各种车型进行智能识别和对象跟踪，可精准分析停车和车流信息，对完善停车场管理、防止乱停乱靠、分析动静态交通的相互影响等具有重要的应用价值。并且在封闭型停车场的出入口可选择配置具有车牌识别功能的视频摄像机，实时抓拍车辆图像并进行车牌识别，车辆进出图像比对，增加系统的安全性。

五、核心业务流程

（一）项目建设模式

以政府、行业主管部门、商业车辆运营管理机构等公共机构为主导，引入战略合作伙伴，成立股份制公司作为本系统建设的投资方。该战略伙伴可以是资金、技术或者资金技术混合等多方式入股。该公司不仅是项目的整个建设周期的建设主体也是未来的系统运营期的责任主体。

由于城市停车综合管理系统具有面向社会服务的公共属性，政府应当通过建立地方标准、经济补偿、政策补偿等扶持方式来推动以城市城投停车场投资建设管理公司为主体建设该系统。

(二) 项目实施的保障体系

本项目是一项庞大而复杂的系统工程，为工程的顺利实施必须建立一个完整而系统的保障体系，该体系包含项目组织体系、系统开发涉及的技术要求及规范、项目实施过程的资金保障等方面。

(三) 项目组织保障

本项目的组织和实施采用项目领导小组领导，项目执行部门具体实施的方式来完成。在项目的建设过程中首先成立项目领导小组、项目管理办公室、项目执行部，项目的实施在项目领导小组的领导下，由项目执行部的各个执行小组分工合作具体实施完成。

(四) 项目技术保障

为了保证项目的顺利实施，组建一个专家顾问团，涉及专业领域包括：软件开发、系统集成、通信工程、物联网等项目所需各领域技术专家。该专家顾问团对于系统建设规划、建设目标以及安全项目的后期扩展等项目综合总体问题提出专业的建议和指导。

(五) 项目资金保障

项目的资金保障来源一方面来自政府财政支持和城市投资集团公司的投入，另一方面可以通过BT融资模式和引入战略投资者的方式来寻求资金保障。

(六) 项目实施步骤

1. 机构建设

由停车场公司将城市智能停车综合管理系统的建设方案上报至集团公司、政府，再由政府出面，组建城市智能场停车综合管理系统建设领导小组。小组成员将由涉及整个项目建设的各个单位代表组成：信息产业中心、规划局、发改委、交通委、财政局、城管局、交管局等部门。以方便城市智能停车综合管理系统建设及后期运营管理工作的顺利开展。

2. 智能停车综合管理系统建设

在充分调查停车资源的前提下，在重点区域如大型商业区域、医院、公园及综合交通枢纽等地方建立区域智能停车综合管理系统，逐步形成覆盖全市的综合管理信息平台。

3. 智能停车综合管理系统运营管理

建设完成后，制定相应的如"城市智能停车诱导系统建设标准""公共停车场（库）信息联网通用技术要求""停车场车位信息采集数据交换标准""城市公共停车信息系统联网管理规定"等相关各项规则。同时不断扩宽信息服务的各项功能及发布渠道,最大化的为社会提供高效、优质的服务。

六、系统实施效果评价

(一)社会效益分析

1.改善城市停车秩序,促进文明城市软环境建设

停车秩序是一个城市软环境的重要组成部分,停车秩序的文明程度影响一个城市的文明形象。通过本系统的建立,能有效改善"停车难"和重点区域的交通拥挤问题,为改善城市的停车秩序,创建文明城市提供重要支撑。

2.推进智能交通建设,增强市民停车方便指数

智能交通包括动态交通的智能化和静态交通的智能化,城市停车ETC自由流项目作为智慧城市的示范项目已经得到了广泛的应用,为推动智能交通的全面建设,需要建立城市智能停车综合管理系统,提升静态交通的管理和服务能力,有效解决社会广泛关注的"停车难"问题,提高市民停车便捷程度,增强市民都市生活的幸福感。

3.整合停车泊位资源,为政府部门提供决策支持

通过城市智能停车综合管理系统的建设,能有效整合公共停车场和配建停车场的停车泊位资源,通过统一的管理平台对社会提供优质、高效、便捷的公共服务,同时通过数据资源的整合,为政府部门科学决策提供依据。

4.挖掘停车场数据资源,增强公共服务能力

通过积累城市智能停车综合管理系统的数据资源,基于数据挖掘技术,可以建立针对个性化需求的各类增值业务及其不断优化的模型,提供最贴近客户真实需求的服务,增强面向社会的公共服务能力,为停车场的可持续运营提供强大的技术支持。

(二)经济效益分析

1.停车场泊位利用率明显提高

城市智能停车综合管理系统对停车泊位具有资源配置的功能,使停车泊位的利用率从原来的20%提升至70%以上,从而最大程度上方便、快捷、高效的满足现有停车泊位的需求。

2.停车场泊位使用情况更加均衡

城市智能停车综合管理系统对停车泊位具有协调资源的能力,从北京的经验数据来分析,停车诱导系统未启用前,有的停车场利用率高达71%,而有的利用率则刚好40%,相差竟高达30%。然而系统启用后的统计数据却显示,最高利用率的停车场达78%,最低的也不过63%,这与一年前的数据相比,缩小了50%的差距。因此,系统的建立有利于停车场泊位的均衡利用,使得停车场的经营风险进一步减小,经济效益得到进一步保障。

第三节 停车场的自动收费应用新技术

一、ETC系统概念表述

ETC收费系统是当今国内外收费系统的发展方向，并且在很多地方已有相当成功的应用。

（一）使用ETC（电子不停车收费）技术不停车收费模式

目前世界上最先进的停车模式。其基本原理是利用车辆自动识别技术（车辆自动识别，简称AVI），通过路侧车道控制系统的信号发射与接收装置通过车辆识别号码，自动从用户的私人账户中扣除通行费。自动识别技术在车辆运行过程中，测试和实施各种自动识别技术，如感应线圈识别技术、表面声波识别技术、条码识别技术、红外通信识别技术和射频/微波识别技术，但最终归结为射频/微波识别技术作为不停车收费系统的车辆自动识别技术的主流应用。射频/微波识别系统安装在车辆中使用存储车辆编号及相关信息，安装在车道上的无线电收发信机，专用短程通信（专用短程通信的RF天线的射频卡（无线电收发信机），称为DSRC）交换信息，并写在存储器中的内容以确定当前的交通车辆。除了在一些模型中的RFID标签（电子标签，简称ET）以外的费用，也可以用于车辆用通信（车路通信），这种技术甚至允许车道的显示装置配备的RFID标签发送交通管理信息，这使得城市交通管理和控制潜在的不停车收费系统。不停车收费技术是特别适合在高速公路或交通繁忙的桥梁和隧道的环境中使用。通过车道收费系统在传统的隔离措施通常被称为为单一车道不停车收费系统，在无车道隔离情况下自由流通下的不停车收费系统通常称为自由流收费系统。

不停车收费系统的实施，可以让车速保持在几十公里的时速通过，从而可大大提高道路通行能力，而电子道路收费，可以降低成本和管理费用，有助于提高车辆收费效率，可以大大降低收费出入口的噪声和废气排放。由于收费能力有了很大的提高，所以可以减少收费站基础设施建设和管理成本。另外，城市的不停车收费系统不仅仅是一个先进的电子技术，它是通过经济杠杆有效地调节交通流量的工具。不停车收费系统对于交通繁忙的桥梁和隧道等避免劳动力成本，有效地提高了市政设施资金回收能力。

ETC不停车收费系统迎合现代化的收费理念，适应现今社会交通的迅猛发展，它能有效解决城市当前的年票收费系统中很多无法解决的难题，所以说从年票系统过渡到ETC不停车收费系统是必要的，也是必然的。

（二）停车场的自动收费

ETC系统也可直接应用于停车场的收费业务。对不计时收费的停车场，只要在入口处安装ETC设备，实行开放式收费即可。对那些计时收普的停车场，则必须在入口和出口都安装ETC设备。对于只读式系统，入口处的收费计算机将进场车辆的车型、进场时间标签号和车牌号记录下，并传递给出口处的收费计算机；当该车出场时，出口计一算机根据出场时间和入场时间及车辆车型算出该受的停车费，然后将结果传给银行从车主的账户上扣除应缴费用。对只读式系统，入口计算机将上述信息写入标签；车辆出场时，由出日计算机读出写入的信息，一下的过程同上。

（三）ETC收费方式简述

ETC电子不停车收费系统（ETC，Electronic Toll Collection），是目前世界上最先进的不停车收费模式。其基本原理是通过安装在挡风玻璃上的电子标签（OBU）里面存放有IC数据固化本车相关信息（如车主、车牌号、车辆类别等），在车辆通过收费站ETC车道上的微波天线微波专用短程通信系统与银行绑定账户数据进行远程交换数据存（取），没有停下来就能支付停车费的目的，提高车辆收费时通行效率，减少了油耗，有效地缓解交通拥堵。

不停车收费系统是智能交通系统的服务功能之一，特别适合在高速公路或交通繁忙的桥梁和隧道等环境中使用。在智慧城市停车场管理中，为了提高出入口的通行效率，建设无人值守的快速通道，免取卡，正改变着停车场传统管理模式。

二、系统关键技术

对于ETC不停车收费系统应用，为了能够高效、可靠地完成收费过程，尽可能地提高收费口的通行能力，并且让顾客能够接受这种全新的支付方式，它的车道控制系统和网络系统设计的优劣是整个系统运行效率的关键体现，车道控制系统主要包括3个关键子系统：自动车辆识别技术、图像抓拍技术、车牌识别技术。

（一）车载电子标签

微波专用短程通信DSRC（Dedicated Short Range Communication）设备由路侧单元RSU（Road-Side Units，简称DSRC微波读写天线）和安装在移动物体（如车辆等）上的车载单元OBU（On-Board Units，简称电子标签）组成。RSU是OBU的读写控制器，OBU是一种具有微波通信功能和信息存储功能的移动设备识别装置。RSU和OBU之间以DSRC通信协议的数据交换方式和微波无线传递手段，实现移动车载设备与路侧固定设备之间安全可靠的信息交换目的。

车载电子标签有多种不同方式的分类。根据供电方式分有源和无源，有源方式有效距离远，一般可达30～100米，缺点是受电池工作时间限制，3～5年内必须更换；无源方式的电子标签，体积小，安装方便，缺点是有效距离短，一般通信距离在10米以内。根据通信方式分为主动式和被动式，主动式电子标签一定含有电源，通信距离较远。被动式电子标签既可以是有源的，也可以是无源的，通信距离较近。根据读写方式可分为只读型和读写型。只读型电子标签的内容只能被读出，而不可被修改或写入，较多地应用于桥梁、隧道环境下按通过次数记费的开放式收费系统。读写型电子标签的内容既可被读出，也可被写入或修改，适宜于按里程计费的封闭式收费制式。

（二）车道控制系统

1. 自动车辆识别技术

自动车辆识别技术（AVI，Automatic Vehicle Identification System）是 ETC 系统的核心技术，指利用安装在车内的电子标签存贮车辆编号及相关信息，安装在车道的射频天线可与该无线电收发器以专用短程通信（Ded-icated Short-Range Communication，简称 DSRC）方式交换信息，并对其存储内容（车辆唯一标识、车牌、车型等）进行读写操作，从而识别出当前通行车辆，然后自动从该用户的专用账户中扣除通行费。

正是基于自动车辆识别技术，车辆经过 ETC 车道时才可以在不停车方式下自动完成收费功能，所以自动车辆识别技术是 ETC 收费系统最主要、最为关键的技术选择。

2. 图像抓拍技术

图像抓拍系统（Video Enforcement System）用来抓拍通过 ETC 车道车辆，对于未装备有效电子标签的车辆，还要借助车牌识别技术确定逃费车辆，用于确定逃费车主并通知其应交费用。

图像抓拍技术是指收费车辆经过车道检测线圈或光栅时，触发检测系统由抓拍软件自动抓拍车辆图片，并保存在车道机和上传至对应的图像数据库中，用专门的图像复核软件，实时或事后浏览和查询车道过车图片。抓拍与图像处理是计算机收费系统中，非常重要和必须的管理功能子模块。将视频监控与计算机技术有机的结合起来，由计算机控制自动抓拍每一台经过收费站的车辆图片，是对收费流程实现实时监控的有效手段，对内可强化收费员的规范操作意识，必须准确判断每一台车辆的收费状态与类型，对外为冲岗逃票车辆的事后取证，提供有力的依据。抓拍与图像处理软件要求，在保证抓拍图像质量的前提下，尽可能的将图像资料压缩到最小，以便提高图片传输、查询速度和节省储存空间。

3. 车牌识别技术

车牌识别系统主要包括图像采集、图像处理、牌照切分、字符识别、数据传输等工作模块。它依靠数字摄像设备和计算机信息管理系统等软硬件平台，采用先进的图像处理、模式识别和人工智能技术，通过对车辆图像的采集和处理，完成车牌自动识别功能。系统将识别车牌与车载 RFID 卡中存储信息对照，以确定该 RFID 卡的合法性。

车牌识别系统按使用方式可分为固定式和移动式两种：固定式是指图像采集设备固定安装在车道内，靠车辆检测线圈或光栅检测过往车辆，其特点是车牌定位率高（99%）和车牌识别率高（95%）；移动式是指车牌识别系统安装在车辆上，靠视频触发技术采集图像，传输给车载管理计算机，识别车牌信息，并通过无线方式将结果发送至控制中心，其特点是车牌定位率（95%）和车牌识别率（90%）较高，但是可移动性高，可使用灵活。

车牌识别与处理在组合式收费系统中的运用,主要实现:车辆自动放行(针对特种免费车辆使用的专用车道);验证正确的过车信息,确保ETC车道计费的准确性;车辆身份的后台集中识别,针对"黑名单"或"套牌车"自动检测报警等功能。

4.网络技术

网络是实现ETC收费系统的首要具备的环境,它将停车场管理中心、收费站、服务网点的各计算机子系统联系起来组成ETC收费系统运营网络,整个网络由停车场管理中心内部局域网、收费站局域网、银行局域网、ADSL拨号网络和基于公网的广域网组成。中心局域网是收费系统后台服务的核心部分,来自各收费节点的原始收费信息及卡管中心和银行结算数据均汇总到停车场管理清算中心并保存在专门的数据库中,生成汇总收费报表,提供全面的收费信息查询和打印功能。

所以ETC收费系统中的网络技术必须具有极高的安全性、稳定性、可靠性、实时性,ETC收费系统的网络具有以下特性:

广域网的通信线路采用通信系统提供的专用通信线路,因此是一个封闭的系统,只有通过收费系统使用的计算机才能进入该网络。

采用Microsoft Windows NT下网络操作系统和MSSQL Server数据库管理软件,通过严格的权限和口令管理,可以杜绝非法操作,保证系统不被非法介入;每条线路由PCM设备在两端进行物理加密和解密。

停车场管理中心是停车产业化通行费征收系统的核心部分,担负着网络管理和拆帐的功能,联网收费后,收费中心服务器系统的安全性和可靠性是至关重要的,因此在收费中心采用RAID5冗余磁盘阵列和双机热备份模式,通过高可靠容错软件,来保证收费中心服务器系统的硬件、软件、数据库的高可靠性和连续可用性。

广域网建成后,需特别重视防病毒工作,一方面通过防病毒软件进行预防,另一方面要制定严格的管理制度,严格杜绝与系统无关的软盘和光盘的使用。

三、ETC收费系统的营运模式

ETC收费系统的运营主要包括管理中心和用户双方围绕电子标签的发行、充值、管理、使用、查询,对于逃费、欠费车辆系统生成黑名单后交由稽查部门处理等内容;还包括停车场管理中心内部的清算以及与银行的结算等内容。

电子标签业务是基于账户的电子收费系统,电子标签只作为身份认证。装有电子标签的车辆通过ETC车道时,车道计算机自动记录电子标签编号及车道信息,并不立即从用户的账户中扣款,只有当消费记录传输到结算中心后,由结算中心计算机根据车道消费记录从用户的计算机账户中扣款,如果账户余额出现负数,则生成黑名单下发到各收费车道和稽查系统中,当这些车辆经过车道时,系统会自动报警,稽查人员根据稽查系统的提示对该车辆进行稽查。

车主:使用ETC服务的个人、单位或抽现实体。

银行清算中心：进行资金、账务清算、执行划账指令的实体。

结算中心：负责对用户使用ETC后产生的数据进行认证、统计、结算，并产生划账指令的实体。

ETC服务点：为车主发行支付介质，并提供缴费、充值、挂失、解挂、注销等服务的实体。

ETC管理中心：为用户提供ETC服务，对电子标签进行管理，具有过车图像复核、ETC数据汇总等功能，同时也是系统的规则制定者和运营者的实体。

ETC收费站：收费应用系统实体。

四、集成ETC系统的车道设计

(一) 车道类型

不停车收费系统主要有ETC/MTC（Manual Toll Collection，人工车道）组合式车道及ETC车道。在组合式收费技术方案中，装有电子标签的车辆除了能在ETC车道通行外，还要能在MTC车道刷卡通行，因此，ETC系统必须采用两片式电子标签，使双界面CPU卡能与车载机分离，单独作为通行券兼支付卡在MTC车道刷卡通行。

MTC车道要能支持电子支付方式，其IC卡机具就必须能读写双界面CPU卡。由于双界面CPU卡必须在双向安全认证的基础上才能进行电子交易，要求非接触式IC卡机具预置安全认证模块（PSAM卡）接口及卡座，PSAM卡则由支付卡发行管理机构统一发行。

(二) 车道比较

车道设计MTC方式、ETC自由流方式、MTC/ETC组合方式的三种类型，考虑通行能力（辆/小时）、基建投入（万元/道）、运营费用、管理成本、逃费概率、环境依赖、场地要求等7个方面因素。

(三) 低速ETC车道设计

低速ETC车道设有自动栏杆，在车辆无卡或是金额不足时自动栏杆将不开启，在有人工干预下车辆才能继续行驶。

(四) ETC车道

1.车道宽度

车道宽度与汽车宽度、汽车行驶速度、交通量等因素有关。目前根据我国的情况，车辆规定的最大宽度约为2.5米。

根据相关的研究资料表明，当行车速度为100千米/小时，车道宽度应为3.7米；当行车速度＜100千米/小时，为3.5米。

对于目前ETC的实验情况，通过ETC车道的车型主要为轿车，可以考虑将ETC收费车道宽度设为3米。

2.车道行车速度

ETC车道的最大行车速度事关收费的准确性、行车安全及收费车道的通行能力。作为城市内的ETC收费车道，与高速公路的ETC收费车道，在最大行车速度上有一定的区别。作为城区内的交通，行车速度本来就不高，一般在60千米/小时。考虑到车道收费控制设备的反应速度，在实验阶段，最好将ETC收费车道的最大行车速度定为40千米/小时。

3.车道长度

ETC收费车道的设计长度是指ETC车道中ETC识别装置至车道电动栏杆的距离。由于ETC车道内车辆在行驶过程中完成收费，所以对于车道的长度的确定可以参照道路交通标志中，警告标志的视认距离的设计方法和停车视距的计算方法来确定。

ETC不停车收费系统对一辆车的收费处理最大不超过0.5秒，一般在30毫秒左右，在收费处理时间内，车辆行驶距离仅为0.3米，所以收费处理时间对车道长度的影响可以忽略不计。

电动栏杆动作时间越长，车道也就越长，电动栏杆的动作时间在1.5秒左右，由此可以推算ETC收费车道的长度约为15米。

（五）MTC车道

MTC车道平面布局有车道计算机、收费亭、亭内摄像机、费额显示器、通行信号灯、黄色声光报警器、车道摄像机、电动栏杆、检测线圈等装备。

五、车道系统相关辅助技术

（一）系统总体架构

系统架构应满足高可靠性、高稳定性、高安全性、可伸缩性和实时性等多方面的要求。

1.高可靠性

ETC系统是在大城市实施的ETC自由流收费系统，涉及用户面很广，牵扯利益方很多，因此必须在系统架构设计中，保证高可靠性。在ETC设计上应采用成熟的先进技术，关键ETC设备应进行备份，并具有必要的冗余和容错能力，对于关键设备，必须进行双机热备份。对于ETC关键设备，如电子标签和路侧设备，还要求具备高准确度和高读写成功率。

2.高稳定性

由于在本系统中，ETC关键设备必须全天候运行，同时，由于本系统分为中心、站级、车道3级，各级系统和模块之间的数据通信也非常频繁，因此，系统中软件、硬件、网络运行必须保证很高的稳定性。

3.高安全性

本系统的主要目的是征收路桥通行费用，并涉及账务的清算、结算、划拨，也涉及众多业主的个人隐私信息，因此，系统安全性要求极高，必须充分考虑到系统可能受到的各种破坏、侵入、干扰行为和情况，充分保证系统的安全性。

4.可伸缩性

ETC系统建设必须充分考虑到国家对于ETC系统的政策导向、技术发展趋势，以及业主未来可能的业务需求，因此，在设计架构时，必须充分考虑到系统以后可能的扩展情况、业务发展趋势、国家大政方针，对系统功能、架构搭建、设备部署等必须留有较大灵活性。

5.实时性

本系统主要针对的是ETC自由流收费，很多功能的完成都对时间限制要求很严格，如对于ETC自由流车道，交易要求在80毫秒内完成，实时性要求很高。而对于人工辅道，对于车牌的识别要求实时识别，并查询数据库，对实时性的要求也很高。因此，在考虑架构设计时，必须充分保证实时性。

（二）系统逻辑架构

系统总体结构可以抽象分为数据层、支撑层、应用层三层。其中数据层存储数据，主要进行数据的管理；支撑层为中间件、基础构件和高级构件，为应用层提供服务和支撑；应用层为系统的各种应用软件，分别完成具体的功能。

最低层为数据层，其上为网络层和数据交换平台。再向上则为应用层，而应用层又可分为业务处理层和用户界面层，同时还有客服系统的业务层和稽查系统的业务层，这些业务层的模块均通过数据接口和数据交换平台进行数据交互。

ETC自由流车道系统由车辆识别子系统和车辆检测子系统、交通控制子系统和图像抓拍子系统组成。其中，车辆识别子系统通过RFID通信方式来识别车载电子标签，从而识别通过车辆。车辆检测子系统通过地感线圈等方式来检测车辆的到来和离去。交通控制子系统主要控制交通灯、报警器和费额显示牌等设备。图像抓拍子系统负责完成对车辆的图像抓拍任务。

自由流车道系统与站级系统和路侧设备RSU之间都需要进行数据信息交互。

总之，建构集成ETC的智能停车综合管理系统应在上述总体架构和满足各项功能要求的前提下，广泛应用和嵌入自动识别系统、图像抓拍系统和车辆检测系统等优势系统。

在停车产业化的新技术与相关概念表述中，将城市停车难的问题与智慧城市建设的热点问题二者拿捏在一起进行分析，究其原因是城市发展正面临着道路交通拥挤、公共资源紧张、环境污染严重等"城市病"的困扰，建设智慧城市一个重要的内容，就是加快建设智慧公共服务和城市管理系统。因此，城市智能停车管理系统隶属于智慧城市建设之中的一员。从宏观到微观、从顶层到底层以及从理论到实践等多层面、多角度来建构城市停车产业化的新技术体系。首先，城市是宏观，停车场是微观；其次，技术创新是将智慧城市、物联网、智能交通、车联网、Telematics-车载终系统、电子收费系统（ETC）等前沿新科学统一起来，用以解决城市停车难的问题；再次，运用新技术相关体系催生城市城市停车产业化集群。通过这三条途径实证后，并能进一步加快形成城市停车产业化的新技术体系。

在集成ETC的智能停车综合管理系统的建构中，重点针对智能停车综合管理系统的应用前、实施意义以及对交通所起的作用进行全面的、深层次的剖析，为引领城市静态交通（停车产业）发展打下了坚实的基础。

在停车场的自动收费新技术的应用中，以集成ETC为核心，充分运用射频识别技术（RFID）、智能无线传感技术以及视频识别技术等先进技术，细化核心业务流程，巧设车道，达到方便、快捷、高效的自动收费停车系统，为停车产业化提供了先进的技术保障。

第四节 智慧城市不停车收费系统工程分析

随着城市规模不断地扩张，城镇人口数量和汽车保有量的增大，尤其是在中心城市的商务区"停车难、停车乱"的问题已经成为制约城市发展的突出问题。为了尽量减少占用土地面积，最大限度地压缩停车面积是发展的必然，所以立体车库行业蓬勃发展。

整合中心城区停车泊位资源，实行道路停车和停车场统一管理。对道路停车设施进行智能化改造，优化收费管理流程，为市民发布停车信息、提供交通诱导及导航服务，改善交通拥堵现象，提升道路通行能力。通过统一技术标准、服务平台、服务规范和运营管理，打造全新的停车管理体系和运营模式。

一、停车收费系统的技术可行性分析

（一）微波通信技术以及RFID技术的发展

随道智能交通事业的发展，作为智能交能领域的重要组成部分—不停车收费系统，近来得到快速发展。微波通信技术作为一项成熟先进的技术，正越来越多地被应用到不停车收费领域。

（二）ETC产品较为成熟

国内外，拥有一大批优秀的、有经验的、长期从事ETC收费领域产品研发和生产的厂家。

国内：有远望谷、先施、埃特斯、金溢、聚利、中兴等公司。其产品主要应用于我国国内高速公路不停车收费系统中。

国外：欧洲研究不停车收费设备和技术的代表性公司：挪威科瑞（Q-Free）公司、奥地利卡普施公司（原瑞典康比特公司）。其产品广泛应用于国外不停车收费的成功案例，自由流方式的成功案较多，其应用情况与武汉市类似。在我国部分ETC收

费领域也有相关应用。

必须指出的是，目前国内ETC公司尚缺乏面向多车道自由流的ETC产品和系统案例，而国外这方面产品较为成熟。

(三) 车辆检测技术、图像处理技术等相关辅助技术

车辆检测技术成熟完善，环形线圈检测、激光检测、视频检测、超声波检测等检测手段的综合应用，可能有效地、高精度的定位检测收费车辆，结合车型识别技术，可以实现过往车辆的自动校核。

图像处理——车牌自动识别技术，正广泛地应用于交通管理、收费等领域。随着图像采集设备的不断先进，图像质量的提高，其自动识别成功率可达到80%，随着未来科技的发展，可能会达到更高的成功率。

(四) 电子支付方式的普及化、多元化

电子支付方式，逐步成为现代人生活中常见的一种支付方式。不同的支付方式，丰富了未来武汉ETC收费的征收模式。

(五) 计算机及相关的处理技术

网络通信技术、存储技术为ETC系统提供有力的支撑平台，ETC系统建成后日均交易量可达到300～800万，加上至少要保存2年的车辆数据，对于存储的要求是非常惊人的。海量存储已成为继计算机浪潮和互联网浪潮之后的第三次浪潮，磁盘阵列与网络存储成为先锋。磁盘阵列+网络存储技术能够有效存储数据并保证数据的安全、完整、可靠。

二、ETC系统建设的关键与难点

(一) 保障ETC系统正常运行的外部环境

1.支持ETC收费的地方法规

ETC收费系统在国内属于新技术、新领域，而且牵涉的面很广，从它的宣传、建设到投入使用及运营均需要强有力的法律支撑，目前主要目标是在核心城区域内实现ETC系统收取路桥费，所以需要制定相应的地方法规以支持ETC收费。

所制定的地方法规不能与国家法律和法规相冲突，还必须适应ETC收费的需求。

2.交管及相关行政管理部门的配合与支持

由于实行自由流收费方式，没有安装电子标签的车辆也能无阻碍地通过收费车道，ETC系统必须具有对这些违法车辆进行追缴、处罚的功能，在进行追缴的过程中，须得到交管及相关行政管理部门的大力配合与支持，比如需要交管的年审把关。

3.社会及舆论对ETC收费方式的认可和接受程度

ETC系统属于新兴的收费形式，一般公众如果不了解，可能会对收费产生抵触情绪而拒绝使用。如果没有公众的积极参与和配合，将很难实现建立ETC系统的目的。

所以需要借助各种形式向社会广泛宣传并得到公众的了解和认可。

4.国家政策对ETC收费的影响

ETC系统投资巨大且建设周期长，要使ETC系统长期稳定地运行并发挥作用，必须使ETC系统的建设、营运、管理等符合国家的相关规定和长期收费管理政策。

5.对个人隐私权的保护

电子标签载有车辆信息，在通过ETC收费车道时数据将被记录下来，因而用户的私人信息面临曝光的可能。ETC系统应确保对车主个人隐私权的保护，应符合国家相关法律。

（二）系统建设关键点

1.国内无城市区域自由流收费系统案例

由于国内目前没有自由流收费应用的现成案例，我们没有可以直接借鉴的成功经验，在设计武汉ETC系统结构和运行机制时可能会存在风险，所以在构建武汉ETC系统时需要汇同多方专家，对有关问题进行认真、深入的探讨。

2.支持ETC收费的关键设备选型

关键设备主要指电子标签、车道设备，车道设备中以车辆检测设备、图像抓拍设备、车牌识别设备等为主要。关键设备的选择直接影响到ETC系统的收费模式、运营方式、结算模式、稽查方式等方面的流程和工作模式。

3.生成完整有效的车辆交易记录

生成完整、正确、有效的车辆交易记录是ETC系统得以正常运行的基础和关键。车辆交易记录包括标签数据、过车数据和图像数据等。

4.对非法车辆的准确识别

系统必须具有对非法车辆的正确识别功能，以获得对非法车辆进行追缴的依据和凭证。

5.建立有效的稽查执法系统

为保证ETC系统对于收费车辆的应征不漏，有效的稽查执法系统对于蓄意逃费车辆实行追缴，以维持ETC系统的正常收费功能。

6.为车主提供方便快捷多种形式的客服系统

客服系统对于公众来说是一个很好的宣传和服务窗口，直接影响到车主对使用本系统的认知和热情。客服系统需要即时告知车主的账户信息，定期为车主寄送明细单，处理车主投诉和向用户提供日常咨询等工作。

7.电子标签的有效供应

鉴于智慧城市ETC系统的实施对电子标签需要量很大，需确保电子标签的稳定和充分的供应。

（三）收费方式关键点

1.对市籍车的收费管理

市籍车辆应做到每辆车必须安装有电子标签，并做到电子标签与车辆的一一对应，如有欠费，车主应及时知晓并补交，车主在年检前应结清ETC通行费用。对于未安装电子标签的市籍车辆在通过ETC收费车道后，系统应尽快准确地识别出车辆，并通知车主尽快安装电子标签并补交费用。

2. 对外籍车的收费管理

外籍车有2类，一类是常住核心城区的外籍车辆，需要和市籍车辆一样安装电子标签；另一类是属于短期停留于城市的外籍车辆。对于外籍车的收费管理主要依赖于核心城市周边进出城收费站和稽查部门的稽查工作。如果不能有效地处理好外籍车的问题，将可能使更多的城市籍车转成外籍车以逃避通行费用，这就会动摇ETC系统的营运基础直接导致本系统的失败。

3. 对欠费车辆通行费的追缴

由于目前国内信用体系尚不完善，且基于自由流的收费节点难以在收费现场拦截车辆完成收费交易，故对于欠费车辆如何追缴通行费十分关键。

（四）系统运行保障关键点

1. 系统安全体系

系统安全体系包括应用安全、数据安全、网络安全和软件安全等方面。ETC系统的正常运行必须有这些安全体系的支撑和保障。

2. 电子标签管理

电子标签必须保证高可靠性，不可伪造，不可拆卸，不易损坏，一车一标签，在发行和使用过程中始终保证电子标签对应车辆数据的完整和正确。

3. 海量数据的存储与管理

许多城市实施ETC系统的车道主要是桥梁、隧道、停车场等地，这些地方日均车流异常巨大，所以需要合理有效地组织、保存、管理车辆原始过车记录数据。海量数据一方面是结算的计算基础，另一方面是今后查询、追缴、打印清单的重要依据。

4. 实时监控及快速维护手段

ETC系统分布于城域网环境，采用车道、收费站、中心三级运行管理模式。由于ETC车道地理位置零散、各类设备众多，必须具有中心实时监控系统，实时监控车道及站级设备的工作状态，一旦发现问题，应快速定位并及时解决。

5. 系统冗灾备份手段

对于ETC系统生成的海量过车数据，如同用户的银行账户数据一样宝贵，系统必须拥有冗灾、备份手段，妥善保存。

（五）ETC系统功能

1. 合法车辆的按次计费记录生成

对通过ETC收费站的（装有OBU，读卡正确的）合法车辆提供完整的"按次计费"的电子结算记录。

2.违章车辆判别及处理

违章车辆安装了非法电子标签的车辆：如标记为黑名单、挂失、注销等非法电子标签。无电子标签的市籍车辆也是违章车辆，系统提供多种技术手段侦测违章车辆，并尽可能留下图像证据。

3.车载单元的发行与管理

车载单元的安装、挂失、车辆信息变更、车载维护与更换、销卡等业务由路桥公司服务网点或指定的专业技术支持公司负责，政府应与相关的法规文件明确界定市籍车必须安装电子标签，无电子标签市籍车通行ETC车道即为违章，征收单位可留证处以罚款。车主初次安装无需交缴任何费用，只需要约定合同上签字并办理相应的开户、委托支付等手续。重装电子标签，则应支付其成本费用。

4.ETC系统中心业务数据管理

根据不停车收费车辆的通行数据、用户资料及确定的费额表，计算用户的通行费，形成不停车收费车辆的电子交易记录，进行记账处理；特种车辆管理；灰、黑名单管理；与各收费站、合作银行、客户服务部门的数据传送；对系统运行安全检查，系统安全备份和恢复；系统运行日志管理，系统运行日志审核，系统终端登记授权，操作员登记授权。

完成的电子交易记录除读取的电子标签数据外，还有交易时间、检测数据、抓拍的图像、车牌识别数据等，凡系统自动校核出错的数据，转由人工处理。

5.系统结算与清算

系统可根据管理者的设定时段自动实现交易数据的汇总与统计。按收费站（车道）进行结算，支持多业主结算，按约定自动完成与银行的结算数据交换。

6.系统自检与校正

系统提供多种手段进行自检和自校正，确保ETC系统能24小时连续正常工作，各ETC车道具设备自检功能，实时在线检测车道系统设备工作情况。系统设置稳动检测单元，定期和随机通行ETC车道，提供系统检测数据，定时汇总，自动检验。

7.ETC系统稽查管理

稽查是指对逃费（违章）车辆的管理，包括逃费车辆数据的复核、记录、追缴偷逃的过桥费用、向执法部门提供违章车辆证据；对不停车收费系统的运行情况进行稽查。稽查中心根据违章记录对抓拍图片、图像进行复核处理，复核后的车辆违章数据（包括通行记录、抓拍图片、图像）传给执法部门进行处罚处理，对执法部门的处罚结果进行登记。

系统可设置城区稽查点，固定、移动、临时多种侦测手段和方法，方便稽查取证，并通过系统检测与校正单元对移动的车辆实施有无OBU，OBU和合法性进行检测。

对外籍车的现场稽查主要检查外籍车的环保标识，此方面稽查工作主要靠交警执行。

执法部门根据结算中心和稽查部门提供的违章数据进行违章登记，按照有关规定进行违章通知并处理。

8.ETC系统客户服务

系统在设计上提供多种客户服务功能，为用户提供业务咨询、投诉、使用查询，方便车主缴费、充值、查询，车主可通过服务网点、车辆缴费信息卡、收集短信等缴费，并可利用网络、手机、短讯等查询其缴欠费情况。

9.ETC系统监控管理

收费中心执行对整个系统运行和设备进行实时监控，处理异常事件。

10.收费站收费管理

自由流收费站点

收费站点工作人员负责不停车收费车道运行，设备监控，违章抓拍处理，不停车收费车道监控，收费站日常运行管理，现场违章稽查管理。

收费站负责ETC/MTC车道处理，违章抓拍处理，收费车道监控，收费站日常运行管理，现场违章稽查管理。

11.电子收费车道系统

智慧城市ETC系统的电子收费车道的设计是系统设计中的关键内容，本文对智慧城市ETC系统车道的组成、功能进行界定，有关电子收费车道的类型选择智慧城市ETC系统车道类型分析。

12.系统中收费车道的类型

智慧城市ETC系统的车道分为ETC自由流车道和人工电子收费车道MTC连种类型

（1）ETC自由流车道

实现桥梁或隧道的不停车收费。

在数据采集点设置路测单元（RSU），与车载单元进行交互，读取电子标签信息，进行安全合法性校验，生成交易记录上传到收费站服务器。对于没有电子标签，黑名单车辆或者无法读取电子标签的车辆，通过抓拍系统进行抓拍，生成无卡车过车记录上传到收费站服务器。

在车辆经过ETC车道时，车道设备联合工作，对车辆完成现场引导、提示、警示作用。

（2）自收站和代收站MTC车道

主要设立在外籍车入城控制口的代收站点及自收站点。

外地车辆入境时，通过MTC车道，按年票制次费办法收取路桥通行费，发放入城标识（进城次票及环保标志、IC卡）；车道抓拍过车图像，生成过车记录，数据上传站级服务器；对车道外围设备进行控制，确保按次精准收费。

外地车辆出城时，查验入城标识，核算应缴通行费。

三、自由流收费车道的组成

ETC电子收费车道系统由以下主要设备组成：车道控制器（含车道计算机）ETC天线（含天线控制器）、车辆检测器、车牌自动识别设备、通行信号灯、声光报警器、车道摄像机、字符叠加器等车道设备等组成。

智慧城市电子收费系统的电子收费车道建议采用"自由流"式车道布局。它采用多车道自由流不停车收费车道，不设拦截设施、不设人工辅道。在自由流车道数据采集点安装路测单元（RSU），与车载单元进行交互，读取电子标签信息，进行安全合法性校验，生成交易记录上传到采集点服务器。对于没有电子标签，黑名单车辆或者无法读取电子标签的车辆，通过抓拍系统进行抓拍；控制现场提示、警示设备。多车道自由流不停车收费车道不需要现场人工干预处理，可以做到无人值守。

（一）自由流收费车道的功能

1.ETC电子收费车道具备的功能

（1）检测车辆的到来和离开并对车辆进行计数，可判断车辆是否安装电子标签。

（2）当装有电子标签的车辆经过车道时，抓拍过车图像，路侧单元读取电子标签中的车辆信息，根据电子标签编号核对无效电子标签名单、灰名单和黑名单。

（3）ETC系统将读取的电子标签中的车辆信息连同收费站号、车道号、时间等信息生成原始交易记录。

（4）根据车道计算机控制指令正确控制车道设备的动作，包括：通行信号灯及声光报警器的控制，费额显示器的显示等，完成收费车道的交通指挥。

（5）完成收费车道和收费站之间的数据交换。包括：接收收费站下载的信息，包括同步时钟、费率表、黑灰名单、收费车道信息等设置参数；上传原始收费记录等信息。

（6）车道系统与收费站系统实时实现数据通信，以完成数据的自动传输；收费车道系统也可以以独立作业的方式工作，当收费站计算机不工作或网络出现问题时，不影响正常工作，作业参数、数据记录均存储在本地。当车道长时间独立工作时，可以通过人工的方式用可移动存储介质下载收费站设置参数，向收费站上传收费数据。无论采用自动传输还是采用人工传输，ETC系统均能充分保证ETC车道数据的真实性、可靠性、完整性和一致性。

（7）ETC系统能够处理意外事件（电子标签故障、非本系统电子标签、车辆没有安装电子标签等），凡是意外事件需要做报警处理（向收费站发送报警信号、启动图像捕获系统），将处理的信息存本地数据库的同时通过网络上传至收费站系统。

（8）ETC系统能够处理特殊事件（无效电子标签、黑名单、灰名单等），凡是特殊事件需要做报警处理（向收费站发送报警信号、启动图像捕获系统），将处理的信息存本地数据库的同时通过网络上传至收费站系统。

（9）ETC车道系统能够接受收费站系统下发的系统参数（时钟参数、电子标签参数等）并受控使其有效。

（10）ETC车道系统能够独立工作，部分非关键设备的故障仍然能够工作；上级系统的故障不会影响其正常运行。

（11）ETC车道系统能够自动检测其周边外围控制设备的故障，将其结果存本地数据库的同时通过网络上传至收费站系统。

为提高电子标签的读取成功率和提高系统的容错功能，系统可采用双车道控制器备份冗余方案。

2. 自由流收费车道的性能

在正常情况下，电子收费车道系统应满足以下性能指标要求如下：

（1）系统满足最大的通行速度：80公里/小时
（2）车道平均通行能力：≥1200辆/小时
（3）平均交易时间：≤0.3秒
（4）车载单元漏读率：＜0.1%
（5）图像抓拍准确率：≥90%（车道渠化条件下）
（6）车牌自动设备准确率：≥80%
（7）车道系统平均无故障工作时间：10000小时
（8）计费站系统平均无故障工作时间：10000小时

3. 自由流收费车道的布局及硬件设备

（1）车道布局

根据ETC收费微波通信设备的特性，车道收费区域可限定沿车道方向，长度为8～12米、宽2～3.5米的范围内（根据不同的设备会略有不同）。所以，整个收费系统的主要设备也布置在这个区域。

（2）硬件设备

①车辆检测（侦测）设备

地感线圈、高速车辆检测器（激光、红外、微波检测器）；

②车辆收费交易设备

车载单元、读写器、天线、车道控制主机；

③信息提示设备

可考虑LED屏、红绿灯、声光报警设备；

④执法留证系统

抓拍摄像机、抓拍触发设备。

（二）自由流ETC车道收费交易业务流程

1. 车道设备进入初始状态（雨棚信号灯绿色、报警器关闭、状态信号灯全熄、费显牌关闭）；

2.车道检测器检测是否有车辆进入，若有车辆进入，进入车辆到达处理；

3.启动读取天线，同时进行图像抓拍、车牌识别、车型判别；

4.检测是否有标签，若无，生成无卡车过车记录，同时状态信号和报警器提示为无卡车；

5.有标签，验证标签是否有效，若无效，作无卡车处理；

6.检查标签对应账户是否黑名单，若是，生成黑名单过车记录；

7.标签正常，生成原始过车记录，报警器关闭，状态信号灯正常，费显牌显示本次过车费用；

8.收费站后台匹配程序根据复核结果将正确数据上传至路桥中心服务器。

三、网络传输系统

网络传输系统的负责整个ETC系统的数据传输，其中包含将各个收费站、稽查点等数据采集终端的数据上传，并将数据中心的数据下发到终端，并在传输过程中，保证数据的完整性，安全性。

（一）网络拓扑

整个系统网络采用星型的网络结构。以路桥收费管理中心为核心，分别星形发散至各个收费节点、银行、车管所。

网络线路根据不同的情况及实际应用情况（数据量的大小）可以采用不同的传输方式。为了尽可能满足收费应用及其它应用（比如视频监控），建议有条件的地方尽量采用光纤接的方式。对于边远城区的收费节点（网点），如果实现光纤连接费用过大，可以考虑采用租用城域网或采用基于Internet的VPN技术。

（二）传输内容

1.上传数据内容

车辆通行记录和抓拍图片，视频监控信息

2.下载数据内容

收费站系统初始化数据，车辆黑名单，系统软件更新包。

（三）传输方式

传输系统支持广播传输和点对点的传输方式。广播传输方式只在下发数据的时候使用，用于像所有的客户端统一下发数据，数据对所有的终端都是可见的。点对点传输方式指数据中心只与某一个单独的客户端进行通信，点对点方式传输的数据，对其他的终端是不可见的。

在实际运行中，根据具体情况采用合理的方式，如下发黑名单可采用广播的传输方式，由于这些是所有的收费站的需要的数据。下发收费站的初始化信息则需要点对点的下发，因为只有还没完成初始化的收费站才需要这些数据。

（四）安全机制

保证数据在网络传输的安全性是传输系统的最重要目标之一。ETC网络传输系统从硬件和软件上都采取了严格的安全措施。

技术手段主要通过在收费站和收费中心两端采用VPN网关方式实现。

软件方面，ETC网络传输系统对密钥进行非对称性算法，对数据进行对称算法加密的安全机制，保证数据的安全性，防止数据被窃取、篡改、伪造。

1.RSA非对称算法

RSA算法是基于大数难于分解的原理，加密方和解密方可以使用不同的密钥进行加密解密，这样密钥不需要保存在网络传输中，即使数据被截取，无法获得密钥进行解密。这项技术在国内外广泛应用于电子签名，银行电子支付认证系统中。能够有效的保证数据的安全性能。但RSA加密算法需要的时间较长，效率比较低，不适合用来做大数据量的加密。

2.3DES对称算法

对称加密算法加密较快，适合对大量数据进行快速加密。但是它的密钥需要双方都知道，而密钥在网络上传输是不安全的，第三方接收到也可以直接它用来解密。

3.MAC校验

将数据包的数据和密钥进行运算，得到一串数据，数据到中心解密前，同样根据密钥对数据包进行MAC运算，如果先后得到的两个密文相等，则表示数据没有被篡改，是准确数据。这样防止包的数据被篡改。

ETC网络传输系统吸取了这两个算法的优点，使用RSA算法得到传输过程密钥，用传输过程密钥和对称的加密算法对数据进行加密。这样即保证了数据安全，又保护数据加解密的效率。

4.数据上传加密过程

数据从产生到上传的过程中，进行三次加密：

第一次加密

收费站数据上传系统访问SAM卡安全模块，SAM卡根据数据上传系统发送的随机数和SAM ID；使用RSA算法获得传输过程密钥，用于对数据的加密。

第二次加密

在数据上传过程中，采用多条数据打包上传的机制，对数据包，采用第一次加密相同的机制，获取新的过程密钥，对数据包进行加密。

第三次加密

通过MAC地址校验的算法，对数据包再次加密，以防止数据包被人伪造和更改。

5.ETC自由流收费站

ETC自由流收费站的职责包括：

实时监管ETC车道现场；

实时监管站级设备及网络情况。

（五）智慧城市ETC系统功能需求分析与开发设计

1.系统功能需求

智慧城市ETC系统应用软件应实现电子标签的发行与管理、车辆通行收费、结算与清算、统计查询、稽查追缴等功能。

电子标签发行与管理：客服中心负责发行电子标签，为每辆车配备一个电子标签并建立一个账户，电子标签经发行后在其中存储了该车辆的相关属性，包括车牌号、车型、车辆尺寸、轴数、轴组数等。为防止电子标签遗失造成车主的损失，客服中心可以办理电子标签的挂失，经挂失后，电子标签的相应账户不会再发生通行消费，客服中心每天将电子标签发行及挂失的信息都发送到管理中心，管理中心再发送至各收费站。

车辆通行收费：系统初次运行时，管理人员根据需要设置系统相关参数。车辆通过收费通信区域时，电子标签与路侧系统进行通信，如果完成完整的交易过程则主机记录下通过车辆电子标签的相关信息，存储在成功的交易信息表中。如果因为电子标签已挂失、未安装电子标签、路侧系统的故障等原因造成交易失败，则路侧系统的稽查设备记录该车辆的相关信息，并写入失败的交易信息表中。上传交易数据给管理中心，接受管理中心传来的挂失电子标签数据。

结算与清算：定期将各收费站成功的交易信息，以加密方式传送银行，由银行完成相应账户的结算与清算。

统计与查询：管理中心可定期生成收费金额、车流等的统计报表。管理中心提供收费数据给客服中心，客服中心也可为车主提供通行次数、缴费金额、余额的查询。这种查询可以是柜台人工方式或Web、电话、短信等自助方式。

稽查追缴：对未配备电子标签而冲卡的车辆或违法使用挂失电子标签的车辆，生成违章记录，并传送给交管部门。

2.软件系统总体结构

ETC系统软件宜采用数据层、支撑层、应用层等三层体系结构。第一层应为数据层，即联网收费系统中各类数据库；第二层应为支撑层，即应用支撑环境，包括中间件、基础构件、高层构件等；第三层应为应用层，主要包括收费车道、收费站、管理中心、客户服务等应用软件子系统。

ETC系统软件推荐采用数据库技术、数据处理技术、中间件技术、构架/构件技术、工作流技术、交通地理信息（GIS-T）技术、XML和Web Services技术等进行研发。

3.各功能子系统构成及功能

按所实现的功能可划分为七大功能子系统，即车道子系统、收费站子系统

(ETC、自收、代收)、客户服务子系统、中心结算系统、稽查执法系统软件实时运行监控系统、数据中心平台。

4.车道子系统软件的组成和功能

收费车道分ETC收费车道和MTC收费车道,它们分别运行不同的收费车道软件。ETC车道收费软件路侧单元自动检测收费车辆信息,由车道收费控制计算机自动完成收费流程,而MTC车道收费软件由收费员人工输入车辆基本信息和收取车辆缴费现金,车道机完成收费信息的存储与票据打印程序。

车道子系统软件由车辆检测、车辆识别、车牌识别、设备控制等分系统组成。

(1) 车辆检测

车辆检测系统的功能包括识别车辆到来、启动读写天线、启动抓拍图像、控制信号灯、控制字符叠加器等。

车辆检测系统依靠车辆触发线圈、图像抓拍线圈和车辆离开线圈共同完成工作。车辆触发线圈判断有车辆到来,则表示车辆进入通信范围,此时将启动读写天线。系统根据这些信号同时还要控制信号灯和字符叠加器等设备。

(2) 车辆识别

自动车辆识别系统 (Automatic Vehicle Identification System,简称AVI) 使用装备在道路门架上或路侧的微波天线,查询车载电子标签中存储的识别信息,如ID号码、车型、车主等,以辨别车辆是否可以通过不停车收费车道。

每个收费车道都在车道上方或路侧安装有微波天线,天线连接到由天线控制器构成的读写器上。读写器通过天线象电子标签发射信号,电子标签被激活开始进行通信。电子标签反馈回与具体车辆相对应的唯一ID号,用于ETC收费系统对车辆进行身份识别。电子标签在使用前需要经过初始化操作,写入与用户相关的账户和车辆信息。

(3) 车牌识别

车牌识别系统根据抓拍图像进行车牌识别,并将识别出的车牌号存入原始过车记录,系统根据读取的车辆电子标签的车牌与识别出的车牌比较,若不一致,则给出"不匹配"信号,同时现场报警,并将"不匹配"标记记录在数据库中。当出现无法识别的车牌时,系统同样给予记录,并同其他有疑问数据一道供事后人工复核处理。

(4) 车道设备控制模块

车道设备控制模块管理和控制车辆检测系统、车辆识别系统、图像抓拍系统及其他车道设备,车道设备主要包括I/O设备、串口设备等。

车道系统应具备以下功能:

按车道操作流程正确工作,并将收费处理数据实时上传收费站计算机系统和路桥中心计算机系统;

接收路桥中心下载的系统运行参数;对车道设备的管理与控制,具有设备状态自检功能；当通信中断时具有后备独立工作能力；为车辆通行提供控制信息；将各种违章报警信号实时传送到收费站监控制室；各路段收费标准灵活设置，可以根据节假日或累计过车次数分时段或车辆设置优惠；根据读取电子标签信息、数据库中信息、图像识别车牌号三者信息进行车辆核对，若发现不一致，则及时现场报警，并在收费站监控画面实时显示报警车辆图像，同时在过车进行记录供事后人工复核。

5.收费站子系统软件的组成和功能

收费站是ETC收费系统的基层管理机构，主要负责该收费站车道的收费管理。收费站软件系统包括车道监控系统、站级管理系统、数据通信系统等。收费站软件分ETC收费站、自收收费站、代收收费站等三个版本。

（1）车道监控系统

实现对本收费站所有工作车道的硬件设备状态、收费操作信息、工作流程进度的实时、动态监视和控制，并可以对特殊事件进行报警显示。车道监控系统具有下列功能：

车道实时监视报警功能；

车道远程回控；

车道设备检测；

值班日志打印。

（2）站级管理系统

收费站报表是收费系统的重要部分，收费站报表由路桥中心统一制定。收费站报表一般有通行费收入报表、特殊收费业务管理表以及交通流量统计报表等。

有MTC车道的收费站需对收费站人员进行管理，对人员的工作岗位进行定义、规范，比如，员工岗位有收费员、监控员、图像复核、财务等，每种岗位都有特殊的职能，系统将人员的权限定义具体到每一模块。

有MTC车道的收费站需要人工收费并且及时打印电脑票据，电脑票据的管理主要由收费站票款室负责票据的发放和核销。收费员个人在上班前领用票据，下班后，需确认卖出票据、剩余票据，并进行票据结算。系统能实时查询已卖出票的张数、金额、票号和剩余票的情况，对于余票不多的情形，系统能自动提示票款员需进行配票。

（3）数据通信系统

收费站与收费车道构成基于TCP/IP协议的局域网。收费站服务器接收来自路桥中心服务器的系统表数据，如费率表、ETC账户表、黑名单等，同时将车道数据（原始过车记录、报警数据、抓拍图像数据等）上传至路桥中心服务器。收费站服务器需要下发到车道的数据包括：时钟数据、费率表数据、黑名单、免费车数据等。

6.客户服务系统软件的组成和功能

客户服务系统包括：服务网点系统、客户服务网站、短信平台系统、邮件通知与回复系统、电话语言服务系统、电子标签发行与管理系统等六子系统。

（1）服务网点系统

服务网点系统负责登记车主、车辆资料，以及相关资料的变更，提供对电子标签的安装、检测、修理等服务内容。服务网点系统包含对电子标签的挂失、销户等业务的处理，服务网点可进行充值交易。

（2）客户服务网站

客户服务网站为用户提供通行次数、缴费金额、余额的查询。提供自助缴费服务，也可提交争议扣款的申请单，以便系统服务人员进行核实。

（3）短信平台系统

短信平台系统为用户提供充值服务，余额查询以及催缴功能。

（4）邮件通知与回复系统

邮件通知与回复系统以电子邮件方式，自动通过用户注册提供的邮箱地址，将用户的账户金额，违章等信息发送到用户的邮箱中。

（5）电话语音服务系统

电话语音服务系统实现自动拨打欠费客户电话，播放催缴费用的语音，自动语音应答、自动转接座席。

（6）电子标签发行与管理系统

电子标签发行与管理系统对电子标签进行出入库管理，在服务网点对电子标签进行个人化，在指定地点安装登记。对各服务网点电子标签使用情况进行统计。

7.中心结算系统软件的组成和功能

中心结算系统处理ETC系统中的核心交易数据，中心结算系统软件包括：过车交易结算系统、清分系统、网点管理系统、银行接口、移动接口、交管局数据接口、黑灰名单管理、统计分析等子系统。

中心结算系统软件有功能：记录过车交易数据；对通行费进行拆分和清算；汇总统计各网点的车辆预存充值金额、车辆滞纳罚款金额、电子标签发行维护费用、车辆销户退款金额；完成路桥信息处理系统与银行信息处理系统之间的资金划拨、对账等业务的联机处理；完成路桥信息处理系统与移动服务商信息处理系统之间的充值、对账等业务的联机处理；为交管局提供车辆欠缴数据，供交管部门在车辆年审时把关，未结清所欠费用与滞纳金的车辆不予年审；生成、下发黑灰名单数据；汇总、统计、查询、打印各种通行费收入报表、电子标签管理报表、交通流量统计报表、银行结算报表。

8.稽查执法系统软件的组成和功能

稽查执法系统主要完成对恶意冲岗逃票或ETC系统黑名单车辆的事后追缴和处罚，确保ETC收费系统的正常运作。稽查执法系统包括临时点稽查系统、车载稽查系统、手持稽查系统、图像稽核系统、执法处理系统等五个分系统。稽查执法系统软件有功能：检查电子标签工作是否正常；检查账户是否欠费；检查电子标签是否在黑名单中；对外籍车，检查是否按期出市；对非法电子标签车辆进行抓拍取证；对违章车辆进行确认，并生成罚单；对违章车辆进行处理或公示。

9.实时运行监控系统软件

实时运行监控系统包括：系统运行实时监控系统、远程视频监控平台、综合查询系统三个分系统。实时运行监控系统有功能：对系统设备运行状态进行监控（如服务器、网络、车道设备等）；监控各收费站主要车道的车辆信息；对达到预警标准的各项指标进行报警；中心监控室可以监控收费站现场图像；现场图像可实现分级监控；监视、查询实时收费数据，可按时间段进行趋势分析。

10.数据中心平台的组成和功能

数据中心平台由：设备管理系统、系统设置与管理系统、数据备份系统、日志生成系统、密钥管理系统、异地容灾系统、人员管理等分系统组成。数据中心平台实现功能：

（1）设备管理系统

记录设备运行参数、检测设备运行状态，对故障设备进行报警。

（2）系统设置与管理系统

设置通行费率标准；校对各收费计算机时钟；定义车型分类标准；统一电子标签的编码格式；IP地址统一划分；定义数据传输协议；统一报表类型；定义各级人员角色、权限。

（3）数据备份系统

负责中心数据资料的存储、备份与安全保护。系统将能自动进行各级服务器数据备份，以及其他各级服务器与路桥中心服务器的数据同步处理。当某一环节出现异常时，数据备份子系统将能以最快速度恢复。数据备份系统将确保数据的准确、安全、可靠。这些数据包括原始数据、车流量数据、收费数据、车主车辆数据、电子标签发行数据。

（4）日志生成系统

生成设备使用日志、网络日志、操作日志、异常情况日志。

（5）密钥管理子系统

对密钥产生、储存、分发以及销毁进行管理。

（6）异地容灾系统

异地容灾系统在本地发生电力故障、网络故障、火灾、地震以及其他环境故障时，业务可以在短期内快速接管至异地的容灾系统上，以确保业务不间断。

（7）人员管理

完成人员信息登记、操作权限设置。

11.平台软件选型

平台软件是指数据层中支撑软件,主要包括操作系统和数据库,为建立其上的数据层提供基本的支撑平台,也为业务逻辑提供基本的支撑。

12.平台软件的选型原则

(1)平台软件选型应以功能、性能、成功应用案例(特别是国内收费公路联网收费领域)、经验、维护、服务和价格为参考标准。

(2)在一个收费路网内,宜选择相同、同系列或者相似的平台软件。同时还应考虑到相邻联网收费路网所使用的平台软件,在相似的条件下,宜采用相同、同系列或相似的平台软件。

(3)平台软件的选择应与所采用的硬件平台相适应。

(4)同一收费路网内各不同层次的平台软件应注意连续性和匹配适应性。

(5)应具有连续的品牌。

13.操作系统

收费公路联网收费选用的操作系统应能够为联网收费各业务的集成开发和应用提供基础的支撑,要求具有抢占式多任务处理能力,多级系统容错能力等。一般情况下,管理中心宜采用小型机服务器(双机热备份系统),路段收费分中心和收费站一般采用双机热备份系统。

14.数据库

(1)服务器数据库选型原则

①数据库系统应具备对海量数据处理的支持;

②支持 SQL 标准及多种开发语言,支持分布式处理,支持客户/服务器体系结构,支持浏览器/服务器体系结构;

③支持高性能的并发控制和联机事务处理;

④支持主要网际互联协议(如 TCP/IP、APPC 等)和局域网协议(如 TCP/IP、SPX/IPX);

⑤支持 SMP 系统;

⑥支持可变元的二进制存取及提供相应的多媒体开发工具;具有良好的可移植性和可扩展性;

⑦确保联网收费系统有很好的安全性、灾难恢复和事务完整性;

⑧支持大量的第三方产品,能满足不断发展中的各类业务需求;

⑨支持 Cluster 集群系统,并能自动实现任务均衡和任务切换;

⑩至少支持 .Net、J2EE、PowerBuilder、Delphi、Microsoft Visuanl C++、Visual Basic 等开发工具,并同时具备完善的 Internet 开发工具。

(2)服务器数据库

数据库产品宜选用:Oracle,Informix,Sybase,Sybase SQL anywhere,MS-SQL Server 和 DBⅡ等。

15. 网络管理软件

网络管理软件的功能需求如下：

（1）网络管理范围从车道控制机至管理中心网络系统，包括路由器、交换机、服务器、工作站、UPS电源、通信传输和访问控制等。

（2）网络维护功能：网络监控、测试、报警、供电、故障处理与修复。

（3）日常管理功能：通过收集通信量及设备利用率等方面数据，经分析后作出相应控制，优化网络运作和提高资源利用效率。

16. 软件管理软件

软件管理软件的功能需求如下：

（1）简化软件安装、配置等管理工作，及时发现软件安装、配置及运行过程中出现的问题。

（2）实时监控联网收费系统内的所有服务器、工作站上的软件安装情况、软件运行状态及重要进程的运行情况，在此基础上进行实时管理。

（3）提供完备的软件管理手段，提高系统的安全性和稳定性。

17. 中间件及基础构件

中间件及构件是支撑层，主要包括中间件和基础构件，为建立其上的联网收费应用业务层提供基本的支撑。

（1）中间件

中间件指商用中间件平台，应能够运行于多种硬件和操作系统平台，支持分布式计算，提供跨网络、硬件和操作系统平台的透明性的应用或服务的交互，支持标准的协议，同时应支持标准的接口，使应用业务逻辑容易划分，隔离应用构件与复杂系统资源，并支持软件重用，提供对应用构件的管理。例如消息中间件、交易中间件、安全中间件、Web中间件、协同工作流、基于内容管理等。

联网收费系统一般选用通信中间件作为收费应用业务逻辑层的支撑平台。

一般情况下，同一联网收费系统建议选用统一的中间件平台，且中间件厂商具备长期技术服务的能力。

（2）基础构件

基础构件应为专用的构件，需依据联网收费通用要求进行具体的开发。基础构件分为数据操作类、典型联网收费应用业务逻辑类等。其中数据操作类基础构件主要实现对联网收费应用业务相关的基础数据的描述或计算，如异构数据转换、数据抽取等功能。应用业务逻辑类基础构件实现对联网收费系统的基础数据有关业务逻辑部分的操作。

（3）高层构件及构件管理

联网收费系统的高层构件是指通过对各类基础构件的进一步封装而形成的直接对上层业务子系统（包括车道系统软件、站系统软件、收费管理所系统软件、路段分中心系统软件、管理中心系统软件等)提供支持的构件,实现对联网收费系统软件业务应用模块的支撑,如系统参数操作日志、报表制作等。

联网收费系统软件开发及集成应充分采用构件技术(即应用中间件)实现软件复用,包括:构件获取、构件模型、构件描述语言、构件分类与检索、构件复合组装、标准化等。

构件管理负责控制联网收费系统各构件的处理流程,相关的任务请求经业务模块传递给构件管理,根据业务逻辑与规则,调度相应的构件完成该任务请求,当任务请求完成后,根据定制信息将请求执行后返回的处理结果传递给指定的处理单元,同时并达到规范应用开发、屏蔽异构数据访问和系统集成的目的。

五、立体车库的概念、种类及技术支持

(一) 立体车库的概念——以多层式立体车库为例

多层次高机架存储,它的特点是节约土地面积的车库,即在不同的单元,可容纳多个车位的面积,同时,根据场地的大小,变更简单、灵活的特点。

立体停车库(免费送货立体车库),是由多层存取车库,一个车库墙在垂直平面上走在输送装置两部分组成。

车库多层轴承平面间隔的支撑柱连接形成的,没有任何移动部分车库内,车库仅仅是一个简单的承重结构的透视图。

立体车库免费送设备是一个2倍左右大小的体积汽车运输设备,它利用承重层车库支持外缘的平面,可以装载层平面。

立体车库边缘垂直平面组成,按任何路由(任意曲线)自由运动。建立一种传输机制,可以自动去除车内车位的免费移动设备将被运送到适当的存储车库车位,自动存入进入车内,或自动从车库的车位信息将被删除,转移停车时自动到车位的车取出去,从而完成存取汽车的过程中,快捷方便存取车。

(二) 立体车库的分类

地面和地下车库两种,主要有:升降横移式、巷道堆垛、垂直升降、垂直循环。

1.智能化全自动地下立体停车库

主要技术指标:直径在地面下20米,20米(深度)可存储的空间,不到一分钟的访问时间。

技术水平:采用了全新设计的车库结构和车辆出入计划,高性能、智能化自动操作。使用计算机管理的智能自动地下停车库,采用变频技术、伺服控制技术、可编程控制技术、工业控制技术和现场总线技术,可实现无人值守的停车场管理。充分利用地下空间,地面上只是略大于汽车出口离开,不影响地面绿化,完全自动化操作,方便、快捷、可靠的性能的整体布局。

投资这种类车库要求高科技和资金量大,推广应用较换慢。

2.典型地上立体车库的术技指标统计

升降横移类别包括两种类型停车：PSHxD 的 TD41（挂）PSHxD-TD42（悬臂）升降横移式立体车库采用模块化设计，每个单元可设计成二、三、四、五层，半地下式及其他形式，数量从几个到几百个停车位。这种地面和地下车库，配置灵活，成本低。

（1）产品特点

①节能，灵活的配置，施工期短。

②价格低廉，火灾，外墙装饰，适合民间投资和其他小投资。

③能自动控制，结构简单，安全和可靠。

④接汽车迅速，等待的时间很短。

⑤运行平稳，噪声低，操作简单。

⑥适用于商业、写字楼、住宅区停车场使用。

升降横移式停车设备类形式，规模可大可小，适应性能好，成本低，操作简单。

（2）巷道堆垛式

巷道堆垛式立体车库：堆垛机作为一种工具来使用，存取车辆，所有车辆进行访问的堆垛机，因此，技术要求较高，单堆垛机成本较高，所以巷道堆垛立体车库车位数量较大的客户所需。

（3）垂直提升式立体车库

类似的垂直升降类停车电梯式，安排在两侧的电梯车位，通常需要一辆地面车转盘，省去驾驶员调头。垂直升降式停车设备的安全性，一般海拔较高（几十米），精密加工和安装的要求都很高，所以成本较高，所占土地面积是最小的一种。

（4）垂直循环式

产品特点：

①占地面积小，两个泊位面积可停放6~10辆。

②可以任意添加屋顶和外墙装饰、消防栓等。

③价格低，所需地基小，外墙装饰和消防及其他投资少，建设周期短。

④全自动控制，安全和可靠。

（三）建立体车库与建平面车库的量化分析

在我国家用汽车保有量的迅速增加和土地价格大幅上涨的今天，建设机械式立体车库可以提高单位停车场的面积，"停车场"已成为解决"停车难"问题的有效途径。然而，近年来立体车库的建设，虽然主要城市的停车位总体数量呈明显上升趋势，仍然没有摆脱受冷落的情况。据了解，其中一个主要的原因是许多开发商或业主，车库建设成本价格高，不合算。每个人对停车位的认识存程有很大的区别，考虑不同的情况下，应仔细综合经济核算和客观分析，否则系统形成"不合算"的思维与心态，难免会因小失大，甚至贻误商机。

1. 土地价格和建筑成本

考虑土地价格和建筑成本，建筑大闹市区城市的自走式停车场（库）是不经济的。通过比较会发现，平面车库的成本往往是高于立体集成车库。

业内人士建议建设自走式平面车位场地车道平均需要25万～30万平方米，覆盖面积应停放50辆车，如果所需面积低于2亩；建立机械式停车库，从理论上，层数越多，立体车库所能容纳车辆就越多，可以按比例的土地面积减少的份额已经取得了一个平方米停放一辆汽车。例如：在7米×7米地面建筑的停车场（可有"垂直升降类"，通常简称为"塔式"），每层可以停两辆，可建25层，停50辆。这个车库的建设目前需要投资300万元，这一标准经费相比建在市区不同的账户很容易不够清楚（目前高于每亩市区繁华地段的平均溢价一般都在百万美元）；将需要在建筑物内的建造成本增加到同一地区。据估计，包括建设及其他投资费用，如果建设一个停车场约200个车位，立体停车设备的使用可以节省十几万元人民币的投资。

2. 立体停车

考虑采用立体停车时，可以节省出楼面经营或销售，业主会得到远远高于设备投资的回报。

在地下车库建在高层建筑自走式停车库，平均每车位的面积占38万～45万平方米，楼面价不包括开挖和基础成本计数，单独停车位建设杨成本可以降低建设费用仅需60000元。如果采用自动化立体停车模式，虽然只占据了一层地下空间，但两个以上的传统自走式车库停车数量。从整体成本来看，虽然车库一次性投资略高，但是，如果建好路面以下负一层或作为一种商业专用停车场出售，再扣除立体车库设备投资，业主也获得回报。如果一个企业的建筑最初设计的地下负一层，负二层为停车场，可停放150辆汽车，将负一层营业面积约3000平方米的改为超市，负二层建有200个车位仓储式立体车库。虽然车库设备，净投资1400多万元，但只有超市区的市场价格可比车库净挣一倍以上的投资金额。

3. 小区的停车位紧张

考虑居住小区的停车位紧张，或在公共场所（办公室，医院，写字楼，商场等）的车辆周转率的投资回报率，建设立体车库的最好的投资方式。

一般的居住面积，车位每月200～300元，固定车位售价在5万～8万元，在早期建设的小区，因为停车位少，这样的价格是供不应求。如果10辆汽车停在一个位置建立体车库，采用三个提升类型的设备可能会在一个泊车咪表成本25000元，投资65万元增加至26个车位。销售价格只有50000元至13.0万元，扣除车位原价为50万元，纯收入80万元，23%以上的回报率。此设备可能会增加管理人员和运营成本，可以解决临时停车费和管理费。

为了解决静态交通问题，利用市场杠杆来调节停车位紧张的情况下，各地陆续出台了新的停车收费标准，许多城市和闹市区停车场收费比一般的停车费乘以这个已经催生了一个新的领域投资"停车经济"。据报道：重庆市停车场是一种常见类型的停车场，车位400个，每日停车位的90%以上都没有闲置，按每天的收入为10元/个车位的停车费，每年总收入近130万元。这个"停车经济"企业，根据不同地区的收费、停车流量、设备投资和运营成本来计算的实际收益率。

4.虑建设项目

在考虑建设项目，以提高整体的科技含量，以方便业主的使用和管理，增加销售或租赁率，使用的立体停车库是最好的选择。

生产车库目前国内厂商一般生产立体车库，一般采用PLC控制电路IC（ID）卡的自动化管理，同时与智能楼宇管理系统兼容。为了确保操作可靠车库设备，具有远程诊断系统，高端产品的能力，以检测是否存在隐藏的设备，便于维护和维修。车库配备了监控摄像头，直接连接到中心机房的中央控制室，可以监视在整个白天和夜间停车的情况，防盗、保护和改善城市环境，有很大的优势。

综上所述，建立立体车库为一体的高投资具有一定风险，但只要仔细的研究好可行性，抓住机遇，也将获得高额回报。

六、投融资建设的选择

（一）投资建立立体车库

立体车库与传统车库相比，在许多方面显示出优越性。

1.地面空间和地下空间的利用率大大高于平面技术，内置地面上超过十几层，但也深为地下两层或更少。

2.比传统的车库，车库的设计和安装，占地面积小，容量大，根据利用效率高的实际情况来占用土地。

3.传统与完全自动化相比，方便、省时、省力。

4.安全和有效的防盗，低能源消耗，防潮，清洁，不需要强大的照明和通风设备品种。

5.适应性强，你可以使用建设一定数量的停车空间狭小的空间，技术先进，性能可靠，噪音低，振动小，对环境的影响。

6.拆卸方便的土地改革过程中，更新建设临时停车点非常有益的。

7.此外，相比与传统的停车场，车辆进入一个车库就熄火，由机械设备自动存放在车库迂回线和尾气排放，环保节能，降低了车辆。

（二）投资管理立体车库的几种形式

1.独立的投资管理车位。

2.并制定立体车库与地面停车合作运营。

3.积极改造现有小区，出售车位。

4.开发新小区的立体车位。

5.建成车库后,并提供优质的服务。

(三) 未来经营预测分析

为了在短时间内缓解住宅、商业和办公区停车难这三个领域,最重要的途径是立立体车库。

1.销售预测

民意测验和调查技术也可用于厂商内部微观层次上的销售预测。某些不同方式的民意测验包括:

(1) 主管人员集体意见模型

对高层管理人员的主观看法加以平均,形成一种对未来销售的预测。这种方法通常与某些定量方法(如趋势外推法)结合使用,然后主管人员集体再修订以他们自己对销售环境的预期和看法为基础产生的预测。

(2) 销售人员民意测验

某些厂商就具体的地区或产品线的未来销售,调查该领域内本公司销售人员的预期,其想法就是离最终用户最近的员工会对未来市场状况具有显著的洞察力。这种基于销售人员民意测验的预测可用于修订厂商内部已经产生的其他定量或定性预测。

(3) 消费者意图调查

某些厂商自己对具体的消费者采购进行调查。这种调查在耐用品行业中非常普遍,但对于比较便宜的产品来说,这种调查方法费用过高,或者是不可行的。比如有一个追求与其目标市场建立"终生顾客"关系的汽车经销商,这样的经销商可能对某一个样本的顾客进行邮寄调查,估计消费者购买更新汽车。此外,厂商会分析与消费者收入有关的购买意图。这种调查的结果可反映出全国或地区的汽车销售量,预测收入的变化对汽车销售的影响。

2.投入产出分析来预测

利用各种中间产品和最终产品行业之间相互依赖关系的另一种预测方法是投入产出分析。投入产出分析能使预测者追踪一种产品需求的增长对其他行业的影响。汽车需求的增长将首先导致汽车行业产出量的增长,这种情况转而对停车场(库)的数量的增长,对大城市停车服务提出更为严格的要求,又将导致对钢铁、玻璃、塑料、轮胎和座套织物需求的增长,而当对座套织物的需求增加时,又会发生次级影响。比如要求增加用于制造座套织物的化纤的生产。对机器的需求也可能因对化纤需求的增加而增加,这种影响方式会继续下去。投入产出分析可使预测者对最初由汽车需求增长结果产生的所有的行业效应进行追踪。

(四) 投资估算

投资估算是在对项目的建设规模、产品方案、技术方案、设备方案、选址方案和工程建设方案及项目进度计划研究并基本确定的基础上,对建设项目总投资数额及分年资金需要进行的估算。投资估算是投资决策的依据之一,也是项目经济评价工作的基础。

建设投资的估算方法包括简单估算法和分类估算法。简单估算法有单位生产能力估算法、生产能力指数法、比例估算法、系数估算法和指标估算法等。主要适用于投资机会研究和初步可行性研究阶段。在项目可行性研究阶段应采用指标估算法和分类估算法。

第六章 公路工程施工技术

第一节 公路工程施工概述

一、施工与公路施工特点

(一) 道路的施工工序及方法

1. 路床施工

(1) 测量放线及前期土工试验

工程施工时全段每隔20~25m设置一组中心桩,曲线段需做好起、中、终点的桩点控制,曲线中间点按5~10m间隔做好加密桩;每100m设置一临时水准点,按顺序编号;各流水作业段每20m设一组边桩,并按设计道路断面放出围边坡角线。施工过程中发现桩点错位或丢失应及时校正或补桩。

在取土源进行土工试验,为土方及路床施工提供各项试验数据。

(2) 试验路段

路基开工前,在监理工程师旁站下结合路段选择有代表性、长度不小于100m的路段作为试验路段,进行压实试验;并将试验结果报告监理工程师批准。试验时,记录设备的类型、最佳人机组合方式、碾压遍数、碾压速度及每层材料的松铺厚度和含水量等。并根据试验数据制订施工措施以指导路基施工。施工中如发现土质与设计文件不符而路床不能施工时,施工单位应及时与甲方及设计单位联系,以制订相应的处理措施。

(3) 路床修筑及平整

路床下各管道沟槽回填至路床高程下15 cm位置后,统一进行路床施工,以便路床具有较好的整体性。路床施工以机械为主,人工为辅(施工前应先清除路床范围内农田腐殖土、杂草、垃圾、树根、建筑物基础等),对原建筑物旧基坑、树坑、沟道等采用回填砂石或9%灰土处理，并按市政工程施工技术规程的要求，分层回填至路床以下。路床整形施工采用平地机刮平，经8～10吨光轮压路机初压后，挂线或用水准仪逐个断面进行核测路床中线高程及路拱成型情况，并及时检查处理层厚度、路床平整度，直至每个断面的纵、横坡符合设计要求。

（4）压实

整平的填土层，使用自行振动压路机进行碾压。碾压速度在3～4km/h。含水量保持在最佳含水量。路床以15吨压路机碾压无明显轨迹经测试密实度达到95%重型击实标准时，经监理工程师验收方可进行下道工序二、垫层施工。

2.道路的施工工序

路基工作完成部分段路基土方工程后，路面工作即可对检验合格的路段进行垫层的施工，分层堆料，平地机拌和摊铺，压路机碾压，洒水车洒水养护的一条龙作业进行。施工中必须严格控制颗粒的级配和均匀性、摊铺料的厚度、平整度和压实度，并及时做好养生工作。

（1）准备工作

土基用18～21T三轮压路机或等效的碾压设备检验（压3～4遍）。在碾压过程中，如发现土过干、表层松散，应适当洒水，如土过湿，发现簧现象，应采用挖开晾晒、换土、掺石灰或料粒等措施进行处理，直到下承土基表面平整，坚实，具有规定的路拱，没有任何松散的材料和软弱地点。

（2）施工放样

在土路基上恢复中线。直线段每15～20m设在一桩，平曲线段每10～15m设一桩，并在两侧肩边缘外0.3～0.5m设指示桩。

进行水平测量，在两侧指示桩上用明显标记标出底基层边缘的设计高。

（3）备料

选择级配符合设计要求的材料，均匀层按松铺厚度堆放在路床上。

（4）摊铺

用平地机将混合料按松铺厚度均匀地摊铺在预定的宽度上，表面应力求平整，并具有规定的路拱。设一个三人小组跟在平地机后面，及时消除粗细集料离析现象。对于粗集料窝和粗集料带，应添加细集料，并拌和均匀；对于细集料窝，应添加粗集料，并拌和均匀。

（5）定型和碾压

用轮胎压路机在已初平的路段上快速碾压一遍，以暴露潜在的不平整，再用平地机进行整平和整形。整形后，当混合料的含水量等于或略大于最佳含水量时，立即用振动压路机进行碾压。直线段，由两侧路肩开始向路中心碾压；在有超高的路段上，由内侧路肩向外侧路肩进行碾压。碾压时，后轮应重叠1/2轮宽；后轮必须超过两段的缝外。后轮压完路面全宽时，即为一遍。碾压一直进行到要求的密实度为止，一般需碾压6~8遍，应使表面无明显轨迹。压路机的碾压速度，头两遍以采用1.5~1.7km/h为宜，以后用2.0~2.5km/h。路面的两侧，应多压2~3遍。

(二) 公路施工特点

1. 造价高、投资大

公路工程建设项目投资一般是非常巨大的，其建设工程合同的价额基本上是几千万、上亿甚至几百亿，这是一般的建筑工程项目所不可比拟的。

2. 点多、线长、面广

公路工程建设规模一般都比较大，从建设里程上来讲从几十公里到上百公里甚至上千公里的都有，涉及的施工区域可能不止一个省、市，尤其是国道干线的建设，一般都要跨越几个省市以上，施工范围是相当广的。因此，工程的建设是不可能只由一家施工企业单独来完成的，需要多家合作，分点、分段建设完成。

3. 质量要求高，形成时间长

每条公路都是特有的、唯一的，一经建成，在短时间内将不会进行重复性的投资建设；同时，建设一条公路将会耗费大量的人力、物力和财力等，因此，在公路工程的建设时间，就要对建设产品提出较强的质量要求，要求建设、设计、施工、监理等单位密切配合，材料、动力、运输等各部门的通力协作，以及地方各级政府部门和施工沿线各相关单位的大力支持，科学合理地利用资源，尽可能创造高质量的公路建筑产品。

4. 户外作业环境复杂不可控因素多

公路工程本身的特点要求施工建设是采用全野外的作业方式，加上施工的路线一般都较长，施工几公里、几十公里甚至上百公里的公路工程，所以无论是其面临的气候、地质水文条件，还是社会经济环境，乃至风土人情都将是有差异的。其中的任何一项因素的变化都会影响公路工程建设的顺利进展。另外，对不同的施工项目，环境等影响因素又有所不同，不可控因素的增多也使得项目管理在施工中变得尤为重要。

(三) 城市公路施工的特点

1. 充分做好准备工作，包括施工管理和组织计划工作；施工中实行流水作业，严格施工管理，健全岗位责任制、加强质量保证体系工作，每道工序都要严格把关，前一道工序未经验收不得进行下道工序。

2. 公路施工耗费筑路材料多，每千米达数千吨，单方造价中材料款一般占50%以上。我国幅员辽阔，各地可供修筑公路的材料很多。所以要认真做好调查研究，充分利用当地材料和工业废渣，以求修建经济而适用的公路。

3. 城市公路施工从直观上看无论是新建、改造或扩建都会不同程度地存在着三多一少的特点。

4. 城市交通拥挤、车辆及行人多，所以尽可能不断路施工，多采用半幅通车、半幅施工的方案。必要时封锁交通断路施工，务必做好交通疏导工作，协商安排车辆绕道行驶的路线和落实交通管理措施。为了减少扰民和保证车辆正常行驶，也可在夜间组织连续作业，快速施工。

5.施工障碍多。无论是沿线房屋拆迁，还是地上立体交叉的各种架空线杆或是地下纵横交错的各种管网和设施或古墓文物，这些影响施工的障碍物的解决都具有很大的工作量，也极其繁杂，必须引起高度重视，务必进行妥善规划、细致实施。

6.施工涉及面广。公路施工除了面对众多的沿线居民外，还涉及：规划、公安、公交、供电、通信、供水、供热、燃气、消防、环保、环卫、路灯、绿化和街道及有关企、事业等单位，所以必须加强协作、配合工作，以取得各单位各部门的支持和谅解，使施工得以顺利进行，避免出现大量耗费人力、物力和时间的"扯皮"现象。

7.施工用地少。城市土地极其珍贵，施工平面布置必须"窄打窄用"，乃至"见缝插针"，有条件要在郊外建造搅拌站等基地或采用商品混凝土方案。

二、公路工程施工图

公路工程是一种带状构筑物，它具有高差大、曲线多且占地狭长的特点，因此公路工程施工图的表现方法与其他工程图有所不同。公路工程施工图是由公路平面图、公路纵断面图、横断面图及构造详图组成。公路平面图是在测绘的地形图的基础上绘制形成的平面图；公路纵断面图是沿路线中心线展开绘制的立面图；横断面图是沿路线中心线垂直方向绘制的剖面图；而构造详图则是表现路面结构构成及其他构件、细部构造的图样。用这些图样来表现公路的平面位置、线型状况、沿线地形和地物情况、高程变化、附属构筑物位置及类型，地质情况、纵横坡度、路面结构和各细部构造、各部分的尺寸及高程等。

（一）公路施工平面图

公路平面图是应用正投影的方法，先根据标高投影（等高线）或地形地物图例绘制出地形图，然后将公路设计平面的结果绘制在地形图上。公路施工平面图是用来表现公路的方向、平面线型、两侧地形地物情况、路线的横向布置、路线定位等内容的主要施工图。

1.地形部分的图示内容

（1）图样比例的选择

根据地形地物情况的不同，地形图可采用不同的比例。一般常用比例为1：500，也可采用1：1000的比例。比例选择应以能清晰表达图样为准。

（2）方位确定

为了表明该地形区域的方位及公路路线的走向，地形图样中需要标示方位。方位确定的方法有坐标网或指北针两种，如采用坐标网定位，则应在图样中绘出坐标网并注明坐标。如采用指北针，应在图样适当位置按标准画出指北针。

（3）地形地物情况

地形情况一般采用等高线或地形点表示。城市公路一般比较平坦，多采用大量的地形点来表示地形高程。公路有时采用等高线表示，地物情况一般采用标准规定的图例表示。

（4）水准点位置及编号应在图中注明，以便路线控制高程。

2. 路线部分的图示内容

（1）公路规划红线是公路的用地界限，常用双点画线表示。公路规划红线范围内为公路用地，一切不符合设计要求的建筑物、构筑物、各种管线等均需拆除。

（2）公路中心线用细点画线表示。公路中机动车道、非机动车道、人行道、分隔带等均可按比例绘制在图样中。

（3）里程桩号反映了公路各段长度及总长，一般在公路中心线上从起点到终点，沿前进方向注写里程桩号；也可向垂直公路中心线方向引一细直线，再在图样边上注写里程桩号。

（4）路线定位采用坐标网或指北针结合地面固定参照物定位的方法。

（5）公路中曲线的几何要素的表示及控制点位置的图示。

3. 公路平面图的阅读

根据公路平面图的图示内容，可按以下程序阅读：

（1）首先了解地形地物情况：根据平面图图例及地形点高程，了解该图样反映的地形地物状况、地面各控制点高程、构筑物的位置、公路周围建筑的情况及性质、已知水准点的位置及编号、坐标网参数或地形点方位等。

（2）阅读公路设计情况：依次阅读公路中心线、规划红线、机动车道、非机动车道、人行道、分隔带、交叉口及公路中曲线设置情况等。

（3）公路方位及走向，路线控制点坐标、里程桩号等。

（4）根据公路用地范围了解原有建筑物及构筑物的拆除范围以及拟拆除部分的性质、数量，所占农田性质及数量等。

（5）结合路线纵断面图掌握公路的填挖工程量。

（6）查出图中所标注水准点位置及编号，根据其编号到有关部门查出该水准点的绝对高程，以备施工中控制公路高程。

（二）公路纵断面图

通过沿公路中心线用假想的铅垂面进行剖切，展开后进行正投影所得到的图样称为公路纵断面图。由于公路中心线是由直线和曲线组合而成的，因此垂直剖切面也就由平面和曲面组成。

公路路线纵断面图主要反映了公路沿纵向的设计高程变化、地质情况、填挖情况、原地面标高、桩号等多项图示内容及数据。所以公路纵断面图中包括图样和资料表两大部分。

1. 图样部分的图示内容

（1）图样中水平方向表示路线长度，垂直方向表示高程。为了清晰反映垂直方向的高差，规定垂直方向的比例按水平方向比例放大10倍，如水平方向为1∶1000，则垂直方向为1∶100。图上所画出的图线坡度较实际坡度大，看起来明显。

（2）图样中不规则的细折线表示沿公路设计中心线处的原地面线，是根据一系列中心桩的地面高程连接形成的，可与设计高程结合反映公路的填挖状态。

（3）路面设计高程线：图上比较规则的直线与曲线组成的粗实线为路面设计高程线，它反映了公路路面中心的高程。

（4）竖曲线：当设计路面纵向坡度变更处的两相邻坡度之差的绝对值超过一定数值时，为了有利于车辆行驶，应在坡度变更处设置圆形竖曲线。

（5）路线中的构筑物：路线上的桥梁、涵洞、立交桥、通道等构筑物，在路线纵断面图的相应桩号位置以相关图例绘出，注明桩号及构筑物的名称和编号等。

（6）标注出公路交叉口位置及相交公路的名称、桩号。

（7）沿线设置的水准点，按其所在里程注在设计高程线的上方，并注明编号、高程及相对路线的位置。

2.资料部分的图示内容

公路纵断面图的资料表设置在图样下方并与图样对应，格式有多种，有简有繁，视具体公路路线情况而定。

（1）地质情况：公路路段土质变化情况，注明各段土质名称。

（2）坡度与坡长：斜线上方注明坡度，斜线下方注明坡长，使用单位为米。

（3）设计高程：注明各里程桩的路面中心设计高程，单位为米。

（4）原地面标高：根据测量结果填写各里程桩处路面中心的原地面高程，单位为米。

（5）填挖情况：即反映设计标高与原地面标高的高差。

（6）里程桩号：按比例标注里程桩号，一般设公里桩号、百米桩号（或50m桩号）、构筑物位置桩号及路线控制点桩号等。

3.公路纵断面图的阅读

公路路线纵断面图应根据图样部分和资料部分结合阅读，并与公路平面图对照，得出图样所表示的确切内容。

（1）根据图样的横、竖比例读懂公路沿线的高程变化，并对照资料表了解确切高程。

（2）竖曲线的起止点均对应里程桩号，图样中竖曲线的符号长、短与竖曲线的长、短对应，且读懂图样中注明的各项曲线几何要素，如切线长、曲线半径、外矢距、转角等。

（3）公路路线中的构筑物图例、编号、所在位置的桩号是公路纵断面示意构筑物的基本方法，了解这些，可查出相应构筑物的图纸。

(4) 找出沿线设置已知水准点，根据编号、位置查出已知高程，以备施工使用。

(5) 根据里程桩号、路面设计高程和原地面高程，读懂公路路线的填挖情况。

(6) 根据资料表中坡度、坡长、平曲线示意图及相关数据，读懂路线线型的空间变化。

（三）公路横断面图

公路横断面图是沿公路中心线垂直方向的断面图。图样中表示了机动车道、人行道、非机动车道、分隔带等部分的横向构造组成。公路横断面的设计结果用标准横断面设计图表示。

1. 图样中要表示出车行道、人行道及分隔带等各组成部分的构造和相互关系

一般采用1：100或1：200的比例尺，在图上绘出红线宽度、车行道、人行道、绿地、照明、新建或改建的地下管道等各组成位置、宽度、横坡度等。

(1) 用细点划线段表示公路中心线，车行道、人行道用粗实线表示，并注明构造分层情况，标明排水横坡度，图示出红线位置。

(2) 用图例示意绿地、树木、灯杆等。

(3) 用中实线图示出分隔带设置情况。

(4) 注明各部分的尺寸，尺寸单位为厘米。

(5) 与公路相关的地下设施用图例示出，并注以文字及必要的说明。

2. 公路路面结构图及路拱详图

路面结构形式分为两大类：柔性路面和刚性路面。每一大类中又可分为快车公路面结构、慢车公路面结构、人行公路面结构。

(1) 由于沥青类路面是多层结构层组成的，在同车道的结构层沿宽度一般无变化。

因此选择车道边缘处，即侧石位置一定宽度范围作为路面结构图图示的范围，这样既可图示出路面结构情况又可将侧石位置的细部构造及尺寸反映清楚，也可只反映路面结构分层情况。

(2) 路面结构图图样中，每层结构应用图例表示清楚，如灰土、沥青混凝土、侧石等。

(3) 分层注明每层结构的厚度、性质、标准等，并将必要的尺寸注全。

路拱采用什么曲线形式，应在图中予以说明，如抛物线型的路拱，则应以大样的形式标出其纵、横坐标以及每段的横坡度和平均横坡度，以供施工放样使用。

（四）平面交叉口平面图

公路交叉口位置的路面高程设计称为交叉口竖向设计。通过合理地设计交叉口的标高，以有利于行车和排水。一般采用等高线设计方法，通过交叉口平面图表示出来。每根等高线的高差为5cm，公路纵坡由路口中心向东，向西下坡，故交叉口形成向东向西的双面坡。为了便于施工放线，平行公路中心线画方路网，方格尺寸通常为

5m×5m。每个方格的四角按设计等高线用内插法插入高程。

第二节 公路路基路面施工

一、公路路基施工

（一）路基施工概述

1. 公路路基的含义

路基是公路的重要组成部分，是按照路线位置和一定技术要求修筑的带状构造物，承受由路面传来的荷载，应有足够的强度、稳定性和耐久性。它可以将工程设计蓝图与原地质地貌直接结合，它既是路线的主体，又是路面的基础，是公路施工工程建设的重要组成部分。路基质量的好坏，直接关系着整个公路的质量，直接影响日后汽车在公路上的行驶。

2. 路基施工要求

（1）具有合理的断面形式和尺寸。

（2）具有足够的强度。

（3）具有足够的整体稳定性。

（4）具有足够的水温稳定性。

3. 路基施工作用

路基承受着本身的岩土自重和路面重力，以及由路面传递而来的行车荷载，是整个公路构造的重要组成部分，是铁路轨道或公路路面的基础。

为使路线平顺，在自然地面低于路基设计标高处要填筑成路堤，在自然地面高于路基设计标高处要开挖成路堑。路基必须具有足够的强度和稳定性，即在其本身静力作用下地基不应发生过大沉陷；在车辆动力作用下不应发生过大的弹性和塑性变形；路基边坡应能长期稳定而不坍滑。为此，须在必要处修筑一些排水沟、护坡、挡土结构等路基附属构筑物。

路基是一种线形结构物，具有路线长、与大自然接触面广的特点，其稳定性，在很大程度上由当地自然条件所决定。合理选择线位，可以避开地质不良地段和工程艰巨路段，保证路基稳定，减少工程数量，节约工程投资。

路基工程的特点是：工艺较简单，工程数量大，耗费劳力多，涉及面较广，耗资亦较多。路基施工改变了沿线原有自然状态，挖、填、借、弃土石方涉及当地生态平衡、水土保持和农田水利。土石方相对集中或条件比较复杂的路段，路基工程往往是施工期限的关键之一。

4. 影响路基施工质量的因素

公路路基具有路线长、与大自然接触面广等特点，大自然直接影响了其公路路基的稳定性。因此深入调查公路沿线的自然条件，具体的掌握有关自然因素的自然规律及其对路基稳定性的影响，从而因地制宜地采用相应的技术措施，以达到正确进行路基施工和养护的目的。自然因素和人为因素是影响路基施工质量的关键。自然因素主要包括了地形、气候、水文与地质、植物覆盖等。人为因素主要包括了荷载作用、路基结构、施工方法、养护措施等。公路沿线的人为设施如水库、排灌渠道、水田以及人为活动等也对路基是否稳定有着很大的影响。路基在设计施工前，施工人员应掌握公路沿线的湿度及其变化规律，采取相应的调节水温情况的措施，以保证路基具有足够的强度和稳定性。

5.路基施工工艺

路基的总体施工工艺可大致概括为"三个施工阶段""四个作业区段"和"八道工艺流程"。

（1）三个施工阶段是准备阶段、施工阶段、整修验收阶段。

（2）四个作业区段是填筑区段、平整区段、碾压区段、检验区段。施工中需逐层进行流水作业。

（3）八道工艺流程是施工准备、基底处理、分层填筑、摊铺平整、洒水晾晒、碾压夯实、检验签证、路基整修。

路基填筑应严格按照施工工艺进行施工，各区段和流程内只允许进行该段流程的作业，不许几种作业交叉施工。

（二）路基施工技术分析

1.路基施工准备阶段

（1）试验准备

用作路基填方的材料，应按招标文件及监理工程师的要求进行各项试验检测，先测出其填料的最大干容重、最佳含水量、液限、塑限、塑性指数及CBR值等，试验方法按公路土工试验规程进行，并作有机质含量试验及易溶盐含量试验，经监理工程师认可，方可作为路基填筑材料。

（2）测量放样

根据设计院所给定的导线点、水准点，项目经理部应安排测量工程师复测加密，经监理工程师确认无误后，利用其进行路线中桩、边桩的测量放样。路基直线段每20m一点，曲线段每10m一点。路基清表前必须首先检测原地面标高，测绘路基横断面，报送监理工程师审核批复。

2.清理与掘除

（1）场地清理

通过现场测量放线，路基范围以内的有机物残渣及地面表层的草皮、农作物的根系和地表腐殖土采用推土机或装载机等清除，集中堆放在业主指定的区域范围内，待以后业主统一调配使用，清除深度一般为10～30cm。拆迁残留物砖石与其他砌体结构采用推土机配合人工进行拆除，运往指定区域堆放。

(2) 拆除与挖掘

路基工程开工后，路基用地范围以内原有结构物的地下部分、所有的树墩、树根和其他有机物都必须彻底掘除，运至指定地点处理。

(3) 原地面坑（洞）穴处理

若原地面存在坑（洞）穴时，采用监理工程师批准的碎石回填、压实，经监理工程师检测合格后方可进行下道工序。

3. 路基开挖

(1) 挖土方

①施工程序

路基土方开挖前，应按照设计图纸的要求及有关规定进行施工放线、测量放样，准确无误后，报监理工程师审查同意后作为路基施工质量控制的依据。然后进行场地清理和清表工作，开挖深度较浅时可以一次开挖成型，开挖深度较深时应分层开挖并做好边坡的修理和防护。

②主要施工方法

路基土方开挖，须按设计采取自上而下的方法开挖施工。对于高边坡开挖施工，应按图纸设置开挖平台和放坡，每个台阶从上向下同时做好防护工作。

表层腐质土用推土机清除，然后用自卸汽车运到指定地点，以备复耕或绿化使用；深层土用挖掘机配合推土机开挖，用自卸汽车运输，利用土运到指定填土段，弃土运至指定地点，按一定高度、坡度堆放。开挖施工中遇有不同的土层时，按土层分层进行开挖。边沟开挖根据路段具体情况用挖掘机配合人工开挖。

路堑开挖前应先施工截水沟，做好堑顶截排水。路堑的开挖方法根据路堑的深度、纵向长短及现场施工条件，有横向挖掘法、纵向挖掘法和混合式挖掘法等几种基本方法。横向挖掘法适用于挖掘浅且短的路堑的单层横向全宽挖掘法和挖掘深且短的路堑的多层横向全宽挖掘法；纵向挖掘法又可以具体分为分层纵挖法、通道纵挖法和分段纵挖法；混合式挖掘法是多层横向全宽挖掘法和通道纵挖法的综合使用。

(2) 挖石方

①基本要求

石方开挖应根据岩石条件、开挖尺寸、工程量和施工技术要求，通过方案比较拟定合理的开挖方式。其基本要求是：保证开挖质量和施工安全；符合施工工期和开挖强度的要求；有利于岩体完整和边坡稳定；可以充分发挥施工机械的生产能力；辅助工程量少。

②开挖方式

石方开挖根据岩石类别、风化程度和节理发育程度等确定开挖方式。主要开挖方式有：机械开挖、钻爆开挖和静态破碎法开挖等。机械开挖不需要水、电等辅助设施,简化了场地布置,加快了施工进度,但这种方法不适于破碎坚硬的岩石。钻爆开挖是目前应用较为广泛的开挖施工方法,常用的爆破方法有光面爆破、预裂爆破、微差爆破、定向爆破、硐室爆破等。静态破碎法是将膨胀剂放入炮孔内,利用产生的膨胀力,缓慢的作用于孔壁,经过4~24小时后达到300~500MPa的压力,从而将岩石破碎。对于软石和强风化岩石,采用推土机、挖掘机配合人工直接开挖;次坚石等采用小型松动爆破开挖;坚石等则采用光面爆破、预裂爆破开挖;对于附近存在建筑物或结构物的岩石应采用静态破碎法开挖。

(3) 路基填土压实

公路路基的强度和稳定性很大程度取决于路基填料的性质及其压实的程度。从现有条件出发,改进填料和压实条件是保证路基质量最有效和经济的方法。路基填料应有条件的选用,对路基填料的最小强度和最大粒径给了量化的标准。当路基填料达不到规定的最小强度时,应采取掺加粗粒料,或换填或用石灰等稳定材料处理,对其他等级公路铺筑高级路面时,也要采用高速公路和一级公路的规定值。目前路基施工,一般采用的是大吨位的压路机,碾压效果有了明显的改善。对于提高路基土的压实度起到了很好的作用。规范规定高速公路和一级公路路面底面以下80~150cm部分的上路堤其压实度必须≥95%,对其他等级公路当铺筑高级路面时,其压实度亦应按高速公路和一级公路的标准采用。此外,还增加了对路堤基底的压实度不宜小于93%的规定。随着我国高速公路的飞速发展,路基施工技术也取得了相当大的进步,对于特殊路基的处理技术也日渐成熟和完善。

(4) 路基路面排水

水是影响路基强度和稳定性的另一重要因素,许多路基病害是由水的侵蚀造成的。另外,从保护环境、不损害当地农田水利设施考虑,也必须做好路基排水,形成排水系统,并与地区排水规划相协调。在路基施工中,应重视施工排水,防止因各种原因造成的水患,给路基、路面施工造成不必要的损失。地面排水,通常采用的地面排水设施是边沟、截水沟、跌水、急流槽以及地表的排水管。对于高速公路和一级公路上的排水沟渠,一般都要求铺砌防护。普遍采用浆砌片石加固,而水泥混凝土预制板块也开始广泛应用。高速公路和一级公路通过水网地段的路基,过去逢沟设涵的做法在一些地方有了改进,对路线两侧的灌溉沟渠重启系统布置,免去了穿越路线的排灌涵洞,从而提高了路基的工程质量。路面排水的任务是迅速排除路面范围内的降水,减少水从路面渗入,使之不冲刷路基边坡。路拱横坡应≥2%。雨水排出路面有两种方式。第一种是集中排水,在硬路肩外侧设置水泥混凝土预制块或现浇沥青混凝土的拦水带,以其与硬路肩路面构成三角形的集水槽流水,每隔20~50m间距设一泄水口与路堤边坡急流槽衔接将雨水排到坡脚排水沟中。设超高路段的排水通过设在中央带的圆形开口排水沟或雨水井进行排除。第二种是分散排水,多用于地势平坦,路线纵坡小于0.3%的长路段,除了硬化路肩和加固路基边坡外,在经过地下水位较高的绿洲地带，也要防止边坡上部的植草向上生长挡住横向排水出路造成路表积水，改进的方法是硬化路肩，设置路肩排水沟，增大沟坡排水。路基地下排水仍多用暗沟、盲沟、渗沟、渗井等，其特点是以渗透力式排水，当水流量较大，多采用带渗水管的渗沟。

(5) 路基防护

路基的修筑改变了地层的天然平衡状态，以及路基暴露在空间，不断受各种错综复杂的自然因素侵蚀，因此需要进行各种类型的防护。坡面防护，坡面防护的目的是防止地表水流的冲刷、坡面岩土的风化剥落以及与环境的协调。近年来，随着对环境保护的重视，高等级公路的边坡，多采用种草防护，边坡较高时采用砌石框格种草防护。冲刷防护，防护沿河路基边坡免受冲刷仍多采用直接防护。传统的砌石、抛石、铁丝石笼、挡土墙等有所改进，用高强土工格栅代替铁丝做石笼，用聚酯或聚氨酯类土工织物混凝土护坡模袋做成的护面板防护受水冲浪击的边坡，能适应土体的不均匀沉降。支挡防护，挡土墙用于支挡防护目前仍占主要地位。石砌的重力式挡土墙多用于石料丰富、墙高较低、地基较好的场合；钢筋混凝土结构的悬臂式挡土墙、扶壁式挡土墙和板柱挡土墙其受力比较合理，墙身圬工体积小，也已广泛应用于公路路基的防护。垛式挡土墙易于调整墙的高度，并采用预制构件拼装，是一种特殊形式的挡土墙。

(6) 不良地基处理

随着高速公路和一级公路建设的迅速发展，针对不良地基，在防止路堤失稳定、沉降观测控制、不良地基处理技术等方面取得了显著成果。对处理的不良地基用沉降速率作为公路工程施工技术铺筑路面时间的沉降控制方法，使得在不良地基上一次建成高级路面的关键技术问题得到了解决。

(三) 路基冬季施工

1. 冬季可进行和严禁进行的路基施工项目

在进行冬季路基施工组织编制之前，必须得确定路基工程可在冬季进行的施工项目，因为有的项目严禁在低温情况下进行。

(1) 路基工程可冬期进行的项目

①岩石地段的路堑或半挖半填地段的开挖作业。

②含水量高的流动土质、流沙地段的路堑开挖。

③软基地带冻结到一定深度后，可趁冬期挖去原地面的软土、淤泥层换填合格的其他填料。

④沿流水地段利用冬季水位低，开挖基坑修建防护工程，施工前提是加强保温措施，注意养护。

(2) 路基工程不宜冬期进行的项目

①高速公路、一级公路的土路基和地质不良的二级路以下公路路堤。

②路基边坡尤其是土质边坡的修整。
③原始地面的清表工作、填方路段台阶的挖掘。
④地势低洼处在气温回升将被水淹的填土路基。

2.编制冬季路基施工组织

进行冬季施工的工程项目,在入冬前应组织专人编制冬季施工方案。冬季施工方案应包括施工程序,施工方法,现场布置,设备、材料、能源、工具的供应计划,安全防火措施,测温制度和质量检查制度等。

3.冬期路基施工安全管理

施工现场安全最重要,我们应当始终把安全放在第一位。路基冬期施工应遵守安全法规和规程,组建冬季施工安全领导小组,建立安全消防保证体系,并结合如下内容进行安全管理:

(1)冬期施工安全教育

①对全体职工定期进行技术安全教育,结合工程任务在冬期施工前做好安全技术交底,配备好安全防护用品。

②对工人进行安全操作规程的教育,尤其是对没有从事过冬季施工的人员要加大加强安全教育的力度。

③特殊工种(包括:电气、架子、起重、锅炉、机械、车辆等工种)须经有关部门专业培训,考核发证后方可操作。

(2)施工机械设备冬季防寒、防冻措施

①在进入冬季前对所有施工机械设备进行全面的维修和保养,做好油水管理工作,结合机械设备的换季保养,及时更换相应品牌的防冻液,防冻液必须符合当地的防冻要求。

②各种运输车辆使用的燃油要根据环境、气温选择相应的型号,冷车起步时,要先低速运行一段路程后再逐步提高车速。

③冬季运输车辆启动发动机前,严禁用明火对既有燃油系统进行预热,以防止发生火灾。

④冰雪天行车,汽车要设置防滑链,司机在出车前检查确认车辆的制动装置是否达到良好状态,不能满足要求时不得出车,风、大雪、大雾等不良气候时停止运行。

⑤严格执行定机定人制度,施工班组机械保管人员要坚守岗位,看管好设备,并作好相应记录。

4.路基土石方作业技术

(1)路基冬期施工采取以下措施组织施工:

①对路基冬期施工前应进行一些准备工作,对冬期施工项目按次排队,编制实施性的施工组织计划。

②冬期施工项目在冰冻前应进行现场放样,保护好控制桩并树立明显的标志,防

止被冰雪淹埋。

③冰冻前应挖好坡地上填方的台阶，清除石方挖方的表面覆盖层、裸露岩体。

④维修保养冬期施工需用的车辆、机具设备，充分备足冬期施工期间的工程材料。

⑤准备施工队伍的生活设施、取暖照明设备、燃料和其他越冬所需的物质。

⑥冬期施工的路堤填料，应选用未冻结的砂类土，碎、卵石土，开挖石方的石块石渣等良好的土。

(2) 冬期填筑路堤

①冬期填筑路堤，应横断面全宽平填，每层松厚应按正常施工减少20%～25%，且最大松铺厚度不得超过30cm。压实度不得低于正常施工时的要求。

②冬季施工的路基填料，选用未冻结的砂类土，碎、卵石土，开挖石方的石块石渣等透水性良好的土，禁用含水量过大的黏性土。

③应随挖、随运、随填、随压实，不得中断施工，保证开挖、运填周转时间小于土的冻结时间。

④对取土场、路堤的外露土层用松土或草袋覆盖。

⑤挖填方交界处，填土低于1m的路堤不在冬季填筑，涵洞的基坑及洞顶的填土，选用砂、沙砾等透水材料分层压实，填到洞顶1m以上，方可随路堤一齐填筑。桥头路堤、锥坡填心都选用沙砾等透水材料分层夯填密实。

⑥取土坑远离填方坡脚，如条件限制需在路堤附近取土时，取土坑内侧到填方坡脚的距离不得小于正常施工护坡道的1.5倍。

⑦冬季施工填筑的路堤，每层每侧都超填30～50cm的宽度，待正常施工时修整边坡，削去多余部分并拍打密实或加固。

⑧停工后继续施工前，应将表面冰雪及冻结的土层清除。

(3) 冬期路堑开挖

①路堑开挖应连续作业，分层开挖，中间停顿时间较长时，应在表面覆盖保温层，避免重复被冻。

②开挖冻土根据冻土深度、机械设备情况，采用人工破碎或冲击机械、正铲挖掘机等。冻土层较厚时用爆破法破碎。

③挖方边坡不应一次挖到设计线，应预留30cm厚台阶，待到正常施工季节再削去预留台阶，整修到设计边坡。

④路堑挖至路床面以上1m时，挖好临时排水沟后，应停止开挖并在上面覆以松土，待到温度回升正常施工时，再挖去多余部分。

⑤冬期开挖路堑必须从上向下开挖，严禁从下向上掏空挖。

⑥每日开工时选挖向阳处，气温回升后再挖背阴处。如开挖时遇地下水源，应及时挖沟排水。

⑦冬季施工开挖路堑的弃土应远离路堑边坡堆放。弃土堆高度不大于3m,弃土堆坡脚到路堑边坡顶的距离不小于3m,深路堑或松软地带保持5m以上,弃土堆摊开整平,严禁将弃土堆于路堑边坡顶上。

(4)冬季砌体施工

冬季进行砌体施工,由于气温的影响,使得施工方必须在材料和施工工艺上采用与常温施工不一样的技术。

材料要求:

①砌块应干净,无冰霜附着;砂中不得含有冰块或冻结团块。遇水浸泡后受冻的砌块不能使用。

②冬期施工的砌筑砂浆必须保持正温,砂浆与石材表面的温度差不宜超过20℃。石灰膏不宜受冻,如有冻结,应经融化并重新拌和后方可使用,但因受冻而脱水者不得使用。

③冬期砌筑砌体,只准使用砂浆或水泥石灰砂浆,不准使用无水泥配制的砂浆。砂浆宜采用普通硅酸盐水泥拌制,砂浆应随拌随用,搅拌时间应比常温时增加0.5~1倍,砌石砂浆的稠度要求40~60mm。

5.冬季路基施工环保措施

与常温施工一样,冬季施工应当推行规范化、标准化施工,做到环保施工、文明施工,保持优良信誉,树立企业形象。

(1)避免噪声干扰和环境污染,各种材料、机械设备存放整齐,施工现场清洁整齐,井然有序。

(2)冬季施工中产生的废料,要选择合适的地点深埋或采取其他有效的措施进行处理,尽量减少对周围环境的影响和破坏。施工废水、生活污水不得污染水源、耕地、农田、灌溉渠道。清洗集料、机具或含有油污的操作用水,采用过滤的方法或沉淀池处理,使生态环境受损降到最低程度。

(3)对影响群众正常生产生活的地方,修建必要的临时设施。危险地段设置足够的照明、护栏、围栏、警告牌等设施,以确保公众的安全与方便。

综上所述,冬季施工时因地制宜地确定经济合理的施工方案和制定切实可行的技术措施,不仅能保证施工质量,还能充分利用冬期这段时间达到节约工期、扩大经济效益的目的,这是我们施工中值得把握的重要环节。

二、公路路面施工

路面工程包含路面基层(底基层)施工技术,沥青路面施工技术,水泥混凝土路面施工技术,路面防、排水施工技术,特殊沥青混凝土路面施工技术,路面试验检测技术等。

(一)路面基层施工技术

1.粒料基层(底基层)

粒料基层(底基层)包括嵌锁型和级配型两种。嵌锁型包括泥结碎石、泥灰结碎石、填隙碎石等,其中填隙碎石可用于各等级公路的底基层和二级以下公路的路基。级配型包括级配碎石、级配砾石、符合级配的天然沙砾、部分砾石经轧制参配而成的级配砾、碎石等,其中级配碎石可用于各级公路的基层和底基层;级配砾石、级配碎砾石以及符合级配、塑性指数等技术要求的天然沙砾,可适用于轻交通的二级和二级以下公路的基层以及各级公路的底基层。

(1)对原材料的技术要求

①填隙碎石的单层铺筑厚度宜为10~12cm,最大粒径宜为厚度的0.5~0.7倍。用作基层时,最大粒径不应超过53mm;用作底基层时,最大粒径不应超过63mm。填隙料可用石屑或最大粒径小于10mm的沙砾料或粗砂,主骨料和填隙料的颗粒组成可参照有关规范的规定。

②级配碎石宜用几种粒径不同的碎石和石屑掺配拌制而成,其粒料的级配组成应符合相应的试验规程的要求,且级配应接近圆,应符合相滑曲线。用于底基层的为筛粉碎石的级配应满足试验规程的要求。级配碎石用做基层时,其压实度不应小于98%;用做底基层时,其压实度不应小于96%。

③级配砾石或天然沙砾用做基层或底基层,其颗粒组成应符合相应的试验规程的要求,且级配宜接近圆滑曲线。

(2)填隙碎石施工

①备料

根据基层的宽度、厚度及松铺系数,计算粗碎石用量。填隙料用量约为粗碎石用量的30~40%。

②运输粗碎石

由远到近将粗碎石按规范计算的距离卸置于下承层上。卸料距离应严格掌握。

③摊铺

用平地机或其他合适的机具将粗碎石均匀地摊铺在预定的宽度上,表面应力求平整,并有规定的路拱。应同时摊铺路肩用料。

(3)撒铺填隙料和碾压

①干法施工

干法施工的主要内容为初压、撒铺填隙料、碾压、再次撒布填隙料、再次碾压、填隙等,其中碾压为用振动压路机慢速碾压,将全部填隙料振入粗碎石间的孔隙中;再次碾压是用振动压路机按前述进行碾压;再次碾压后,表面必须能看得见粗碎石。如填隙碎石层上为薄沥青面层,应使粗碎石的棱角外露3~5mm;当需分层填筑时,应将已压成的填隙碎石层表面粗碎石外露约5~10mm,然后在上摊铺第二层粗碎石;

填隙碎石表面孔隙全部填满后,用12~15t三轮压路机再碾压1~2遍。在碾压过程中,不应有任何蠕动现象。在碾压之前,宜在表面先洒少量水。

②湿法施工

湿法施工开始工序与干法施工要求相同。粗石层表面孔隙全部填满后,立即用洒水车洒水,直到饱和,但应注意避免多余水浸泡下承层。然后用12~15t三轮压路机跟在洒水车后进行碾压。再之后是干燥,即碾压完成的路段应让水分蒸发一段时间。最后当需分层铺筑时,应待结构层变干后,将已压成的填隙碎石层表面的填隙料扫除一些,使表面粗碎石外露5~10mm,然后在上摊铺第二层粗碎石。

2.无机结合料稳定基层施工

(1) 无机结合料稳定类基层分类及适用范围

①水泥稳定土

适用范围:各级公路的基层和底基层,但水泥稳定细粒土不能用做二级和二级以上公路高级路面的基层。

②石灰稳定土

适用范围:各级公路的底基层,以及二级和二级以下公路的基层,但石灰土不得用做二级公路的基层和二级以下公路高级路面的基层。

③石灰工业废渣稳定土

适用范围:各级公路的基层和底基层,但二灰、二灰土和二灰砂不应做二级和二级以上公路高级路面的基层。

(2) 对原材料的技术要求

①水泥:初凝时间3h以上和终凝时间较长(宜在6h以上)的水泥。

②石灰:应符合Ⅲ级以上消石灰或生石灰的技术指标。应检验石灰的有效钙和氧化镁含量。

③粉煤灰:粉煤灰中SiO_2、Al_2O_3和Fe_2O_3的总含量应大于70%,烧失量不宜大于20%。

④集料:集料应符合压碎值及级配要求。

⑤水泥稳定类材料的压实度(按重型击实标准)及7d(在非冰冻区25℃、冰冻区20℃条件下湿养6d、浸水1d)龄期的无侧限抗压强度应满足1B412013—3的要求。

⑥水泥剂量应通过配合比设计试验确定。当水泥稳定中、粗粒土做基层时,应控制水泥剂量不超过6%。

⑦采用水泥稳定碎石土、砾石土或含泥量大的砂、沙砾时,宜掺入一定剂量石灰进行综合稳定。当水泥用量占结合料总量的30%以上时,应按水泥稳定类进行设计,否则按石灰稳定类设计。

⑧水泥稳定粒径均匀且不含或细料很少的沙砾、碎石以及不含土的砂时,宜在集料中添加20%~40%的粉煤灰或添加剂量为10%~12%的石灰土进行综合稳定。

（二）沥青路面施工技术

1.施工前期准备工作

（1）沥青透层

施工前应对基层再次进行全面检查，严格把关，以防质量隐患。采用沥青洒布车自动洒布，洒布沥青用量0.8~1kg/m，洒布后立即撒布3~8mm集料，其用量为$1m^3$/$1000m^2$，并用6~8吨钢轮压路机碾压1~2遍。具体施工时先做试验路，待施工工艺熟练，沥青用量确定并经监理工程师同意后正式施工。

洒布车的行驶速度及喷嘴的高低、角度均由试验确定，并报监理工程师审批。施工时要防止沥青对构造物的污染，施工时应注意保护侧平石、人行道板以免影响公路的美观，封层施工后尽量减少车辆通行。

（2）试验段

沥青路面正式施工前，选定一段合适的地段做试验路，试验路的施工分试拌和试铺两个阶段，试验的内容主要有以下几个方面：

①根据沥青路面各种施工机械相匹配的原则，确定合理的施工机械、机械数量及组合方式。

②通过试铺确定摊铺机的摊铺温度、摊铺速度、摊铺宽度、自动找平方式等操作工艺；确定压路机的压实顺序、碾压温度、碾压速度及碾压遍数等压实工艺；确定松铺系数、接缝方法等。

③验证沥青混合料配合比设计结果，提出生产用的矿料配合比和沥青用量。

④建立用钻孔法及核子密度仪法测定密实度的对比关系。确定各种内型沥青混凝土压实标准密度。

⑤确定施工产量及作业段的长度，制订施工计划。

⑥全面检查材料及施工质量。

⑦确定施工组织及管理体系、人员、噪声联络及指挥方式。

在试验路段的铺筑过程中，认真做好记录分析，主动接受监理工程师或工程质量监督部门监督、检查试验段的施工质量，确定有关成果。铺筑结束后，及时就各项试验内容提出试验总结报告，报监理工程师审批，作为施工依据。

2.运输与摊铺

（1）运输

运输车辆的安排要保证沥青拌和场一个小时产量的运量，同时要保证摊铺机前始终有车辆在排队等候卸料。

运送沥青混合料车辆的车厢底板面及侧板必须清洁，不得沾有有机物质，为防混合料粘在车厢底板可涂刷一薄层油水（柴油与水为1∶3）混合液。

为了保持沥青混合料的温度，以及防止灰尘污染混合料，运料车上均要覆盖篷布，并采用大型自卸车运输，运送到现场的沥青混合料温度不低于135℃。不符合温度要求或已经结成团块、已遭雨淋湿的混合料应废弃。

（2）摊铺

在进行沥青路面摊铺前有必要对路面基层再次进行检查，把质量隐患消灭在下道工序之前。通常检查的内容有基层表面沥青封层有无损坏、平整度、横坡、宽度、高程等是否符合要求，同时，在沥青混合料接触的构造物表面涂上粘层沥青。摊铺前，工程技术人员首先进行施工放样，设置找平基准线，直线段每10m设一桩，平曲线段每5m设一桩，把挂线专用桩打在两侧路面边缘外0.3~0.5m的地方，挂线的高度即为摊铺松铺高度。分别制作上、下面层的标准垫块（设计厚度+松铺厚度），通过试验段铺筑的成功经验，确定摊铺速度、振动振捣频率、松铺系数、碾压速度、碾压遍数、路面最低碾压温度等数据。

为了提高路面平整度，摊铺速度与材料进场速度要相匹配，保证摊铺机在一个作业段内连续不断地摊铺。在施工过程中要合理地安排沥青混凝土进场计划，以防沥青混合料降温过多，造成损失。下面层摊铺采用拉钢丝走基准线的方法来控制高程、平整度和横坡，上面层采用浮动基准梁进行摊铺，确保摊铺厚度和平整度。

摊铺前，摊铺机要提前30分钟就位，并将熨平板预热到120℃后，再进行摊铺，沥青混合料的摊铺温度不低于130℃，通常采用两台摊铺机组成梯队联合摊铺，两台摊铺机前后的距离一般为10~30m，前后两台摊铺机轨道重叠50~100mm。当采用一台摊铺机全幅摊铺时，需进行试铺，必须确保混合料的离析程度不致影响沥青路面的质量，经监理工程师同意后方可采用。

（3）碾压

碾压作业在混合料处于能获得最大密实度的温度下进行，开始碾压温度一般不低于120℃，碾压终了温度钢轮压路机不低于70℃，轮胎压路机不低于80℃，振动压路机不低于65℃。压实工作按铺筑试验路面确定的压实设备的组合和程序进行。

碾压的一般程序为初压、复压、终压三个阶段。由于该工程使用的摊铺机具有双夯锤振捣装置和机械振动装置，并可根据混合料类型和摊铺厚度调整振动频率，使摊铺后路面的预压实度达到80%以上。为此，我们采取的压实方法是用压路机紧跟着摊铺机静碾1遍、振碾2遍后用重型轮胎压路机碾压4~6遍，然后用振动压路机振碾1遍，静碾1~2遍，并以消除轨迹为度。压实由外侧向路中心进行，相邻碾压带均应重叠一定的轮宽，压路机行走的路线来回都应是直线，每次由两端折回的位置呈梯形随摊铺机向前推进，使折回处不在同一横断面上。轮胎压路机的轮胎气压注意保持一致（不少于0.5MPa），以防止轮胎软硬不一而影响平整度。路面温度降到70℃以下时，不能再碾压。碾压速度保持慢而均匀，一般初压速度为1.5~2km/h，复压速度振动压路机为4~5km/h，轮胎压路机为3.5~4.5km/h，终压速度为2~3km/h，在摊铺机连续摊铺时压路机不得随意停顿。

在沿着路缘石或压路机压不到的其他地方，采用小型压实机把混合料充分压实。

已经完成碾压的路面,不得修补表皮。

(4) 接缝

横向接缝处理的好坏,直接影响到沥青路面平整度和行车舒适性。铺筑时应尽量把横向接缝设在构造物的连接处,如无法避免时,在施工结束时,摊铺机在接近端部前约1米处将熨平板稍稍抬起驶离现场,用人工将端部混合料铲齐后再予碾压,然后用三米直尺检查平整度,趁尚未冷却时垂直切除端部厚层不足的部分,使下次施工时成直角连接。重新摊铺前,应用三米直尺仔细检查端部平整度,当不符合要求时应予清除。符合要求后,在垂直面上涂上粘层沥青,摊铺时调整好预留高度,摊铺后及时进行碾压,碾压先用钢轮压路机进行横向碾压,碾压带的外侧应放置供压路机行驶的垫木,碾压时,压路机位于已压实的混合料层上,碾压新铺层的宽度为15cm。然后每压一遍向新铺混合料移动15~20cm,直至全部压在新铺层上为止,再改为纵向碾压。接缝处施工后,再用三米直尺检查平整度,当有不符合要求之处应趁混合料尚未冷却时立即处理,以保证横向接缝处的路面平整度。另外应注意相邻两幅或上下层的横向接缝均要错位1米以上。

(5) 质量控制

在摊铺过程中,时刻注意外观的检验,发现情况及时处理,确保表面平整密实,边线整齐,无泛油、松散、裂缝、啃边和粗细集料集中等现象,表面无明显轨迹,横缝紧密、平顺,面层与路缘石及其他构筑物衔接平顺,无积水现象。

(三) 水泥混凝土路面施工技术

1. 施工放样

施工前根据设计要求利用水稳层施工时设置的临时桩点进行测量放样,确定板块位置和做好板块划分,并进行定位控制,在车行道各转角点位置设控制桩,以便随时检查复测。

2. 支模

根据混凝土板纵横高程进行支模,模板采用相对应的高钢模板,由于是在水泥稳定碎石层上支模,为便于操作,先用电锤在水泥稳定碎石层上钻孔,孔眼直径与深度略小于支撑钢筋及支撑深度,支模前根据设计纵横缝传力杆拉力杆设置要求对钢模进行钻孔、编号,并严格按编号顺序支模,孔眼位置略大于设计传力杆、拉力杆直径,安装时将钢模垫至设计标高,钢模与水泥稳定砂石层间隙用细石混凝土填灌。以免漏浆,模板支好后进行标高复测,并检查是否牢固,水泥混凝土浇筑前刷脱模剂。

3. 混凝土搅拌、运输

混凝土采用现场集中搅拌混凝土,由公司提前按照设计要求进行试验配合比设计,要求搅拌时严格按试验室提供的配合比准确下料。混凝土采用混凝土运输车运送。

4. 钢筋制作安放

钢筋统一在场外按设计要求加工制作后运至现场,水泥混凝土浇筑前安放。

(1) 自由板边缘钢筋安放。自由板边缘钢筋安放,离板边缘不少于 5cm,用预制混凝土垫块垫托,垫块厚度为 4cm,垫块间距不大于 80cm,两根钢筋安放间距不少于 10cm。在浇筑混凝土过程中,钢筋中间保持平直,不变形挠曲,并防止移位。

(2) 角隅钢筋安放。在混凝土浇筑振实至与设计厚度差 5cm 时安放,距胀缝和板边缘各为 10cm,平铺就位后继续浇筑、振捣上部混凝土。

(3) 检查井、雨水口防裂钢筋安放同自由板边缘钢筋安放方法。

5. 混凝土摊铺、振捣

钢筋安放就位后即进行混凝土摊铺,摊铺前刷脱模剂,摊铺时保护钢筋不产生移动或错位。即混凝土铺筑到厚度一半后,先采用平板式振动器振捣一遍,等初步整平后再用平板式振动器再振捣一遍。振捣时,振捣器沿纵向一行一行地由路边向路中移动,每次移动平板时前后位置的搭头重叠面为 20cm 左右(约为 1/3 平板宽度),不漏振。振动器在每一位置的振动时间一般为 15s～25s,不得过久,以振至混凝土混合料泛浆,不明显下降、不冒气泡、表面均匀为度。凡振不到的地方如模板边缘、进水口附近等,均改用插入式振动器振捣,振动时将振动棒垂直上下缓慢抽动,每次移动间距不大于作用半径的 1.5 倍。插入式振动器与模板的间距一般为 10cm 左右。插入式振动器不在传力杆上振捣,以免损坏邻板边缘混凝土。经平板振动器整平后的混凝土表面,基本平整,无明显的凹凸痕迹。然后用振动夯样板振实整平。振动夯样板在振捣时其两端搁在两侧纵向模板上,或搁在已浇好的两侧水泥板上,作为控制路面标高的依据。自一端向另一端依次振动两遍。

6. 抹面与压纹

混凝土板振捣后用抹光机对混凝土面进行抹光后用人工对混凝土面进行催光,最后一次要求细致,消灭砂眼,使混凝土板面符合平整度要求,催光后用排笔沿横坡方向轻轻拉毛,以扫平痕迹,后用压纹机进行混凝土面压纹,为保证压痕深度均匀,控制好压纹作业时间,压纹时根据压纹机的尺寸,用角铁做靠尺,规格掌握人可以在其上面操作而靠尺不下陷,沾污路面为原则。施工中要经常对靠尺的直顺度进行检查,发现偏差时及时更换。

7. 拆模

拆模时小心谨慎,勿用大锤敲打以免碰伤边角,拆模时间掌握在混凝土终凝后 36～48 小时以内,以避免过早拆模损坏混凝土边角。

8. 胀缝

胀缝板采用 2cm 厚沥青木板,两侧刷沥青各 1～2mm,埋入路面,板高与路面高度一致。在填灌沥青玛碲脂前,将其上部刻除 4～5cm 后再灌沥青马蹄脂。

9. 切缝

缩缝采用混凝土切割机切割,深度为 5cm,割片厚度采用 3mm,切割在拆模后进行,拆模时将已做缩缝位置记号标在水泥混凝土块上,如横向缩缝(不设传力杆)位置正位于检查井及雨水口位置,重新调整缩缝位置,原则上控制在距井位1.2m以上。切割前要求画线,画线时与已切割线对齐,以保证同一桩号位置的横缝直顺美观,切割时均匀用力做到深度一致。

10.灌缝

胀缝、缩缝均灌注沥青胶泥,灌注前将缝内灰尘、杂物等清洗干净,待缝内完全干燥后再灌注。

11.养护

待公路混凝土终凝后进行覆盖草袋、洒水养护,养护期间不堆放重物,行人及车辆不在混凝土路面上通行。

(四)路面防、排水施工技术

1.边沟施工

边沟是最常见的一种排水设施形式之一,其中常见的一种边沟形式为暗埋式边沟。暗埋式边沟的盖板分为两种形式,一种为全部带雨水篦口的明盖板,另一种盖板为部分带雨水篦口的暗盖板。其中对于全部带雨水篦口的明盖板进行施工时要采用码放,不用勾缝,这样做目的在于后期的养护清淤,盖板应根据相应规范配置适量的钢筋,为了后期的整体美观,施工时应注意控制盖板的质量和外观。对于部分带雨水篦口的暗盖板,施工时要求比较严格,如必须将沟底彻底清理干净,为了防止暗埋式边沟的堵塞,在施工时应将盖板包裹反虑土工布。这种边沟形式安装后要进行勾缝处理,最终为全封闭式的盖板,不允许有任何泥沙等杂物进入边沟,在后期是不用进行定期清淤的一种边沟形式。当然对于边沟的美观和质量,施工时应严格控制盖板的质量和美观,同时应避免车辆等载荷的加入不会导致盖板的断裂而提高边沟的使用寿命。总的来说,边沟是一种设置在挖方路基的路肩外侧或低路堤路基的坡脚外侧,用以汇集和排除路基范围内和流向路基的小量地面水的沟槽,是一种常见的路基表面排水设施之一。

2.排水沟施工

排水沟也是较为常见和必要地排水设施之一,主要作用为将汇集与边沟中的水流从路基排至路基范围以外的低洼地带,以免水对路基造成损害。排水沟的线型要平顺,多采用直线型,便于排水,不能避免进行转弯时可设置半径不小于十米的圆弧形,对排水沟的长度有一定的要求,一般应不超过500m,太长不便于将水及时迅速地排出,根据实际情况选择适宜的长度。排水沟的另一功能可减少涵洞的数量,如可以用排水沟合并沟渠。为了顺利地将排水沟中的水排入沟渠并不影响原水道的工作,如使原水道产生冲刷或淤积等,常将排水沟与沟渠的交角设置为不大于45°的锐角。

3.截水沟施工

截水沟是路堑边坡地段常见的一种路面排水设施,其主要作用是拦截来自山体的雨水等地面水,减少流入路基的流水,以免对路基造成损害。截水沟的断面形状多为梯形状,根据当地实际的水流量来确定截水沟的深度,一般为0.5m左右,截水沟底宽也不应小于0.5m。排水沟的坡度根据具体的土体性质进行确定,一般为1∶1~1∶1.5。截水沟的位置常设置在边坡坡顶以上,与水流方向垂直,目的在于截断上方流向路基的水流,防止水流过大,导致侵蚀挖方边坡和路堤坡脚,同时减缓边沟和排水沟的泄水负担。截水沟距离路堑边坡坡顶的距离因具体土体性质不同而不同,以不影响路堑边坡稳定为原则,一般取5m左右。

4.跌水与急流槽施工

在很多地形地质比较陡峭的地方常常设置跌水与急流槽,其主要目的是减缓水流的速度和削减水的能量。急流槽设置在比较陡峭的坡度上,由于落差较大,短时间内能够迅速降低水的流速和能量。常见的跌水和急流槽均是采用浆砌圬工砌筑的,其坡度一般与地面的坡度相协调。跌水和急流槽的台阶是比较重要的结构,水的流速和能量主要通过对台阶的冲击,致使能量转换从而达到减缓的目的,而台阶的阶数因坡度而定,每阶的高度也应根据具体地形地质而定。因此,在通常情况下,地形险峻的山岭地区和重丘地,排水沟渠的纵坡就会相对较陡,水流湍急,因而冲刷力大,为了减小流速,在施工中一般采用跌水或急流槽。

在路域绿化的生态工程实施方面,依靠高新技术,形成了路域环境综合治理、有限的水土资源合理利用、配套完善的持续整治及集约化发展经营的技术和管理体制。表现在设计、施工中,将对自然的扰动、破坏努力控制在最小的限度内,如在施工前先将树木或树桩移走,建成后搬回原地栽植;在动物出没的地段建设动物通道,避免对动物栖息地的分割;尽量避绕森林、湿地、草原等重要生态区域等均已成为公路从业人员的自觉行为。

在公路生态环境保护方面,为保证公路建设与环境保护持续健康发展,如加拿大在环境战略计划中,将最大限度地减少公路对自然和人文环境的负面影响作为公路建设的重点目标。加拿大是森林、植被覆盖率相当高的国家,公路线形设计基本按照原地形、地貌走向设计,尽量避免高填、深挖,因而很少发生水土流失现象。对边坡、急流槽、挡墙的处理均采取以石块或箱石处理方式,因此,看不到国内最常见的浆砌片石结构。

为避免生态环境在公路建设和维护中遭破坏,加拿大交通部门在承包合同中明确规定承包商必须承担的环保义务。对施工中受影响的地区,事后要通过选种适宜的花草树木等措施使其恢复生态平衡。针对野生动物经常出没的路段,有针对性地设置了环保标志。采取一切措施,尽快地恢复原来的自然群落。尽量避免人工痕迹,使路域植被与周围环境融为一体。公路绿化以保护沿线生活环境和自然环境,提高行车安全性和舒适性,提供和谐的公路景观为根本目的,不"哗众取宠"。因此,在其公路上见不到"行道树"等明显的人工绿化痕迹,一般的立交也没有树木,一切回归自然。

第三节 高速公路绿化景观施工

一、高速公路绿化工程作用

高速公路绿化工程作为公路建设的一个重要组成部分对于提高交通安全性和舒适性，缓解公路施工给沿线地区带来的不良影响，保护自然环境和改善生态环境等都具有极其重要的意义。

高速公路绿化工程对公路起到保护作用，树木或草坪通过树冠、根系、植被覆盖等可以固着土壤、涵养水源、阻止或减少地表径流、降低雨水冲刷路基的危害，在高填方路段，这种作用更加明显。绿化后的环境将比露天地区气温低 $5℃\sim6℃$，而且湿度较大，且变化缓慢，可以造成特殊的"小气候"，这样可以调节路面温度与湿度，对防止路面老化起到一定的作用。

高速公路绿化工程改善交通条件，为高速行车提供保障。通过视线诱导来指示驾驶员道路前进的方向。尤其是在竖曲线顶部和弯道等路线走向不明了地段，可以使路线走向变得十分明显，有利于驾驶员的安全行车。在车辆驶入光线很差的隧道中时，由于人的眼睛不能立即适应明暗的变化，往往会产生短暂的视觉障碍，因此，在隧道两侧种植一些树木，利用树荫来调节隧道内外的明暗强度，对行车安全十分有利。

高速公路绿化工程美化路容、改善环境，使旅途变得更加舒适。当公路沿线有四季常青的树木以及点缀其间的各种花草人工造景时，可以产生与自然交融、气势壮观的感觉，给人们以优美、舒适的享受，有益于人们的身心健康。

二、铺设表土

(一) 一般规定

表土应为符合要求的种植土；铺设表土平整，厚度、排水应符合设计要求

(二) 施工准备

1.施工前应调查土源和土质，土质应为符合要求的种植土；土质条件差可采取相应的消毒、施肥和客土等措施改良土质，以满足种植要求；铺设表土平整，厚度、排水应符合设计要求。

2.施工前应调查边坡坡度和铺筑厚度，了解设计种植物种。

(三) 施工要点

1.施工单位应确定挖取的表土以及恢复该地区的安排，采集地在用地界外应经有关机构批准。

2.地表面的准备

（1）覆盖表土范围的地表面，应进行深翻，将土块打碎使成为均匀的种植土，不能打碎的土块，大于25mm的砾石、树根、树桩和其他垃圾应清除并运到监理工程师同意的地点废弃。

（2）通过翻松、加填或挖除以保持地表面的平整。

3.铺设

（1）准备工作完成后，应即铺设表土，当表土过分潮湿或不利于铺设时，不应进行铺设，除非另有规定。表土铺设完成后，其表面标高应比路缘石、集水井、人行道、车行道或其他类似结构低25mm。

（2）表土铺设达到要求厚度后，其完成的工程应符合图纸所要求的线形、坡度、边坡。

（3）铺设后，施工单位应用机具将表土滚压，并形成至少深50mm的纵向沟槽，全部铺设面积应具有均匀间隔的沟槽，其方向宜垂直于天然水流，以利于排水，但图纸另有要求者除外。

（四）质量要求

表土质量应为松散的、具有透水作用并含有有机物质的土壤，能助长植物生长，不应含有盐、碱土，且无有害物质以及大于25mm的石块、棍棒、垃圾等。

三、铺植草皮

（一）一般规定

1.草皮应为符合设计要求的品种，整体图案美观。
2.草皮应无枯黄、无明显病虫害、无连续空白。

（二）施工准备

1.施工前应全面了解铺植草皮品种。
2.施工前做好机铺植草皮机具和材料的准备工作。
3.施工前应做好液压喷草的技术交底工作。

（三）施工要点

1.选择草皮

应选择适合于当地气候条件、易于生长，同时具有耐旱、耐涝、容易生长、蔓面大、根部发达、茎低矮强壮和多年生长的特性的草种。

2.场地准备

（1）施工单位应按绿化工程布置的图纸标出种植地段、种植位置及品种的轮廓，并进行放样。

（2）种植场地应修整到设计的线形和坡度，并具有舒顺的外形，清除场地中所有大土块、石块、硬土及其他杂物和不适于种植的材料，并处理好的表土和底土应

（3）在铺植时，先在场地内铺设30mm厚的符合要求的表土。

3.草皮验收

（1）施工单位应在铺植工作前提供有关草皮供应来源的全部资料。

（2）草皮应符合设计要求，并符合现行关于植物病害及虫传染检疫的法规的要求，需提供必要的全部检疫证明。

4.草皮铺植

在铺植地表的准备工作完成以后，即可铺植草皮，铺草皮时，除平铺外，在边坡较高较陡之处也可铺植，即自坡脚处向上钉铺，用小尖木桩或竹签将草皮钉固于边坡上，铺植的形式，按图纸要求。

5.草皮养护

铺植后应进行喷灌浇水养护，并对草皮进行拍打，养护初期应让草皮保持湿润状态，根据天气情况控制浇水量，结合浇水进行病虫害的防治和生长期追肥，使其顺利进入生长旺盛期。在草皮成坪、苗木生长正常后（大约三个月后）逐渐减少浇水次数，锻炼植物的适应能力，但在一年内尤其在旱季要视天气情况对其进行定期护理，逐步进入自然生长状态。

（四）质量要求

1.绿地草坪应符合设计要求，整体图案美观。

2.草坪应无杂草、无枯黄、无明显病虫害，无连续0.5m²以上空白面积。

3.草坪应整洁，表面应平整，微地形整理应符合设计要求，不应有明显集水区。

4.草坪成活率应≥95%。

5.如果有绿化喷灌设施应能正常运转。

四、液压喷草

（一）一般规定

坡面绿化符合设计要求，草灌成活，分布均匀，整体效果美观。

（二）施工准备

1.施工前应全面了解铺植草皮品种。

2.施工前应做好液压喷草机具和材料的准备。

3.施工前应做好液压喷草的技术交底工作。

（三）施工要点

1.坡面检验及修整

对于一般坡面应进行常规处理刷除多余土方、平整竖向冲沟、耙松光滑坡面表土，对于坡率大于1∶1的陡坡应对坡面进行特殊处理——沿等高线开挖凹槽、植沟或蜂窝状浅坑。

2.搅拌混合

采用设计要求的混生互补的草（灌）种与肥料、黏合剂、保水剂、内覆纤维材料、色素及水等按规定比例放入混料罐内，通过搅拌器将混合液搅拌至全悬浮状。

3.机械喷播

采用的机具进行喷播植生，在喷播施工过程中，喷枪应左右各偏45°～60°范围以全扇面或半扇面沿喷播路线依次按最佳着地点（在射液抛物线最高点后1～3m范围内）要求实施喷播，并注意左右扇面搭接，喷播施工时应注意风向，应避免逆风喷播，大风、大雨应停止喷播施工。

4.铺设无纺布

完成喷播植生施工后，应及时铺设外层覆盖材料—无纺布，采用单层14g/m²规格或双层10g/m²规格的无纺布，无纺布铺设后，应采用U型钉或竹签及时固定，在风口处还应在其上下压土（石）、中部拉绳加固。无纺布的覆盖待苗出齐后（幼苗植株长到5～6cm或2～3片叶时）揭除。

5.养护管理

植物喷播完毕后，应在草种发芽、成坪期和苗木恢复生根期进行养护工作，在这个时期每天保持基质层湿润，根据天气情况控制浇水量，结合浇水进行病虫害的防治和生长期追肥，使其顺利进入生长旺盛期，在草苗成坪、苗木生长正常后（大约三个月后）逐渐减少浇水次数，锻炼植物的适应能力。但在一年内尤其在旱季要视天气情况对其进行定期护理，逐步进入自然生长状态。

6.补充栽种乔、灌木

为达到高速公路上边坡草、灌相结合，恢复边坡生态，若确有客观原因喷播后草、灌木成活率及生长情况不符合设计要求时，应在适当的季节，根据附近自然植被生长情况和播种草、灌木生长情况，按设计要求在施工坡面补喷草种或挖坑栽种灌木并进行养护，确保边坡植被恢复的长期景观效果。

（四）质量要求

1.选择适合当地气候条件、易于生长的草（灌）种，混合草（灌）种应试验其萌芽情况，其纯度和萌发率均应达到90%以上。

2.各种草（灌）种、肥料、黏合剂、保水剂要严格按设计要求参配。

3.坡面应无杂草、无枯黄、无明显病虫害，草灌成活率应≥95%。

五、客土喷草

（一）一般规定

坡面绿化符合设计要求，草灌成活，分布均匀，整体效果美观。

(二) 施工准备

1. 施工前应全面了解客土喷草品种。
2. 施工前应做好客土喷草机具和材料的准备。
3. 施工前应做好客土喷草的技术交底工作。

(三) 施工要点

1. 坡面检验及修整

在岩质(硬土)坡面基材客土植生,应清理边坡上的杂物,并对坡面作简易休整,边坡特别凸起的地方应削掉,如果是稳定的有景观效果的孤石,可以保留,特别凹陷的地方应用石块填补,使坡面大致平顺,另外坡顶和可视断面也应一并修整,以保持整个边坡线条明畅。

2. 打设锚杆

采用设计规定的锚杆用风钻打孔,孔偏差不大于5cm,锚杆采用m30水泥砂浆固定。

3. 铺设镀锌铁丝网

铺设镀锌铁丝网由上而下进行,铁丝网采用设计规定的镀锌铁丝网,网与网之间采用平行对接方法,不重复搭接,坡顶延伸至与原生态植被相接,开沟并用锚钉固定后回填土,搭接处按设计规定用铁丝绑扎固定。

4. 粉碎种植土

符合要求的种植土干燥后运至加工处理场内,采用粉碎机粉碎至粉细土状,并进行筛分以保证最大粒径小于10mm。

5. 搅拌混合

种植基材加工时应严格执行设计文件提供的基材配方,将粉碎好的种植土、泥炭土、纤维、复合肥、土壤保水剂、固土剂、腐殖酸、硅酸盐类强力接合剂等原料,用搅拌机搅拌均匀备用,加工处理好的基材,应在使用过程中加强保管、避免雨淋,防止受潮。

6. 机械喷播客土

完成边坡挂铁丝网施工并经质量检测合格后,严格按设计要求,采用专用机械喷射种植基材,可依据不同坡面采用干喷技术或湿喷技术,基材喷射施工可分块实施,在喷射施工时,在坡面上每100m²用钢筋头设置指示桩标示喷射厚度,确保种植基材的厚度和均匀性。

7. 液压喷播植草(灌)

采用的机具进行喷播植生,在喷播施工过程中,喷枪应左右各偏45°~60°范围以全扇面或半扇面沿喷播路线依次按最佳着地点(在射液抛物线最高点后1~3m范围内)要求实施喷播,并注意左右扇面搭接,喷播施工时应注意风向,应避免逆风喷播,大风、大雨应停止喷播施工。

8.铺设无纺布

完成喷播植生施工后,应及时铺设外层覆盖材料——无纺布,采用单层14g/m²规格或双层10g/m²规格的无纺布,无纺布铺设后,应采用U型钉或竹签及时固定,在风口处还应在其上下压土(石)、中部拉绳加固,无纺布的覆盖待苗出齐后(幼苗植株长到5~6cm或2~3片叶时)揭除。

9.养护管理

植物喷播完毕后,应在草种发芽、成坪期和苗木恢复生根期进行养护工作,在这个时期每天保持基质层湿润,根据天气情况控制浇水量,结合浇水进行病虫害的防治和生长期追肥,使其顺利进入生长旺盛期。在草苗成坪、苗木生长正常后(大约三个月后)逐渐减少浇水次数,锻炼植物的适应能力,但在一年内尤其在旱季要视天气情况对其进行定期护理,逐步进入自然生长状态。

10.补充栽种乔、灌木

为达到高速公路上边坡草、灌相结合,恢复边坡生态,若确有客观原因喷播后草、灌木成活率及生长情况不符合设计要求时,应在适当的季节,根据附近自然植被生长情况和播种草、灌木生长情况,按设计要求在施工坡面补喷草种或挖坑栽种灌木并进行养护,确保边坡植被恢复的长期景观效果。

(四)质量要求

1.选择适合当地气候条件、易于生长的草(灌)种,混合草(灌)种应试验其萌芽情况,其纯度和萌发率均应达到90%以上。

2.对草种、肥料、锚杆、铁丝网等原材料应加强质量控制,经常进行日常检验。

3.各种草(灌)种、肥料、黏合剂、保水剂要严格按设计要求参配。

4.严格按施工工艺要求进行施工,保证锚杆数量、铁丝网的规格、基材的厚度、后期的养护管理。

5.完成的坡面应无杂草、无枯黄、无明显病虫害。

六、乔木、灌木和攀缘植物

(一)一般规定

1.种植植物品种宜选用适宜当地气候和地质条件的本土植物为主。

2.所有植物应考虑公路沿线地区特点,选择适合于当地气候易于生长的、并有丰满干枝体系和苗壮的根系。植物应无缺损树节、擦破树皮、受风冻伤害或其他损伤,植物外观应显示出正常健康状态,能承受上部及根部适当的修剪,所有植物应在苗圃采集。

3.乔木应具有挺直的树干,良好发育的枝杈,根据其自然习性对称生长。

4.运到现场的乔木高度应符合图纸要求,其胸径(树高出地面1.3m处)应不小于30mm。

5.不允许采用代替品种,除非证实在承包期内的正常种植季节采集不到规定的植物。只有经监理工程师同意后,才允许种植代替品种。

6.各类植物应在公路所经当地的最适宜的季节进行种植,除非图纸上另有标明或监理工程师指示,土壤条件不适合种植时不应种植。

(二)施工准备

1.施工前应全面了解乔木、灌木和攀缘植物品种。
2.施工前应做好乔木、灌木和攀缘植物的机具和材料的准备。
3.施工前应做好乔木、灌木和攀缘植物的技术交底工作。

(三)施工要点

1.植物运送

(1)在运出植物前,应由园艺人员按起苗、调运等技术要求负责将植物挖出、包扎、打捆,以备运输;任何时候,植物根系应保持潮湿、防冻、防止过热。落叶树在裸根情况下运输时,应将根部包涂黏土浆,使根的全部带有泥土,然后包装在稻草袋内。所有常青树及灌木的根部,均应连同掘出的土球用草袋包装。运到工地及种植前,这些土球应结实,草包应完好,树冠应仔细捆扎以防止枝杈折断。

(2)植物以单株、成捆、大包或容器内装有一株或多株植物运到工地时,均应分别系有清楚的标签,标明植物名称、尺寸、树龄或其他详细资料,这对鉴别植物是否符合规定是必要的。当不能对各单株植物分别标明时,标签内应说明成捆、成包以及容器内的各种规格植物的数量。

2.储存和保护

(1)运到工地后一天内种不完的植物,应存放在阴凉潮湿处,以防日晒风吹,或暂进行假植。

(2)裸根树种应将包打开,放在沟内,根部暂盖壅土,并保持湿润。

(3)带有土球及草袋包装的植物,应用土、稻草或其他适当材料加以保护,并保持土、稻草等潮湿,以防根系干燥。

3.种植准备

(1)施工单位应按绿化工程布置的图纸标出种植地段、种植位置及苗木品种和规格,并进行放样,在种植之前这些布置应得到监理单位的检查认可。尚应做到:种植穴、槽定点放线应符合设计图纸要求,位置应准确,标记明显;种植穴定点时应标明中心点位置。种植槽应标明边线;定点标志应标明树种名称(或代号)、规格;行道树定点遇有障碍物影响株距时,应与设计单位取得联系,进行适当调整。

(2)种植地段应修整到符合监理单位指示的线形和坡度,并具有舒顺的外形。在种植中所有大土块、石块、硬土及其他杂物和不适于种植的材料,均应由施工单位自工地移走。处理好的表土和底土应分开,并得到监理单位认可。

(3)在种植时,先在坑底松填约150mm厚的表土。

4. 刨坑

(1) 刨坑刨槽的规格要求：刨坑刨槽位置要准确，坑径应根据根系、土球大小及土质情况而定，刨坑刨槽要直上直下成桶形，不得上大下小或上小下大，以免造成窝根或填土不实；坑径一般可比植物的根系或土球直径大 0.2~0.3m，具体应符合规范和设计要求；如遇土质过黏、过硬或含有有害物质如石灰、沥青等，则应适当加大坑径。

(2) 刨坑的操作

刨坑时应以所定位置为中心，按规定坑径划一圆圈作为刨坑的范围。

挖坑时应把表土与底土分别置放，不同的土质亦应分开堆放。堆放位置以不影响栽植为宜。刨坑到规定深度后在坑底垫底土。

挖坑的坑壁要随挖随修使其成直上直下形状，不要成锅底形。

刨坑时如发现地下管道、电缆等地下设施应停止操作，并及时向监理单位报告，请示处理办法。

在斜坡处挖坑应先做成一平台，平台大小应以坑径最低规格为依据，做成后在平台上再挖坑。

在土层干燥地区应于种植前浸穴。

挖穴、槽后，应施入腐熟的有机肥作为基肥。

5. 栽植

(1) 修剪工作对高大乔木应在散苗前后进行，即在栽植前进行，高度 3m 以下无明显主尖的乔木和灌木为了保证栽后高矮一致、整齐美观，可在栽植后修剪，疏剪的剪口应与树干平齐不留枯橛以免影响愈合；短截时注意留外芽，剪口距芽位置要合适，一般离芽 10mm 左右，剪口应稍斜成马蹄形；修剪 20mm 以上的大枝剪口应涂防腐剂，可促进愈合和防止病虫雨水侵害。

(2) 散苗、散露根苗应掌握随掘随运随散苗、随栽植，尽量缩短根部暴露时间以利成活。散苗时要轻拿轻放，行道树散苗要顺路的方向放树苗，不得横放路上影响交通；散带土球树木，要注意保护土球完整，搬运土球时不得只搬树干，尽量少滚动土球。

(3) 栽植前对露根苗的根系要进行修剪，将断根、劈裂根、感染病虫害根、过长的根剪去，剪口要平滑，带土球苗和灌木应将围拢树冠的草绳剪断。

(4) 栽植前应检查坑的大小，深度是否与根系、土球规格标准要求的坑径一致，不符时应修整。

(5) 栽树时不得歪斜，要保持树木上下垂直，有树弯时应掌握树尖与根部在一垂直线上，行道树的树弯应在顺路的方向，与路平行。

(6) 应由有经验工人，按照正常做法，进行种植和回填土，植物应垂直地栽好，比在苗圃的种植深度加深 20~30mm。种植前的乔木和灌木应经监理单位检查认可。

（7）对裸根植物，先将表土放在坑底，其松散厚度约150mm，随即撒布适量（视表土性质而定）有机肥，在肥料上覆盖50～100mm回填土层，使根系不接触肥料。随后将裸根植物放在树坑中央，以自然形态散开根系，所有折断或损坏的根系，应予截去，促使根部生长良好。

在树坑四周及其上回填土后捣固并适当压紧，当回填到根系一半深度时，将植物稍提起，随即再按每层厚150mm回填土并压实。植物四周应由土围成与树坑大小相同的浅盆形凹穴（浅土盆）的蓄水池，深约150mm。

（8）栽行道、行列树应横平竖直，栽植时可每隔10或20株按规定位置准确的栽上一株作为前后植树对齐的依据，然后再分别栽植。

（9）根部带有土球的植物，应和上述（7）一样进行处理，并将表土及肥料放在穴内。随即将乔木或灌木垂直栽在坑底放稳，栽种深度应比苗圃时深25mm。回填土随即填在植物土球周围并捣实。土球上部的麻（草）袋应割开并移去，将土球上部的土松开并摊平，然后将其余回填土填下，还应做好浅土盆的蓄水池。

（10）栽植较大规格的常绿树和高大乔木时应在栽植同时埋上支柱，支柱应埋深在0.3m以下，支柱要捆牢，并注意不要使支柱与树干直接接触以免磨伤树皮。立支柱方向应在下风口。

（11）在种植后应按图纸要求，对乔木或灌木浇水，并要浇透，半月之内，再浇透水2～3次。其后每周一般浇水一次，视气候情况而定，直到植物成活为止。

（12）对于在中央分隔带栽植起防眩作用的树木，其高度和株距应符合图纸要求，图纸无规定，则树高宜1.6m，株距宜2.0m。

（四）质量要求

1. 新种植的乔木、灌木、攀缘植物，应在一个年生长周期满后方可验收。
2. 地被植物应在当年成活。
3. 花坛种植的一、二年生花卉及观叶植物，应在种植15d后进行验收；春季种植的宿根花卉、球根花卉，应在当年发芽出土后进行验收。秋季种植的应在第二年春季发芽出土后验收。
4. 种植应按设计图纸要求核对苗木品种、规格及种植位置。
5. 规则式种植应保持对称平衡，行道树或行列种植树木应在一条线上，相邻植株规格应合理搭配，高度、干径、树形近似，种植的树木应保持直立，不得倾斜，应注意观赏面的合理朝向。
6. 种植绿篱的株行距应均匀。树形丰满的一面应向外，按苗木高度、树干大小搭配均匀。在苗圃修剪成型的绿篱，种植时应按造型拼栽，深浅一致。
7. 种植材料的覆盖物、包装物等应及时进行清理，不得随意乱弃，避免造成环境污染。种植带土球树木时，不易腐烂的包装物应拆除。
8. 珍贵树种应采取树冠喷雾、树干保湿和树根喷布生根激素等措施。

9.种植时,根系应舒展,填土应分层踏实,种植深度应与原种植线一致。

10.种植胸径50mm以上的乔木,应设支柱固定。支柱应牢固,绑扎树木处应夹垫物,绑扎后的树干应保持直立。

11.攀缘植物种植后,应根据植物生长需要,进行绑扎或牵引。

12.绿化工程质量验收应符合下列规定:花卉种植地应无杂草、无枯黄,各种花卉生长茂盛;草坪无杂草、无枯黄;绿地整洁,表面平整;种植的植物材料的整形修剪应符合设计要求。

13.不同部位绿化工程质量验收标准应按相关规范执行。

第四节 立交桥施工技术

一、立交桥概述

(一) 桥梁特征

1.狭义立交

狭义立交桥是指多条道路在交汇口处以高架桥形式实现平面分离和立体交叉且能实现半全互通的桥梁工程,对象仅限于汽车和公路,不包括单纯的公路铁路跨线桥或支路天桥(常见于高快速路的收费站出入口附近)等。

2.广义立交

广义立交桥是指为了解决多条陆地运输线路(包括水上水下的桥隧路面)上多方向车辆,在交汇处的冲突问题而建设的呈多层结构和立体交叉的桥隧工程,对象可泛指所有陆地车辆运输工具及其所在的线路主体结构设施。

(二) 功能作用

1.减少或消除原平面上不同方向或类型的车辆冲突,可缓解拥堵、节约行车时间,以及增强行车安全等。

2.有些结构类型的立交桥能在一定限度上分流主路方向甚至支路方向上的交通量。

3.有些结构的立交桥可以增设掉头匝道,给车辆提供较安全的掉头环境且不影响主线车辆快速行驶。

4.可以减少或消除机动车与非机动车、行人等的混行几率,提高道路整体安全系数。

5.结合美学设计可作为当地的城镇名片,提升城市高大上形象,还有在桥墩等地方设广告摊位等潜在价值。

（三）缺点危害

占用土地破坏环境，减少绿化种植空间，增加当地建筑安全维护成本，影响城市景观，遮挡低层住宅居民的阳光和视野，干扰车主针对两旁街道情况的视线，增加废气和噪声污染，增大交通事故的救援难度等。

二、施工测量

（一）测量依据

1. 根据业主提供的平面控制点与水准点为基准进行复测和引测。根据业主提供的有关测量资料、设计图纸、复测资料进行计算和测量放样。

2. 以该工程执行的施工规范中的有关规定作为精度标准。

（二）平面控制测量

1. 对施工现场及控制点进行实地踏勘，结合该工程平面布置图，建立施工测量平面控制网。在考虑通视条件、稳固状态、放样方便等各种因素，要求达到每200m设一个控制点。控制点在高架桥中心线两侧间隔分布，以建立通视情况良好的导线控制网。放样时每点至少有两个控制点做后视，以便校核。

2. 定期对导线控制网进行闭合校验，保证各点位于同一系统。随着施工的进展，每个月至少复测一次，以求控制网达到精度要求。

（三）平面轴线测量

1. 按图纸中结构不同的施工部位，分别制订不同的测量方法，以满足精度要求和施工进度要求。

2. 桩基础施工时所需要的轴线，采用极坐标法进行放样，用全站仪直接放出桥墩中心点。然后将仪器架至桥墩中心点，后视控制点，定出切线，再转90度定出法线桩。如果一次无法投测到位，可以在附近适当位置临时转点，但转点次数尽量控制一次。

3. 桩施工结束，采取同样方法确定承台位置。

4. 承台浇注完毕后，所需要的轴线采取后方交会，定出偏移轴线，测站为承台上的任意点，根据该点坐标值计算出到中心点角度和距离，以极坐标法定出其他轴线。

5. 箱梁施工阶段轴线放样

（1）箱梁底腹板轴线控制

在墩身施工完，而支架尚未搭设之时，对墩身顶进行中心点投测，并做好标志，为下道工序做好准备。

在底模铺设和支架预压完毕，而墩顶尚未掩盖之时，以上述放样好的中心点为测站，以另一桥墩中心点后视，后视尽可能远，定出箱梁底模上的侧模边线。

侧模的投测方法可采用支距法或坐标法。

投测完毕之后，用钢卷尺校验底模两侧相对应的点之间的距离。该距离为理论的计算长度。

（2）箱梁翼缘轴线的控制

此部分要控制的是桥面结构最外端的侧模轴线。由于箱梁翼缘与水平面存在一个角度，且全部朝向中心线倾斜。所以仍然采用桥墩中心点对其进行控制。

（3）箱梁桥面轴线控制

桥面轴线的放样主要包括桥梁纵向轴线及部分横桥向轴线，尽量利用周围建筑物顶向桥面进行放样。若无法从周围建筑物顶向桥面放样，则采用自地面基准点，使用全站仪向桥面引入转站。

以桥面上的转站为测站，后视地面控制点，进行桥面轴线的放样，定护栏的线形。

（四）高程控制测量

1. 施工高程控制网的建立

（1）根据业主提供的等级水准点，用精密水准仪进行引测，布置在施工区域附近。为保证施工期间高程点的稳定性，点位设置在受施工环境影响小，且不易遭破坏的地方。

（2）考虑季节的变化和环境的影响，定期对水准点进行复测。

2. 箱梁以下部分的测量

（1）箱梁以下部分主要包括承台高程控制、墩身高程控制等。

（2）各部分的标高均直接采用高程控制网中的点位引测到施工部位，并按规定误差范围进行精度控制。

3. 箱梁以上部位的高程测量

（1）箱梁以上部分主要包括箱梁底板高程控制、翼缘高程控制、桥面高程控制等。

（2）箱梁底板部分的高程放样直接使用控制网中的点位，引测至梁两端的墩身上。使用模线连接两端标高，从而为底模的高程建立控制线。

（3）翼缘部分存在一个倾斜的底面，该部分采用控制网中的点，引测至桥跨两上端面翼缘的下方。由于翼缘底是倾斜的，所以建立高低两个控制标高。将两端标高点联系起来，便形成了翼缘底模的高程控制线。

（4）桥面系施工阶段，箱梁混凝土面已经达到设计强度。所以只要将高程从地面高程控制点引至桥面进行施工控制。

（五）测量技术保证措施

1. 经纬仪工作状态应满足竖盘垂直、水平度盘水平；目镜上下转动时，视准轴形成的视准面必须是一个竖直平面。

2. 水准仪工作状态应满足水准管轴平行于视准轴。

3.用钢尺工作应进行钢尺鉴定误差、温度测定误差的修正，并消除定线误差、钢尺倾斜误差、拉力不均匀误差、钢尺对准误差、读数误差等，采取多次往返测量。

4.所有测量计算值均应立表，并应有计算人、复核人签字。

5.使用全站仪应进行加常数、乘常数、温差修改值的修正。

6.在仪器操作上，测站与后视方向应用控制网点，避免转站而造成积累误差。所有仪器操作均要进行换手复测。

7.在定点测量时应避免垂直角大于45°。

8.对易产生位移的控制点，使用前应进行校核。

9.每个月必须对控制点进行校核一次，避免因季节变化而引起的误差。雨后，也要及时对地面的控制点进行校核。

10.严格控制操作规程进行现场的测量定位和放样。

三、立交桥施工技术

（一）钻孔打桩施工

1.施工准备

施工前期应先平整好施工场地，做好准备工作，以便让钻机安装和就位更加方便；施工技术人员在泥浆池及沉淀池布设时需要根据设计图纸进行，并综合考虑各种因素的影响，为工程最终顺利进行提供必要条件。

2.护筒制作及埋设

在进行护筒制作时，要合理确定护筒的制作材料厚度等，焊接应达到牢固且不漏水，并在护筒顶留出浆口的位置。进行护筒挖孔埋设时，要保证开挖的直径大于护筒直径，坑底分平后，再进行护筒埋设，四周的回填土要分层对称夯实。

3.泥浆循环

根据工程的实际情况选择合适的钻进方式，采用反循环钻进成孔，在钻机附近设置泥浆池，泥浆经过滤、沉淀后用泥浆泵将泥浆抽回桩孔内，保证泥浆循环。

4.钻孔

钻孔前需控制好设计泥浆指标，钻孔的泥浆必须由良好的黏土和水拌合而成。泥浆比重应达到1.02~1.06，黏度为16~20Pa.s，新制泥浆含砂率不得超过4%，泥浆pH酸碱度控制在8~10。当发现坍孔现象时，应加大泥浆比重。

5.清孔

钻孔达到设计要求后需对终孔进行检查，即完成清孔作业，清孔使沉淀层减薄，提高了孔底的承载力，保证了灌注混凝土的质量，成孔后按每钻进4~6m进行检孔作业，通过易缩孔土层要及时更换钻头。

6.钢筋笼制作及吊装

钢筋笼制作时，根据设计图纸采用卡板成型或箍筋成型。钢筋笼加工好后，使用吊车进行吊装入孔,当钢筋笼分为二节加工,需要两次进行吊装安设作业。钢筋接头焊接时为了使上下钢筋笼轴线在同一垂线上可采用搭接双面焊,达到钢筋笼下端整齐,然后用加强箍筋全部封住,使混凝土导管或吸泥管能顺利升降,防止与钢筋笼卡挂。

7.搭设灌筑支架

灌筑支架为移动支架时,首先把灌筑架拼装好,作业时需移至孔位,以悬挂串筒、漏斗及导管。导管内壁平顺光滑,试用前进行水密承压试验,不得漏水。然后把导管分成若干段起吊入孔,用卡盘固定于护筒筒口,防止接头漏水,导管入孔对准钢筋笼中心,以防卡在钢筋笼上。

(二) 系梁施工

在进行系梁基坑开挖时,主要以挖掘机开挖为主、人工进行配合,在开挖至基坑地面30cm时,可全部采用人工进行修整,以防超挖;对于开挖较深的基坑时,要编写专项基坑开挖方案,保证基坑开挖顺利进行,机械作业人员要注意对桩头及预留钢筋的保护。桩头清除时一般要保留5cm的深入系梁或承台,桩身伸入系梁的钢筋按设计规范要求应达到18cm,在进行钢筋笼制作时要充分预留。

钢筋制作应严格按图纸及技术规范进行;每块模板应不小于2m²,模板接缝可用海绵条进行填塞,卡扣连接、钢管支撑,要保证模板的整体性和密封性,确保混凝土的外观质量符合设计规范要求。系梁拆除侧模后,不但要进行养护,而且还要对混凝土外观质量进行认真检查,自检合格并征得监理工程师同意后,可进行两侧对称回填,并进行夯实作业,以利墩台身施工。

(三) 墩台身施工

为了减少接缝,保证墩台的外观质量,柱式墩身模板采用两半圆组合模板;制作柱模时,为了减少两节之间的错台,可采取在上下两节模板接头处加设法兰的方法,使外加型钢具有足够的强度和刚度;安装模板时应保证竖缝在一条直线上,以增加美观。

混凝土桥台台身可采用肋板式台身,肋板式台身采用组合钢板,严格按规范施工,混凝土由可采用拌和站集中拌和,输送车运送至工地,泵送(或吊车)入模的方法进行作业。混凝土灌筑时采用自制多节串筒,以防止混凝土发生离析。

(四) 盖梁施工

为确保混凝土外观质量和盖梁线型尺寸,根据设计标准,可自行进行模板设计,制作过程应充分考虑与实际工程的相应配套模板;为避免发生接缝处漏浆,模板接缝可采用错台搭接的方法。在墩身预留孔洞采用托架法施工,有效避免了支架下沉引起盖梁变形的问题。钢筋骨架是盖梁的主要承重部分,为保证工程质量,确保各部分尺寸无误,钢筋骨架可现场绑扎、焊接成型、整体吊装,各类钢筋的焊接采用符合规范要求的焊接设备和焊条，以保证强度。

四、解决措施

（一）根据工程实情，实施"分步落实原则"

立交桥工程项目中的财务管理包括立交桥项目的筹资管理、投资管理等。这些专题管理并不完全停留在项目范畴内，它们的实施要依赖立交桥公司、政府部门等诸多相关部门的配合，如果一开始就准备在项目实施中进行全面的项目管理（包括诸多专题管理），会存在相当大的难度，因为就立交桥公司本身的内部运作还不足以支撑这样的全面项目管理，而且大部分人员也不可能在一开始就能全部领会这么多的内容。要让项目管理真正进入实际业务运作中，应该结合实情逐步落实项目管理理论中的各项内容。比较合适的步骤是：第一阶段，先进行一般意义上的项目管理，对立交桥项目进行技术上的和经济上的分析，评价其可行性问题。并对合同进行深入的研究，做到可以清楚地定义项目管理的目标、范围及工作成果等；第二阶段，全面实施质量管理，对工程施工进行监督，重点把握工程质量关，同时对工程项目进行成本控制、进度控制、健康安全与环境管理；第三阶段全面实施变化管理，完善信息资料的整理，做好项目的竣工与评价工作。

（二）施工安全管理的措施

1.在实际工作中，必须建立健全安全管理机构，建立安全管理制度，完善安全岗位职责，设立安全奖惩制度，将有关的安全措施落到实处，决不可以人浮于事。对安全管理扎实的工区进行一定的奖励，对安全工作不扎实的工区给予处罚，形成一种人人讲安全的良好氛围。

2.加强安全监督检查。对施工现场的安全管理除了靠制度约束以外，安全监督检查也是重要的防范手段。除了旬检、月检、季检及年度大检查外，还应经常进行专业检查，如防火、防爆、防盗、用电安全、高空作业、交通安全、机械设备的检查等，同时不定期地进行安全隐患排查，也是对安全进行监督的重要手段。

3.积极与当地交警部门协调，配合交警部门进行车辆人员的疏通管理。

（三）改进资料管理的措施

1.建立完善的档案管理制度

设立专门的档案室和资料管理员，同时确保资料室的清洁卫生及防火、防潮、防盗等安全防护措施，没有相应的手续和凭证，不可以随意借走、复印或传阅，严格按要求进行资料的归档，根据档案管理制度确保对文件资料的有效管理。

2.注意资料的收集和整理

施工中发生的各类材料，如水泥、钢筋、外加剂、防水材料等的合格证、质保书、检验报告，施工过程中的各种设计变更、测量记录、试验报告、隐蔽工程验收单、有关技术参数测定验收单、工作联系函、工程签证,工程完工后的竣工图、验收报告等等,均要求在整个项目施工过程中逐一收集归类存档。

第五节 公路施工生态保障技术

一、生态公路概述

(一) 生态公路概念辨析

"生态公路"这一概念虽出现不久,但已受到多方关注。许多以生态公路为名的公路建设项目也已陆续上马。然而关于"生态公路"的概念,目前并没有一个比较公认的确切定义,围绕着这一概念存在很多争论。对这个概念的不同理解直接影响到公路建设的思想、理念和实践。因此,首先明确这一概念正确的、合理的、全面的内涵,是非常必要的。

"生态"一词源于希腊文"Oikos",原意为"家"和"住所"。德国学者赫克尔(Haeckel)首次提出生态学是一门研究生物之间、生物与环境之间相互关系的科学。人类生态学把生态学的研究领域从传统的动植物领域扩展为人与环境之间相互关系的研究。生态城市、生态建筑理论的发展即是生态学原理在规划建筑领域的应用。之后,"生态"这一概念不断地被丰富拓展,现已更多被用来描述一种和谐、健康、可持续发展的状态。"生态系统"既包括有机复合体,同时也包括形成环境的整个物理因素的复合体,它的组成结构主要有生物群落和自然环境,生态系统的这种结构决定它的基本功能,即物质生产、物质循环、能量流动和信息传递。在生态平衡受到破坏后,由自然环境的生态调整系统开始一种信息的传递,并通过相应的能量变化得到生态平衡的目的,然而当今社会由于自然被破坏的原因众多、程度之重,破坏的自然生态系统短时间内很难进行恢复,于是生态修复作为一种理念被很好的应用开来,生态修复的提出就是调整生态重建的思路,摆正人与自然的关系,以自然演化为主,进行人为引导,加速自然的演替过程,遏制生态系统的进一步退化,加速恢复地表植被的覆盖,防治水土流失,从而保护自然使其得到一种自我的平衡,这也是生态学的基本思想。

"生态公路"中的"生态"二字,实际上就是"生态"概念的发展与深化。"生态"二字首先唤起一种新的生态意识,是人类向自然生态系统学习的过程,是把生态学思想注入公路体系。从生态学的角度来看,生态公路系统作为按人类的需要建立起来的人工生态系统,是对原有自然生态系统的入侵,形成了以交通运输为主体的新的生态系统,它是一个开放的不完整的生态系统,生物因子主要由消费者构成,非生物环境也主要是由人类为了满是自身需要而建造的人工构造物所组成,这样的系统是不能自身维持的,它只有从其他系统输入能量,才能维持其自身的运行。经过长期的生态演替处于顶级群落的自然生态系统中，其系统内的生物与生物、生物与环境之间处于相对平衡状态，整个生态系统中没有废物和污染产生。公路生态系统作为一个以消费为主的人工生态系统，如果按传统的发展模式，单纯考虑公路对人类运输需求的满足，则它的发展方向是反自然、高投入与开放性，并且以现在的科技能力和人类的意识观念，人工生态系统所产生的环境问题如对非生物资源的消耗，物质循环的不完全性、系统的开放性与不稳定性是不可避免的。生态公路的提出是强调公路的生态性，并不是要求也不可能要求生态公路向健康的自然生态系统那样能够自维持稳定性，而是以生态学的理论指导生态公路的发展，注重其在现有条件下最大生态化的实现。

事实上，把握生态公路并不应在表面上死抠字眼儿，而主要应深刻理解它的思想精髓，要把握住它的神而不是形。生态公路主要是为我们指明了未来公路发展的方向，从这一点来看其基本思想和总体思路是相当明确的，具体的细节问题要由我们在实践中不断探索和充实。因此，称谓和说法倒是次要的，关键在于在公路建设中要充分体现生态的发展标准，坚持人与自然相和谐的思想，树立可持续发展的战略意识，使公路既能高效、快捷、安全、舒适地提供良好的行车环境又能与自然生态系统和谐相容。因此，与其说"生态公路"是一个类型概念，不如说他是一个评价性的概念，即它主要不是指某一种、某一类公路，而是指一种公路营建的思想和理念，是公路建设的方向和目标。

生态公路是指建设者在公路规划设计和建设过程中，将自然、人和公路进行有机的结合，融入了生态设计方法，不会以牺牲生态资源为代价进行开发和建设，不仅考虑到人的活动和公路之间的相互影响，而且也特别注重维护人们与生存的自然条件相互融洽和遵循其自然发展规律，形成行车安全舒适，运输高效便利，景观完整和谐，保护自然的可持续的公路发展模式。

生态公路的内涵是非常丰富的。由于认识的原因，理解会有一定的区别，但生态公路要达到公路与自然环境相互协调发展从而实现人类的可持续发展的基本思路却是人所共识的。有了这样一个共同的基点，就不难完成探索生态公路真谛，指导生态公路实践的理想和目标。

（二）生态公路的特征

事物的内涵是其特征的最本质、最集中、最突出的表现。要界定生态公路的概念，不能忽视对生态公路特征的明晰。生态公路与传统公路相比，从思想理念到实践行动都存在着较大差别。从侧重公路的功能因素（安全、迅速），强调经济效益传统的狭隘的建设思想转变为整体考虑区域经济、环境、社会综合系统的可持续发展思想；由传统的以填方为主节约工程造价的建设模式转变为利用各种高新技术、生物工艺、材料以减小对生态系统影响的建设模式。从单纯注重公路经济合理性、技术可行性的陈旧的评价方法转变为综合经济、线形、环境、景观、可持续发展的多目标评价体系。因此，生态公路的出现标志着人类公路建设的生态意识从觉醒走向自觉的里程碑。然而由于它的宏观性和抽象性往往使人不易去理解和把握，因此需要分析生态公路的具体特征。

生态公路从字名来看，其本身就有生态二字，这说明公路的生态属性不是自然产生的，它是随着公路建设过程中人的努力和对自然环境的考虑，需要从生态技术方面和人为方面对公路建设过程中给自然的破坏进行一种恢复和保护的所采取的相应措施。因此说，这种公路与普通的公路是有一定的区别，主要表现在生态公路的生态性，可见生态公路具有生态性和人工性的双重属性。

良好的生态环境：生态公路就是要在现有条件下，综合运用各种工程措施、生物措施、农艺措施、管理措施将公路建设的破坏限制在最小范围内，降低到最小程度。对于已经造成的破坏，采取最大可能的恢复措施，重建新的生态系统，使其与原群落相容，并对占用土地进行补偿。

整体协调性：生态公路最终要实现经济效益、社会效益和环境效益的统一和综合最大化。在公路规划、设计、施工、营运、管理各个阶段统一思想，把研究对象放在地球环境、生物、资源、污染等诸要素构成的"公路一自然一经济一社会"复合系统中进行全面考虑，把性质不同的生态环境系统与公路经济系统研究有机结合起来，把对技术、经济、环境分析放在同等重要的地位，协调公路项目实施过程中遇到的各种关系和问题。

良好的景观效应：生态公路在景观层面上的特征是最直观、最易被人感知的特征。生态公路给行者的印象不应只是钢筋网、混凝土墙和沥青路面，生态公路要营造的是"脚下是路、周围是景"的行车环境。因此，生态公路必须通过合理选线和利用路线特点，使公路路线最佳地适应于景观，通过公路的布局和设计来展示和加强公路景观，通过科学的绿化美化来改善公路景观。一方面给行者带来美的感受，另一方面维护自然生态系统的平衡。

安全性与高效性：生态公路要求行车安全舒适、运输高效便利。因此，生态公路基础设施应该为货流、客流、能源流、信息流、价值流的运动创造必要的条件，并且在加速各种流的有序运动过程中，减少经济损耗及对公路沿线生态环境的污染。"生态"一词本身就代表着和谐与健康，生态公路自然也应是和谐健康之路。因为公路的基本职能就是为运输服务，所以这种"和谐健康"首先就应是公路系统的运输环境的和谐健康。

（三）生态公路建设的模型

理解了生态公路的基本概念和特征后，如何通过对生态公路知识的领会和理解，在实际公路建设领域中，把对公路沿线的生态保护和生态恢复作为一项重要工作来对待，并结合工作实际提出一整套符合公路建设程序的生态恢复研究模型或者说是生态公路建设概念模型，对于公路生态技术研究和发展会起到积极的推动作用，公路生态技术就是要最大可能和最大限度的保护和恢复原有的生态环境，最小限度地减少因为公路施工所带来的环境破坏,一条路从设计到施工到建成,如何将路与自然有机的结合,使之成为自然的一部分,并充分融入自然非常重要。一条路从可行性研究到设计到施工到运营,有着非常紧密的运作体系,那么作为公路生态建设的范畴,我们也可以尝试运用一种体系来把公路生态建设固定下来,并在此基础上去升华它、运用它。

因此结合公路建设的模式,考虑到公路施工的实际情况,我们可以建立一种生态公路建设的模型,就是在公路建设中同步考虑公路生态工程研究和实施方案,通过这种模型的建立,来进一步明确在公路建设中如何把公路生态建设也一并纳入到公路建设中去,从而有效地对公路生态建设提供最佳实施方法,考虑到公路建设中也要进行相应的综合体系,来完善公路建设的各种程序,做到有章可循,有法可依。同样对于生态公路的建设也要考虑一定的程序和办法,并努力形成生态公路建设的综合体系,为以后类似情况积累宝贵经验,形成中国公路建设中生态保护和恢复的一门重要学科,研究和分析并解决公路建设过程中所带来的环境破坏引发的一系列问题,从而更好地更加节约地在公路建设中少走弯路,以减少浪费和减少对自然的破坏,合理地有效地保护我们生活的环境。

这种模型的主要思想就是体现生态公路建设的模式,在公路的建设中一开始就要有准备地将公路生态融入进来同步考虑,就是在项目之初要将生态公路作为一种建议来考虑并提出来,否则生态公路将无从谈起,提出了生态公路的建议后,就是要做一些相关的基础性工作对生态公路的可行性进行研究,分析其投资、生态保护和恢复等一系列的社会经济效益,通过了项目的可行性研究后,接下来就是要对公路工程的生态项目进行初步设计,按照相关的要求和结合当地的自然环境,对生态公路的项目进行符合自然思想的设计,同时组织有关专家技术人员对设计方案进行审查,并提出建议和修改措施后,根据公路施工的情况对生态公路项目也进行同步施工,这样便于公路工程的节约和环保效益,有利于公路工程的建设和生态建设,整个公路工程建设完成后,相应的其生态公路建设也会随之完成。从而一条完整的体现生态特色的生态公路项目就会一同呈现在人们面前,接下来就是公路建设项目运营后,会附带着对公路生态项目管理运营维护同时进行,经过一段时间的管理和运营后,会发现生态公路项目中还存在哪些问题,取得的社会经济效益有哪些,在经过相应的分析比较后,进一步修正和完善生态技术,再提出生态公路的综合评价,并为以后的生态公路建设项目提供有益的经验积累。

(四) 公路交通对生态环境的影响

我们常说的公路施工对环境的影响主要是指对生态环境和水文环境的影响、对社会环境的影响、对大气环境的影响、对景观环境的影响等,在这里我们主要探讨的是前者。一条公路施工期和营运期对生态环境的影响主要表现为土石方挖填、占用沿线大量土地、施工中临时用地等工程行为对沿线地形地貌的改变用原有植物的破坏,施工期间的爆破作业及工程机械产生的声音使动物远离原来的公路沿线栖息地,此外由于有的工程量很大，甚至很多高填方路段，会因工程施工破坏沿线森林、土壤、植被自然状态，使得原有地表产生变化，容易产生边坡不稳定和坍塌，这种现象在公路施工中非常普遍，同时大量的弃方堆积在山沟和山坡等处，一方面会造成新的植被破坏，另一方面如果处理不及时，也会引起水土流失，存在滑坡等安全隐患，还有的路线会经过湖泊和河流区域，很容易造成对水生植物的环境破坏。还有就是在公路施工、运营与养护过程中，路基施工造成的排水、桥梁施工的排水、清洗车辆的排水、施工期的石料及混凝土搅拌产生的生产污水等有害物质进入土中，污染地下水，导致饮用水和农业用水质量下降；由于地下水位变化和土壤遭到污染，可能使农作物减产，使用消冰雪的盐对水、土壤和农作物都有不良影响；汽车尾气和盐类有害物质影响公路沿线树木花草等植物生长，公路附近的动物容易被汽车撞伤、压死；公路选线不当，会破坏地貌、休息场所、风景名胜、文化古迹和自然保护区等。

公路建设与营运过程中，对沿线一定范围内的生态环境因所处的地域不同会产生不同程度的影响。通常，山区公路建设难度大，对自然环境的影响远比平原地区大。而平原地区公路建设对人工生态系统影响明显，选线不当及施工中引起局部自然生态失调，会对沿线生态环境产生不良影响。公路建成营运后，沿线经济带开发引起人类活动的增加，也将成为局部地区生态环境失调的新的诱发因素，正因为如此，我们在公路施工中要高度重视原生态的保护。

（五）我国公路交通环境保护的基本目标

1.公路交通环境保护内涵的扩展

人民群众对公路交通环境保护的理解过于狭窄，仅将公路交通环境保护主要局限于行驶车辆废气排放和噪声控制方面，加之汽车数量少，行驶车辆废气排放对环境的影响较小，导致对公路交通环境保护重视不够。随着社会、经济的发展及汽车的普及和公路交通环境保护问题的日益突出，保护和改善环境、促进公路交通运输与环境协调发展已成为公路交通运输行业共识的条件下，公路交通环境保护问题受到了越来越广泛的关注，从而使得公路交通环境保护的内涵得到广泛扩展和延伸。首先，公路交通环境保护既是可持续发展的基础产业，也是公路交通行业不可分割的一部分；第二，公路环境保护兼有多种功能，多种效益和多种价值，既是环境资源，又是基础资源，对促进国民经济发展，保障国家安全，防灾减灾，消除贫困，对外开放等方面都具有不可替代的作用；第三，公路作为一种文化、旅游、景观资源，在满足人民精神需求，增进人类身体健康，促进人类和自然和谐相处等方面具有重要作用和价值，是精神文明建设的重要组成部分。

2.我国公路交通环境保护的基本目标

当前我国公路交通环境保护不尽如人意，没有上升到一定的理论高度来考虑研究公路交通环境关系。欣慰的是已经有人提出"公路交通资源、环境、产出"的三位一体，它是以公路交通资源为核心以公路路域环境为主体，以公路交通环境保护产业为龙头的相互关系。鉴于目前我国公路交通环境保护的现状，要使公路交通环境保护行业有一个根本性改变和跨越式发展。必须以科技进步为先导，通过实施三位一体综合发展效应，形成公路资源、公路交通环境、公路交通环保产业和科技相互促进、相辅相成的持续发展格局。为此，我国公路交通环境保护的基本目标为：以现代科学技术为基础，以加速公路路域环境的整治和绿化为手段，建立起较完备的公路生态保障体系，以推动公路交通环境保护行业进步为出发点，通过实施"公路交通资源、环境、产业"的三位一体可持续发展战略，建立起与社会主义市场经济要求相适应的较发达的公路环保产业体系，实现公路资源、公路交通环境、公路交通环保产业与科技的可持续发展和技术目标与国家的经济、社会、生态目标的有机统一。

二、公路建设对生态环境的影响

20世纪50年代以来，日趋严重的生态环境问题引起了国内外工程界的广泛关注，各国都采用不同手段和措施进行环境保护与环境污染治理工作。与此同时，各国开展了对环境保护与污染防治的理论、技术、政策、法规等的研究，逐步形成了环境科学及各门类学科，以寻求人类社会与环境协同演化，持续发展。

（一）公路对路域环境的综合影响

高速公路是社会文明和经济发展的产物，公路建设和营运在不同程度上对沿线的生态环境产生直接或间接影响。如何减少和消除这种影响所带来的负面作用，实现发展与保护的可持续，必须充分认识公路对路域综合环境的影响，并提出相应的措施和对策。

1. 噪声污染

噪音是指对人的生活、工作、心理和生理产生不利影响的声音，噪音污染具有分散性、地域性、时间性和无残留性等特点，是一种感觉性公害。公路建设过程中噪音来源主要是各种施工机械产生，对施工人员与附近居民的正常工作和生活造成影响。经济学家分析，高速公路噪音直接影响路域沿线的经济，特别是土地价格，交通噪音每增加1dB，土地价格就会下降0.08%～1.26%。在公路环境影响评价中对高速公路路域环境内噪音有强制性规定，噪音污染超标情况下必须制定防护措施。

尽管目前公路施工的机械化水平已经相当高，但是，各种施工机械施工时仍难免产生噪声，对施工人员与附近居民的正常工作和生活造成影响。

（1）施工现场的运输机械、筑路机械和其他施工机械以及进行爆破等作业时产生的噪声。

（2）稳定土拌和站、水泥混凝土拌和站和沥青混凝土拌和站工作时产生的噪声。

2. 水污染

建设过程中水污染主要有：

（1）道路施工中的弃土弃渣等固体废物直接排放水体，造成水污染；

（2）桥梁施工对河流的污染；

（3）施工时产生的施工、生活污水所造水污染。

3.水土流失

高速公路每km建设占地约5.3hm²，在平原地区会占用大量的农田。建设初期由于公路线形需要根据设计要求在施工过程中需要进行大量路基挖填和土方异地运输，对原地面植被和地貌破坏较大，导致地表裸露，而在短时间内无法用植被方式进行有效覆盖，在重力、水力和风力作用下极易造成水土流失。

公路建设离不开土方石方作业。在施工过程中造成的水土流失有以下几点：

（1）破坏地面植被和原有地貌，导致地表裸露，造成新的水土流失。

（2）弃土、弃渣不采取适当措施妥善处理，而随意倾倒，加剧了水土流失。

（3）施工中使用的临时便道以及建筑材料，若不采取响应的水土保持措施，遇到暴雨或大风都会造成一定的水土流失。

4.对土壤环境的影响

高速公路建设对土壤最重要的影响源于公路建设引起的水土流失，水土流失将导致土壤中有机质含量减少，大量无机元素流失，土层厚度变薄，土壤粒度变大，土壤结构和质地变差，最终导致土壤朝沙土和大团粒结构转化，对动植物和微生物产生直接或间接影响。另外，通过大气的迁移和扩散，水迁移和机械迁移等途径形成商高速公路对路域范围内土壤环境的污染，土壤环境污染的结果主要表现在：土壤理化性质和结构的改变，土壤微生物数量减少，土壤重金属、有毒有害元素含量增加和土壤肥力和保水力降低等。在高速公路施工期间，由于土方的频繁挖填和运输，严重破坏原肥沃表土层。裸露面土壤以生土为主，有机质含量低，土壤费力差，土壤不疏松，不利于植被的生长。

5.对动植物的影响

由于赤通鲁高速公路选线需要，道路通过草原、沙地、河流和湖泊等，引起路域范围内的生态环境发生很大的变化，从而导致当地部分生物种群由于生态环境变化而发生迁移和死亡等现象，种群数量、种类和种间交流也会发生相应的变化。

公路建设中的土方挖填和结构物施工及人的因素都会对路域环境内的植物种类、种群密度，植被覆盖等造成破坏，公路施工期产生的空气、水源、噪声和重金属污染给路域环境内的植物生长和繁殖产生很大的影响，严重时将导致部分物种消失，影响生态系统的稳定性。对公路建设破坏的生境进行植被恢复的过程中，还可能由于外来植物种类引进不当造成新的物种入侵现象。

（二）各类具体施工项目对路域环境的影响

在公路建设过程中，必然会对沿线一定范围内生态环境产生不同程度的影响。赤通鲁高速公路穿越生态环境脆弱的科尔沁草原。草原地区公路建设对自然生态系统影响明显，施工不当会引起局部自然生态失调，会对沿线生态环境产生不良影响。公路施工过程中因施工人员活动增多也将成为局部地区生态环境失调的新的诱发因素。

1. 路堤、路堑施工对自然环境的影响

公路施工有时需取土填筑路堤,开挖山丘形成路堑,必将破坏原有植被,干扰动物栖息环境,破坏土体的自然平衡,引起边坡失稳、水土流失。在施工期取土、弃土场及暴露的工作面成为水土流失的主要发生源,丘陵坡面弃土可带来长时间的水土流失,给自然生态环境造成一定的影响。

在施工期将进行土石方的挖掘和填筑,裸露的地面在旱季引起大量扬尘,覆盖于附近的农作物和树木枝叶上,将影响其光合作用,导致农作物减产。在花期,还影响植物坐果,减少产量。另外,施工便道两侧的农作物和树木也容易受到运输车辆引起扬尘的影响,覆盖其枝叶花果,影响其生长。雨季施工雨水冲刷松散土层流入施工场区周围的农田,造成淤积、淹埋农作物和植被,对农作物的生长和周围植被会产生不良影响。

2. 桥梁施工对自然环境的影响

桥梁施工时,使河床过水断面受到压缩形成桥前局部雍水,水流速度减缓,泥沙下沉。桥下水流速度加快,造成局部冲刷。此外,施工期间基坑开挖、筑捣钻孔、打桩,使河床受到扰动,泥沙上浮以及泥浆废渣排放,致使下游局部河段水质变差。

第七章 交通基础工程检测技术

第一节 地基检测

一、地基状态检测

地基状态检测即采用原位测试方法测定土的工程性质,可以直接反映原位土层的物理状态,是一种比较有效的勘察手段,在工程勘察中得到广泛应用。工程勘察报告不仅给出取土试验结果,还能够提供各种原位测试结果,据此可以比较室内试验与原位测试的数据,校核钻孔取土试验的结果,并通过综合分析以确定土的工程性质指标。

原位测试与钻探取样土工分析可以相互补充,并克服室内土工分析的缺点,如钻探取样及室内制备试样所发生的土的扰动;在有些土层中难以采取原状土,例如饱和的疏松砂、流塑软塑的软黏土以及含砾石土等;土样尺寸小,在测定层状或裂隙性黏土时,有明显的尺寸效应;土样数量有限,无论在平面上还是深度都如此。

原位测试可在原位的应力条件、土的天然含水率下进行土的试验。有些原位测试还能够在深度上连续记录,提供土层在深度上变化的完整信息,研究并利用这些信息,可以大大减少钻探取样的数量,并把数量有限的钻探工作布置在有代表性或待重点研究的地段。

原位测试分为在小应变条件下测试与在大应变条件下测试两大类。后者除了测定土的强度外,还提供应力应变信息。

(一) 十字板剪切试验

十字板剪切试验又称现场十字板剪切试验(Vane Shear Test,VST)。十字板剪切试验是一种剪切速率比较快的试验,适用于原位测定饱和软黏土不排水抗剪强度的测定,测得的强度相当于不排水剪的黏聚力值。由于它避免了钻探时取土扰动的影响,而直接在原位天然状态的应力条件下测量软黏土抗剪强度,所以它是一种有效的原位测试方法。

1. 试验原理

十字板剪切试验是在预钻的钻孔孔底,把有4个叶片的十字板头插至规定深度,施加扭转力矩,直至土体破坏;或不用钻探,直接将十字板压入土中不同深度,测土体破坏抗扭力矩。

2. 试验操作步骤

(1) 在试验地点下套管至预测深度以上3～5倍套管直径处（电测式十字板剪切仪可以不下套管）,清除孔内残土。

(2) 将十字板头、轴杆（电测十字板的扭力传感器）,钻杆逐节接好并拧紧,然后将十字板头压入土内欲测试的深度处。当试验深度处为较硬夹层,应穿过该夹层再进行试验。

(3) 对于开口钢环式十字板剪切仪,先提升导杆2～3cm,使离合器脱离,用旋转手柄快速旋转导杆十余圈,使轴杆摩擦减至最低值,然后再合上离合器。

(4) 安装扭力量测设备（电测式十字板剪切仪接好应变仪）,将量测仪表调零或读取初读数。

(5) 施加扭力,以1°/10s的转速旋转,每一度读数据一次。当出现峰值或稳定值后,再继续测读1min。其峰值或稳定值读数即为原状土剪切破坏时的读数。

(6) 松开导杆夹具,用扳手或管钳快速将钻杆顺时针方向转动3～6圈。对电测式十字板剪切仪,为防止因十字板头转圈数太多而扭断电缆,应事先反向旋转板头数圈,使十字板头周围土充分扰动,再进行重塑土的试验,测得最大读数。

(7) 依次进行下一个测试深度处的剪切试验。待全孔试验完毕后,逐节提取钻杆和十字板头,清洗干净,检查各部件的完好程度,拆除压入主机。

3. 十字板抗剪强度的几个应用

(1) 确定饱和黏土的灵敏度

灵敏度反映土的强度由于结构受到破坏而强度降低的情况,十字板剪切试验,对了解土层破坏后残余强度的大小具有实用价值。在原状土十字板剪切试验曲线获得之后,将十字板旋转5圈,然后再重复进行试验,又可得扰动土的不排水剪强度。

(2) 用于测定土坡或地基内的滑动面位置

软弱地基破坏后,在地基中存一个滑动带,在滑动带中土的强度比其余部分有显著的降低,用十字板剪切仪能较好地测出滑动带的位置,可为检验地基稳定分析方法和确定合理安全系数提供依据。

(3) 测定地基强度变化规律

在快速加荷下,软弱地基的强度会降低,随之又恢复并逐渐增长,用十字板剪切试验测定地基土强度的变化,可为确定施工速率提供依据。

（二）标准贯入试验

标准贯入试验（Standard Penetration Test，SPT）实质上也是一种动力触探试验的方法，是在国内外应用最广泛的一种地基现场原位测试。特别是对地区条件较为了解和有建筑设计经验时，标准贯入试验更能得到令人满意的效果。标准贯入试验适用范围较广、设备简单、操作简易，并已积累了大量的实际经验。

标准贯入试验的原理是采用质量为63.5kg±0.5kg的穿心锤，以76cm±2cm的落距，将一定规格的标准贯入器打入土中15cm，再打入30cm，以此30cm的锤击数作为标准贯入试验的指标，即标准贯入击数N。一般情况下，土的承载力高，标准贯入器打入土中的阻力就大，标准贯入击数N就大；反之，则标准贯入击数就小。

标准贯入试验的探头部分称为贯入器，是由取土器转化而来的开口管状空心探头。在整个贯入过程中，整个贯入器对端部和周围土体将产生挤压和剪切作用，同时由于贯入器中间是空心的，将有一部分土挤入，加之在冲击力作用下，因此，其工作情况及边界条件显得非常复杂。标准贯入试验和其他动力触探方法相近，影响因素较多。因试验在钻孔中进行，故基本不存在探杆侧摩阻力的影响，而钻孔方法、护壁方法及清孔质量则对标准贯入试验的结果影响较大。一般认为，回转钻进，泥浆护壁的方法较好，孔底残土的厚度不应超过10cm，否则应重新清孔后才能试验。

1.试验设备

标准贯入试验设备，主要由贯入器（长810mm，内径35mm，外径51mm）、贯入探杆、穿心锤、锤垫、导向杆及自动落锤装置等组成。

2.试验方法

（1）用钻机先钻到需要进行标准贯入试验的土层，清孔后，换用标准贯入器，并量得深度尺寸。

（2）将贯入器垂直打入试验土层中15cm后，应以小于每分钟30击的锤击频率开始记录每打入10cm的击数，累计打入30cm的击数，定为实际记录的锤击数。

（3）提出贯入器，将贯入器中土样取出，进行鉴别描述、记录，然后换以钻探工具继续钻进，至下一需要进行试验的深度，再重复上述操作。场地标准贯入试验不宜少于3孔，各孔试验点的间距，在地基主要受力层内宜为1~2m，且每一主要土层的试验点数不应少于6个；测试深度超过15m时，可放宽试验点的间距。

（4）标准贯入试验孔应采用回转钻进，孔底沉渣厚度不应超过10cm。不能保持孔壁稳定时，宜采用泥浆护壁；若采用套管护壁。套管底部应高出试验深度75cm。

（5）由于钻杆的弹性压缩会引起能量损耗，钻杆过长时传入贯入器的动能降低，因而减少每击的贯入深度，即提高了锤击数，所以需要根据杆长按下式对锤击数进行修正。

（6）对于同一土层应进行多次试验，然后取锤击数的平均值。

3.试验结果应用

标准贯入试验国内外已积累了大量的实践资料，给出了砂性土和黏性土的一些物理性质和标准贯入试验锤击数的经验关系，可供工程中使用。

（三）静力触探试验

静力触探（Static Cone Penetration Test，SCPT）是用静力将内部装有力传感器的探头以一定的速率压入土中，通过电子量测仪器所测得的贯入阻力来判断土层性质的一种原位测试方法。探头压入时，受到的阻力大小与土层的软硬程度成比例。

静力触探按其量测方式，习惯上分为机械式和电测式两大类。国内机械式早已很少使用，广泛使用的是电测式静力触探。静力触探探头按其结构与传感器功能，主要分为单桥触探头与双桥触探头。单桥触探头能测出土对探头的总阻力，即比贯入阻力；双桥探头可测锥尖阻力与侧壁摩擦阻力；带测孔压的三桥探头正在推广使用。国内外还开发了各种多势能的探头，如带测温、测斜、测振、测电阻率、测波速的探头，旁压探头，采样探头等。

静力触探具有快速、数据连续、再现性好、操作方便等优点。主要适用于黏性土、粉性土与砂土。静力触探的贯入深度与触探设备的推力与拔力有关20t的静探设备，在软土中贯入深度可超过70m，在中密砂层中深度可超过30m。

1.试验设备

静力触探试验的设备包括加压装置（加压装置的作用是将探头压入土中），反力装置，探头与探杆及量测记录系统。其中探头是静力触探设备的关键组件。

2.现场操作

（1）准备工作

①测量定出测试点，注意测点要离开已有的钻孔30倍探头直径以外的范围，一般情况是先触探，后钻探。平行试验对比孔的孔距不宜大于2m。

②设置反力装置（下锚或压载）。

③安装好压入和量测装置，并用水准尺将底板调平。检查自整角机深度转换器、导轮、卷纸结构。

④检查探头外套筒与锥头活动情况。穿好电缆，同时检查探杆（注意探杆要平直，丝扣无裂纹）。

⑤检查电源电压是否正常。

⑥检查仪表是否正常。使用自动记录仪时须将仪器与探头接通电源，打开仪器和稳压电源，使仪器预压15min。根据土层软硬情况，确定合适的工作电压，保证曲线不会超出记录纸的幅宽范围。笔头调零。在记录纸开头写明孔号、探头号、标定系数、工作电压及日期。

（2）现场实测工作

①初读数测读。将探头压入地表下1.0～2.0m，经过一定时间后将探头提升5cm，使探头在不受压状态下与地温平衡，此时仪器上的稳定读数即为初读数。

②贯入速度控制在 20mm/s±5mm/s。

③数据采集。每 10cm 测一次数据，亦可根据土层情况适当增减，但不能超过 25cm。

④触探过程中的归零。由于初读数不是一个固定不变数值，所以每贯入一定深度（一般为 2m）要将探头提升 5~10cm，测读一次初读数，以校核贯入过程中初读数的变化情况。

⑤接、卸钻杆。注意勿使已入土的钻杆转动，以防接头处电缆被扭断，同时应严防电缆受拉，以免拉断或破坏密封装置。

⑥终孔拆卸。结束一孔，应将探头锥头部分卸下，将泥砂擦洗干净，以保持顶柱与外套能自由活动。防止探头在阳光下曝晒。

3. 静探试验成果的应用

静力触探试验用途较广，主要用于土层划分、土类判别，确定地基土的承载力及变形模量以及其他物理力学指标，选择桩基持力层，预估单桩承载力及判别沉桩的可能性，检查填土及其他人工加固地基的密实程度和均匀性，判别砂土的密度及液化可能性。带孔压的静探试验还能分析土的渗透、固结性能，使土类判别也更为明确。应特别注意的是，当用静探参数推算土的物理力学参数，判别其岩土性状时，一定要注意经验公式对土类的适用范围、地方性，并要与室内土工试验及其他原位测试结果相对比。

（四）动力触探试验

动力触探试验（Dynamic Penetration Test，DPT）是用一定质量的穿心锤，以一定的自由落距将一定规格的圆锥形实心探头贯入土中一定深度，并测记贯入过程中锤击数的测试方法。该试验方法设备简单、测试方便、精度较好、工效较高、适应性较广，因此被国外广泛采用。

动力触探仪由探头、探杆、穿心锤、锤垫座、导向杆、提升架等组成，探头为实心圆锥（轻型动力触探仪）。动力触探仪种类较多，我国主要有轻型、重型和超重型三种型号。其中，轻型动力触探试验是一种应用相当普遍的原位测试手段，主要适用于一般黏性土、砂性土和碎石类土，连续贯入深度一般为 4m 左右。

动力触探试验是定量确定土的主要工程特征指标的有效测试方法之一，对难以取样的砂土、粉土、碎石类土以及静力触探难以贯入的含砾土层等是十分有效的探测手段。动力触探试验在路基检测中，不仅可以确定基床表层上的承载力，还能测定某一深度基床土的强度，掌握基床土、地基土承载力沿深度和线路纵向的变化，尤其轻型动力触探试验可以不影响行车在路肩上进行，行车密度不高时也可在道中和轨枕头附近进行，因此在提速线路基床强度评估和既有线路路基病害等检测中应用十分广泛。

（五）平板载荷试验

载荷试验是一种最古老的原位测试方法，它是在与建筑物基础工作相似的受荷条件下，对天然条件下的地基土测定加于承载板的压力与沉降的关系，实质上是基础的模拟试验。根据压力与沉降的关系，可以测定土的变形模量、评定地基土的承载力。对于不能用小尺寸试样试验的填土、含碎石的土等，最适宜用载荷试验。

1. 试验原理

载荷板试验就是在试验土层表面放置一定规格的方形或圆形承压板，在其上逐级施加荷载，每级荷载增量持续时间相同或接近，测记每级荷载作用下荷载板沉降量的稳定值，直至破坏。地基在荷载作用下达到破坏状态的过程可以分为压密、剪切、破坏三个阶段。

2. 测试方法

（1）试验位置的选择

应根据场地均匀性，结合上部工程要求，选择有代表性的地点进行载荷试验。当基础影响深度范围内土层均匀时，可在基底高程处进行试验，当土层性质随深度变化或为成层土时，要考虑在不同深度上进行试验。

（2）试坑宽度

一般应为承压板直径的4～5倍，至少3倍，以满足半空间表面受荷边界条件的要求。

（3）超荷载影响

为了模拟基础工作条件，可考虑使承压板埋深与宽度之比和基础埋深与宽度之比相等的原则进行试验。

（4）加荷方式

①分级维持荷载沉降相对稳定法（常规慢速法）

分级加荷按等荷载增量均衡施加，荷载增量一般取预估试验土层极限荷载的1/10～1/7，或临塑荷载的1/5～1/4。每加一级荷载，自加荷开始按时间间隔1、2、2、5、5、15、15min，以后每隔30min观测一次承压板沉降，直至连续2h内每小时沉降量不超过0.1mm，或连续1h内每30min沉降量不超过0.05mm，即可施加下一级荷载。

②分级维持荷载沉降非稳定法（快速法）

分级加荷与慢速法同，但每加一级荷载按间隔15min观测一次沉降，每级荷载维持2h，即可施加下一级荷载。

③等沉降速率法

控制承压板以一定的沉降速率沉降，测读与沉降相应所施加的荷载，直至试验达破坏状态。

（5）试验终止条件

一般应尽可能进行到试验土层达到破坏阶段，然后终止试验。当出现下列情况之一时，可认为已达到破坏阶段：荷载不变，24h沉降速率几乎保持不变或加速发展；承压板周围出现隆起或破坏性裂缝；相对沉降（S/b）超过0.06～0.08。

二、路基现场检测

(一) 路基压实度检测

路基压实质量是道路工程施工质量管理最重要的内在指标之一，只有对路基进行充分压实才能保证其强度，确保及延长路基路面工程的使用寿命。

现场压实质量用压实度表示，压实度是指工地路基实际达到的干密度与室内标准击实试验所得的最大干密度的比值。

1.最大干密度和最佳含水率的确定方法

路基受到的荷载应力，随深度而迅速减少，所以路基上部的压实度应高一些；另外，公路等级高，其路面等级也高，对路基强度的要求需相应提高，因此对路基压实度的要求也应高一些。

由于土的性质、颗粒的差别，最大干密度的确定方法有差别。通常，一般土采用击实法，粗粒土和巨粒土可选用振动台法与表面振动压实仪法。

（1）击实法

击实法适用于细粒土粒径不大于20mm的土和粗粒土粒径不大于40mm的土。击实试验中按采集土样的含水率，分为湿土法和干土法。一般，根据土的性质，对于高含水率土宜选用湿土法，对于非高含水率土则选用干土法，土不可重复使用。

（2）振动法

振动台法与表面振动压实仪法均是采用振动方法测定土的最大干密度。前者是整个土样同时受到垂直方向的振动作用，而后者是振动作用自土体表面垂直向下传递的。研究结果表明，对于无黏聚性自由排水土这两种方法最大干密度试验的测定结果基本一致，但前者试验设备及操作较复杂，后者相对容易，且更接近于现场振动碾压的实际状况。因此，使用时可根据试验设备拥有情况择其一即可，但推荐优先采用表面振动压实仪法。

振动台法与表面振动压实仪法的适用范围：本试验规定测定无黏性自由排水粗粒土和巨粒土（包括堆石料）的最大干密度；本试验方法适用于通过0.075mm标准筛的干颗粒质量百分数不大于15%的无黏性自由排水粗粒土和巨粒土；对于最大颗粒大于60mm的巨粒土，因受试筒允许最大粒径的限制，宜按相似级配法的规定处理。

国内外研究结果表明，对于砂、卵、漂石及堆石料等无黏聚性自由排水土而言，一致公认采用振动方法而不是普通击实法。因此，建议采用振动方法测定无黏聚性自由排水土的最大干密度。

2.现场密度试验检测方法

（1）灌砂法

灌砂法是利用已知密度的均匀颗粒砂去置换试洞体积的原理，是当前最通用的一种方法，很多工程都把灌砂法列为现场测定密度的主要方法。该方法可用于现场测试各种土或路面材料的密度,其优点是试验原理、仪器和操作方法较为简便,缺点则是需要携带较多数量的砂,且称量次数较多,因此它的测试速度较慢。

采用此方法时,应符合以下规定:当集料的最大粒径小于15mm、测定层的厚度不超过150mm时,宜采用φ100mm的小型灌砂筒测试;当集料的粒径等于或大于15mm,但不大于40mm,测定层的厚度超过150mm,但不超过200mm时,应用φ150mm的大型灌砂筒测试。

(2)环刀法

环刀法是测量现场密度的传统方法。国内习惯采用的环刀容积通常为200cm³,环刀高度通常约5cm。用环刀法测得的密度是环刀内土样所在深度范围内的平均密度。它不能代表整个碾压层的平均密度。由于碾压土层的密度一般是从上到下减小的,若环刀取在碾压层的上部,则得到的数值往往偏大,若环刀取的是碾压层的底部,则所得的数值将明显偏小。就检查路面结构层的压实度而言,我们需要的是整个碾压层的平均压实度,而不是碾压层中某一部分的压实度,因此,在用环刀法测定土的密度时,应使所得密度能代表整个碾压层的平均密度。然而,这在实际检测中是比较困难的,只有使环刀所取的土恰好是碾压层中间的土,环刀法所得的结果才可能与灌砂法的结果大致相同。另外,环刀法适用面较窄,对于含有粒料的松散性材料无法使用。

(3)核子密度湿度仪法

该法是利用放射性元素(通常是γ射线和中子射线)测定路基或路面材料的密度和含水率。这类仪器的特点是测定速度快,需要人员少。该类方法适用于测定各种土或路面材料的密度和含水率,有些进口仪器可储存打印测试结果。它的缺点是,放射性物质对人体有害,另外需要打洞的仪器,在打洞过程中使洞壁附近的结构遭到破坏,影响测定的准确性。对于核子密度湿度仪法,可作施工控制使用,但需与常规方法比较,以验证其可靠性。

(4)钻芯法测定沥青面层密度

沥青混合料面层的压实度是按规范规定的方法测得的混合料试样的毛体积密度与标准密度之比值,以百分率表示。对沥青混合料,国内外均以取样测定作为标准试验方法。

试验仪具与材料包括,路面取芯钻机;天平:感量不大于0.1g;溢流水槽;吊篮;石蜡;其他:卡尺、毛刷、小勺、取样袋(容器)、电风扇。

3.路基压实检测新方法

(1)地基系数K_{30}检测

地基系数K_{30}作为路基填筑压实质量的主要控制参数,在我国和日本铁路填土路基压实质量检测方法中广泛应用。K_{30}采用平板载荷试验确定,适用于粒径不大于荷载板直径1/4的各类土和土石混合填料,测试有效深度范围为400~500mm,可用于基床和基床以下各种土类的压实质量检测与评价。

(2) 变形模量 E_v 检测

变形模量 E_v 试验也属于平板载荷试验，是在圆形载荷板上分级施加静荷载，测试荷载强度（应力）与沉降变形的关系，由此计算地基的变形模量。该试验方法与地基系数 K_{30} 的试验方法极其相似。

变形模量在西欧、北美等国已被广泛用于路基填土的压实检测，是采用荷载板试验（直径为30cm），常用单循环静载和二次循环静载两种加载方式。单循环静载是按每级40kPa加载，当每级加载完成后，每间隔1min读取百分表1次，直至两次读数符合沉降稳定要求，才能转到下一级荷载，直至试验最大荷载为止。二次循环静载也是按每级40kPa加载，分级加载到最后一级荷载的沉降稳定后，开始卸载，卸载梯度按最大荷载的0.5或0.25倍逐级进行。待全部荷载卸除后记录其残余变形后，再开始另一加载循环。计算变形模量时，荷载一直加到沉降值达5mm或荷载板正应力达到0.5MPa为止。

(3) 动态变形模量

上述地基系数 K_{30}、变形模量 E_v 与二次变形模量 E_{v2} 均为静荷载检测指标，仍不能完全反映列车在动荷载作用下对路基的真实作用情况。尤其高速铁路，在高速列车动荷载作用下，路基产生了动态变形。因此，控制高速铁路路基的动变形，全面反映和保证路基的质量和状态对高速列车的安全运行十分重要。德国和日本的高速铁路采用动态变形模量 E_{vd} 作为反映路基动态特性的指标，评价其路基的压实质量。

动态变形模量是路基中某点的动应力与动应变之比，它描述了一定状态下该点抵抗动荷载产生动变形的能力。其大小与填土种类、含水率、密实度、强度、应力状态等参数密切相关，任一参数的变化都将影响动模量的大小。

(4) 落锤频谱式路基压实度快速测定仪

落锤频谱式路基压实度快速测定仪是利用落锤的冲击使土体产生反弹力，并利用低频测出土体响应值的一种不测含水率就能得到路基压实度的测试仪器。检测时，不需挖坑；每测一个点，只需2~3min。该仪器体积小（仪器外形尺寸：320mm×140mm×300mm，冲击架高460mm），质量轻（8.8kg），携带使用方便，既可在施工工地现场使用，也可在实验室土槽中使用。

落锤频谱式路基压实度快速测定仪的工作原理，是在已碾压的路基表面上，使落锤自由落下，接触地面时，土体表面随即产生一反弹力。从理论上讲，土体愈密实，吸能作用愈弱，则反弹力愈强。反弹力随即使加速度传感器工作，记录加速度值。经过电荷放大器的前置放大，并以电压信号输出，随即又通过低通滤波器，进入峰值采样保持电路。然后，再由阈值触发电路，进入10位数（精度高）A/D模数转换电路，CPU808单片机进行数据处理，最后，由LED显示器显示，同时，由打印机输出压实度数值。

使用技术要点：

①压实度曲线的标定

路基压实度曲线的标定工作十分重要,应在仪器各部分功能正常的情况下进行。标定工作实质上就是制作标定线,这种工作一般在试验室内进行。标定时一定要选择工程所使用的土类,而且选择的土类要具有工程代表性,这是确保标定精度的必要条件。压实度标定就是建立压实度加速度传感器响应值与压实度大小的关系曲线。

②测点数与测点布置

路基压实度测定以两次平均值作为测点压实度数值。如两次压实度测值的相对误差超过1%,则需要进行第三次实测,利用三次平均值作为压实度最终结果。

(二) 土基回弹模量检测

土基的回弹模量是公路设计中必不可少的一个参数,我国现行规范给出了不同的自然区划和土质的回弹模量值的推荐值。但由于土基回弹模量的改变将会影响路面结构的设计厚度,因此建议有条件时最好直接测定其回弹模量。而且随着施工质量的提高,回弹模量值的检验将会作为控制施工质量的一个重要指标。

目前国内常用承载板法和贝克曼梁法测定土基回弹模量,也可以采用贯入仪法测定。

1. 承载板法

(1) 目的和适用范围

本方法适用于在现场土基表面,通过承载板对土基逐级加载、卸载的方法,测出每级荷载下相应的土基回弹变形值,经过计算求得土基回弹模量。

(2) 试验仪具与材料

①加载设施,载有铁块或集料等重物、后轴重不小于60kN的载重汽车一辆,作为加载设备。在汽车大梁的后轴之后约80cm处,附设加劲横梁一根作反力架。汽车轮胎充气压力为0.5MPa。

②现场测试装置,由千斤顶、测力计(测力环或压力表)及球座组成。

③刚性承载板一块,板厚20mm,直径为30cm,直径两端设有立柱和可以调整高度的支座供安放弯沉仪测头,承载板放在土基表面上。

④路面弯沉仪两台,由贝克曼梁、百分表及其支架组成。

⑤液压千斤顶一台,80~100kN,装有经过标定的压力表或测力环,其容量不小于土基强度,测定精度不小于测力计量程的1%。

⑥其他:秒表、水平尺、细砂、毛刷、垂球、镐、铁锹、铲等。

(3) 试验前准备工作

①根据需要选择有代表性的测点,测点应位于水平的路基上,土质均匀,不含杂物。

②仔细平整土基表面,撒干燥洁净的细砂填平土基凹处,砂子不可覆盖全部土基表面,避免形成夹层。

③安置承载板,并用水平尺进行校正,使承载板置处于水平状态。

④将试验车置于测点上,在加劲横梁中部悬挂垂球测试使之恰好对准承载板中心,然后收起垂球。

⑤在承载板上安放千斤顶,上面衬垫钢圆筒、钢板,并将球座置于顶部与加劲横梁接触。如用测力环时,应将测力环置于千斤顶与横梁中间,千斤顶及衬垫物必须保持垂直,以免加压时千斤顶倾倒发生事故并影响测试数据的准确性。

⑥安放弯沉仪,将两台弯沉仪的测头分别置于承载板立柱的支座上,百分表对零或其他合适的初始位置。

(4) 测试步骤

①用千斤顶开始加载,注视测力环或压力表,至预压 0.05MPa,稳压 1min,使承载板与土基紧密接触,同时检查百分表的工作情况是否正常,然后放松千斤顶油门卸载,稳压 1min,将指针对零或记录初始读数。

②测定土基的压力—变形曲线。用千斤顶加载,采用逐级加载卸载法,用压力表或测力环控制加载量,荷载小于 0.1MPa 时,每级增加 0.02MPa,以后每级增加 0.04MPa 左右。为了使加载和计算方便,加载数值可适当调整为整数。每次加载至预定荷载 P 后,稳定 1min,立即读记两台弯沉仪百分表数值,然后轻轻放开千斤顶油门卸载至 0,待卸载稳定 1min 后,再次读数,每次卸载后百分表不再对零。当两台弯沉仪百分表读数之差不超过平均值的 30% 时,取平均值;如超过 30%,则应重测。当回弹变形值超过 1mm 时,即可停止加载。

③各级荷载的回弹变形和总变形,按以下方法计算:

回弹变形 L=(加载后读数平均值-卸载后读数平均值)×弯沉仪杠杆比

总变形 L′=(加载后读数平均值-加载初始前读数平均值)×弯沉仪杠杆比

④测定汽车总影响量 a。最后一次加载卸载循环结束后,取走千斤顶,重新读取百分表初读数然后将汽车开出 10m 以外,读取终值数,两只百分表的初、终读数差之平均值乘弯沉仪杠杆比即为总影响量 a。

⑤在试验点下取样,测定材料含水率。取样数量如下:

最大粒径不大于 4.75mm,试样数量约 120g;

最大粒径不大于 19.0mm,试样数量约 250g;

最大粒径不大于 31.5mm,试样数量约 500g。

⑥在紧靠试验点旁边的适当位置,用灌砂法或环刀法或其他方法测定土基的密度。

2. 贝克曼梁法

(1) 目的和适用范围

本方法适用于在土基、厚度不小于 1m 的粒料整层表面,用弯沉仪测试各测点的回弹弯沉值,通过计算求得该材料的回弹模量值的试验。该方法也适用于在旧路表面测定路基路面的综合回弹模量。

(2) 试验方法与步骤

①准备工作

a. 选择洁净的路基表面、路面表面作为测点，在测点处做好标记并编号。

b. 无结合料粒料基层的整层试验段（试槽）应符合下列要求：

a) 整层试槽可修筑在行车带范围内，或路肩及其他合适处，也可在室内修筑，但均应适于用汽车测定弯沉。

b) 试槽应选择在干燥或中湿路段处，不得铺筑在软土基上。

c) 试槽面积不小于3m×2m，厚度不宜小于1m。铺筑时，先挖3m×2m×1m（长×宽×高）的坑，然后用欲测定的同一种路面材料按有关施工定的压实层厚度分层铺筑并压实，直至顶面，使其达到要求的压实度标准。同时应严格控制材料组成，级配均匀一致，符合施工质量要求。

②测试步骤

按上述方法选择适当的标准车，实测各测点处的路面回弹弯沉值。如在旧沥青面层上测定时，应读取温度，并按规定的方法进行测定弯沉值的温度修正，得到标准温度20℃时的弯沉值。

（三）土基现场CBR值检测

CBR（California Bearing Ratio）又称加州承载比，作为路基土和路面材料的强度指标，可用于评定其力学强度。在国外多采用CBR作为路面材料和路基土的设计参数。

我国现行沥青和水泥混凝土路面设计规范，对路面、路基的设计参数系采用回弹模量指标，而在境外修建的公路工程多采用CBR指标。为了进一步积累经验用于实际，以促进国际学术交流，参考了国内外的情况，将CBR指标列入相关技术规范，作为路基填料选择的依据。

室内CBR值试验适用于对各种土和路面基层、底基层材料，采用规定的试筒制件后进行承载比试验，试样的最大粒径宜控制在20mm以内，最大不得40mm。土基现场CBR值检测方法也适用于各种土基材料，同时也适用于路面基层、底基层砂类土、天然砂砾、级配碎石等材料，试样的最大粒径宜小于19.0mm，最大不得超过31.5mm。

1. 主要仪器

荷载装置：装载有铁块或集料等重物的载重汽车，后轴重不小于60kN，在汽车大梁的后轴之后设有一加劲横梁作反力架用。

现场测试装置：由千斤顶、测力计、球座、贯入杆、承载板及百分表等组成。

2. 试验检测原理

在公路路基施工现场，用载重汽车作为反力架，通过千斤顶连续加载，使贯入杆匀速压入土基。

3.测试技术要点

(1) 将测点约直径φ30cm范围的表面找平。

(2) 安装现场测试装置。

(3) 在贯入杆位置安放4块1.25kg的分开成半圆的承载板,共5kg。

(4) 试验贯入前,先在贯入杆上施加45N荷载后,将测力计及百分表调零,记录初始读数。

(5) 启动千斤顶,使贯入杆以1mm/min的速度压入土基,记录不同贯入量及相应荷载。根据情况,也可在贯入量达7.5mm时结束试验。

(6) 卸载后在测点取样,测定材料的含水率。

(7) 在测点旁用灌砂法或环刀法等测定土基的密度。

(8) 绘制荷载压强—贯入量曲线,必要时进行原点修正。

第二节 基桩检测

一、基桩完整性检测

混凝土钻孔灌注桩广泛应用于桥梁及建筑工程中,是一种极为有效、安全可靠的基础形式。由于钻孔灌注桩在地面下或水下施工,工艺复杂,质量控制难度大,极易产生断桩等严重缺陷。据统计,国内外钻孔灌注桩的事故率高达5%～10%。因此,灌注桩的质量检测就显得格外重要。

灌注桩的检测主要包括两个方面即桩身混凝土的完整性检测和桩的承载力检测。地质情况复杂、成桩质量可靠性较低的灌注桩,完整性检测的抽检数量不应少于总桩数的30%,其他基桩工程抽检数量亦不得少于总桩数的20%。在桥梁工程中,我国大多数地区都对基桩的完整性进行100%检测。

我国工程界对基桩完整性的检测应用最广泛的方法有钻芯取样法、反射波法、超声脉冲检验法等。通常先用反射波法或超声脉冲法对基桩进行无损检测,对有怀疑的桩再采用钻芯的方法进行复核。

钻芯取样法就是用地质钻机在桩身上沿长度方向钻取芯样,通过对芯样的观察和测试确定桩的质量。但这种方法只能反映钻孔范围内的小部分混凝土质量,而且设备庞大、费工费时、价格昂贵,不宜作为大面积检测方法,而只能用于抽样检查,一般抽检总桩量的3%～5%,或作为对无损检测结果的校核手段。

(一) 反射波法

反射波法又称应力波法,源于应力波理论,用小锤(手锤、力棒等)在桩顶进行竖向激振,使桩身内产生应力波,应力波沿着桩身向下传播,在桩身波阻抗发生变化的界面（如桩底、断桩或严重离析或桩身截面积变化的部位），将产生反射波。经接收、放大滤波和数据处理，可识别来自桩身不同部位的反射特征与信息。据此计算桩身波速，判断混凝土的完整性，推定缺陷类型及其在桩身中的位置，也可以对桩长进行校核，对桩身混凝土强度等级做出估计。

1. 基本原理

首先假定桩为一维线弹性细长杆件，并且桩身材料各向同性。当桩嵌于土体中时，受到桩周土的阻尼影响，桩的动力特性满足一维波动方程。

2. 基桩完整性的识别与判断

（1）桩身完整性分类

低应变动测是一种定性分析方法。根据反射波的特征，可以把桩身质量分为四类：Ⅰ类桩身结构完整、Ⅱ类桩身结构轻微缺陷、Ⅲ类桩身结构严重缺陷、Ⅳ类断桩。

（2）基本判断

通过前面的分析我们可以看到桩身缩径、夹泥、松散等缺陷反映在实测速度曲线上，反射波与入射波同向起跳，而桩身扩径反映在实测速度曲线上反射波与入射波反向起跳。因此在实测速度曲线 0~2L/c 时段内，当出现与入射波同向起跳时，一般情况下（排除土阻力影响）就表明桩身存在缺陷（缩径、夹泥或松散）；当出现曲线与反射波反向起跳时，一般情况下（排除土阻力影响）就表明桩身扩径。

（3）深入分析

上面的讨论只考虑了最简单的情况，没有考虑桩身多处缺陷、多次反射及土阻力等多种因素的影响，因此，实测波形要复杂得多，只有结合施工现场的地质情况、施工记录等对实测波形、波速进行深入细致的分析才能得出正确的结论。

3. 反射波法检测系统与检测方法

（1）仪器设备及要求

①仪器宜由传感器和放大、滤波、记录、处理、监视系统以及激振设备和专用附件组成。

②传感器可选用宽频带的速度型或加速度型传感器。速度型传感器灵敏度应大于 300mV（cm/s），加速度型传感器灵敏度应大于 100mV/g。

③放大系统增益应大于 60dB，长期变化量应小于 1%。折合输入端的噪声水平应低于 3μV。频带宽度应不窄于 10~1000Hz，滤波频率可调整。

④模数转换器的位数不应小于 8bit。采样时间宜为 50~1000μs，可分数档调整。每个通道数据采集暂存器的容量不应小于 1kB。

⑤多道采集系统应具有一致性，其振幅偏差应小于 3%，相位偏差应小于 0.1ms。

⑥可根据激振条件试验要求及改变激振频谱和能量，选择符合材质和重量要求的激振设备，满足不同的检测目的。

(2) 现场检测及注意事项

①被测桩应凿去浮浆，桩头平整，安装传感器的部位应适当打磨。桩顶露出钢筋过长时应予以截断。

②检测前应对仪器设备进行检查，性能正常方可使用。

③每个检测工地均应进行激振方式和接收条件的选择试验，确定最佳激振方式和接收条件。

④激振点宜选择在桩头中心部位，传感器应稳固地安置在桩头上，对于大直径的桩可安置两个或多个传感器。

⑤当随机干扰较大时，可采用信号增强方式，进行多次重复激振与接收。

⑥为提高检测的分辨率，应使用小能量激振，并选用高截止频率的传感器和放大器。

⑦判别桩身浅部缺陷，可同时采用横向激振和水平速度型传感器接收，进行辅助判定。

⑧每一根被检测的单桩均应进行二次及以上重复测试。出现异常波形应在现场及时研究，排除影响测试的不良因素后再重复测试。

(3) 影响基桩质量检测波形的因素分析

①露出桩头的钢筋对波形的影响

由于桩头均有钢筋露出，对实测波形干扰，严重时可影响反射信息的识别。克服的方法是，将检波器用细砂或粒土屏蔽起来，使检波器收不到声波信息。

②桩头破损对波形的影响

预制桩在贯入过程中，桩头可能产生破损，灌注桩桩头表面松散，这将使弹性波能量很快衰减，从而削弱桩间及桩底反射信息，影响了波形的识别。有效途径是将破损处或松散处铲去。

总之，影响基桩质量检测波形的因素较多，工作中应逐一排除，以便桩间、桩底反射信息的辨识，避免产生误判。

(二) 声波透射法

超声脉冲检验法是在检测混凝土缺陷技术的基础上发展起来的。该方法在桩的混凝土灌注前沿桩的长度方向平行预埋若干根检测用管道，作为超声发射和接收换能器的通道。检测时探头分别在两个管子中同步移动，沿不同深度逐点测出横截面上超声脉冲穿过混凝土时的各项参数，并根据实测声学参数的变化规律分析每个断面上混凝土的质量。

用超声脉冲检测钻孔灌注桩完整性，首先在桩内预埋两根以上的管道，把发射换能器和接收换能器分别置于两根声测管中。检测时沿着声测管平行移动发射换能器和接收换能器，同时由发射换能器按照一定的间隔发射超声脉冲穿过两声测管之间的混凝土后到达接收换能器。当混凝土中存在离析、空洞等各种缺陷时，声波信号在传播过程中将发生绕射、折射、多次的反射及不同的吸收衰减等现象，从而使接收信号的传播时间、声波的振幅、频响（主频）特性以及脉冲波的波形、波列长度发生变化，据此即可对桩身混凝土是否完整、密实以及缺陷的大小及分布情况做出判断。

1.判断桩内缺陷的基本物理量

（1）声时值

由于钻孔桩的混凝土缺陷主要是由于灌注时混入泥浆或混入自孔壁坍落的泥、砂所造成的。缺陷区的夹杂物声速较低，或声阻抗明显低于混凝土的声阻抗。因此，超声脉冲穿过缺陷或绕过缺陷时，声时值增大。增大的数值与缺陷尺度大小有关，所以声时值是判断缺陷有无和计算缺陷大小的基本物理量。

（2）波幅（或衰减）

当波束穿过缺陷区时，部分声能被缺陷内含物所吸收，部分声能被缺陷的不规则表面反射和散射，到达接收探头的声能明显减少，反映为波幅降低。实践证明，波幅对缺陷的存在非常敏感，是在桩内判断缺陷有无的重要参数。

（3）接收信号的频率变化

当超声脉冲穿过缺陷区时，声脉冲中的高频部分首先被衰减，导致接收信号主频下降，即所谓频漂，其下降百分率与缺陷的严重程度有关。接收频率的变化实质上是缺陷区声能衰减作用的反映，它对缺陷也较敏感，而且测量值比较稳定，因此，也可作为桩内缺陷判断的重要依据。

（4）接收波形的畸变

接收波形产生畸变的原因较复杂，一般认为是由于缺陷区的干扰，部分超声脉冲波被多次反射而滞后到达接收探头。这些波束的前锋到达接收探头的时间参差不齐，相位也不尽一致，叠加后造成接收波形的畸变。因此，接收波形上带有混凝土内部的丰富信息。如能对波形进行信息处理，搞清波束在混凝土内部反射和叠加机理，则可确切地进行缺陷定量分析。但目前，波形信息处理方法未能解决，一般只能将波形畸变作为缺陷定性分析依据以及判断缺陷的参考指标。

在检测时，探头在声测管中逐点测量各深度的声时、波幅（或衰减）、接收频率及波形畸变位置等。然后，可绘成"声时—深度曲线"、"波幅—深度曲线"及"接收频率变化率—深度曲线"等，供分析使用。

2.钻孔灌注桩超声脉冲检测法主要设备

（1）声波检测仪

声波检测仪的主要作用是产生重复的电脉冲去激励发射换能器，发射换能器发射的超声波穿过混凝土后到达接收换能器并转换成电信号，电信号被送至超声仪经放大后显示在示波屏上。在发射接收的过程中超声仪的数据处理系统同时记录了超声波的传播时间、接收波的振幅、频率等声学参数。超声波仪应满足以下要求：

①具有波形清晰、显示稳定的示波装置。

②声时最小分度 0.1μs。

③数字显示稳定，在 2h 内数字变化应不大于±0.2μs。

④具有最小分度为 1dB 的衰减系统。

⑤接收放大器频响范围 10～500kHz，总增益不小于 80dB，接收灵敏度（在信噪比为 3：1 时）不大于 50μV。

⑥在温度为-10～+40℃、相对湿度小于或等于 90%、电源电压在 220±22V 的环境下能正常工作；连续正常工作时间不少于 4h。

（2）换能器

根据不同的测试需要，换能器有厚度振动式和径向振动式两种类型。厚度振动式换能器的频率宜选用 20～250kHz，径向振动式换能器的频率宜选用 20～60kHz，直径不宜大于 32mm，当接收信号较弱时，宜选用带前置放大器的接收换能器。换能器的实测主频与标称频率相差不应大于±10%。对于水中的换能器，其水密性应满足在 1MPa 水压下不渗漏。

3. 现场检测

（1）预埋声测管应符合下列规定

桩径 D≤0.8m 时应埋设 2 根；桩径在 1.0m＜D≤2.0m 时应不少于 3 根；桩径 D＞2.0m 时应不少于 4 根。

声波检测管宜采用钢管、塑料管或钢质波纹管，其内径应比换能器外径大 10～20mm。钢管宜用螺纹连接或套筒连接，连接应有足够的强度保证不致因受力而弯曲脱开，并且有足够的水密性保证在钻孔水压下不漏水。管的下端应封闭，上端应高出桩顶 30～50cm，并加盖以防止异物掉入管内。

检测管可焊接或绑扎在钢筋笼的内侧，检测管之间应相互平行。但在实际施工中，由于钢筋骨架刚度不足，对平行度提出过高的要求是不现实的。在检测内部缺陷时，不平行的影响，可在数据处理中予以鉴别和消除，所以对平行度不必苛求，但必须严格控制。

（2）现场检测要点

①发射与接收换能器以相同高程或保持固定高差，同步升降，测量点距应不大于 25cm。

②一根桩有多根检测管时，应将每 2 根检测管编为一组。

③在桩身质量可疑的测点周围，应采用加密测点，或采用斜测、扇形扫测等进行复测，进一步确定缺陷的位置和范围。

④在同一检测剖面的检测过程中，声波发射电压和仪器设置参数应保持不变。

4. 检测数据处理与判定

（1）声速法（概率法）

大量试验表明，超声波在混凝土中的传播速度与混凝土的密实度有较好的相关性。混凝土的密实度越高，其声速也越快。当混凝土中存在缺陷时，声速会明显降低，因此，我们可以根据不同测点声速的变化来判断混凝土的密实性。

采用测点声速值判定缺陷位置及大小时，应首先按照概率统计的方法来计算声速临界值，再根据临界值判定异常点。

（2）波幅法

当桩身内存在缺陷时，不仅表现为声速的变化，波幅也会发生明显的变化。工程实践表明波幅对缺陷的反映比声速更为敏感。因此，我国各类检测规程均规定在测量波速参数的同时也必须测定波幅参数并作为判断缺陷的依据之一。

二、基桩承载力检测

我国现行桥梁地基基础规范及建筑地基基础规范均规定，对重要结构物及地质条件复杂、施工质量可靠性低的基桩在设计或施工前均应进行承载力测试以确定单桩竖向抗压承载力的特征值。

确定基桩承载力的检测方法有静荷载试验和动测两种方法。静荷载试验是确定基桩承载力方法中最基本、最可靠的方法，桩的动测方法，要在与桩静载试验结果大量对比的基础上，找出相关关系，才能推广应用。

竖向抗压静载试验的目的是用来确定单桩承载力及荷载与位移的关系，对于预制桩也可用来校核动力公式的准确性。试验方法与试验要求有关，通常采用慢速维持荷载法，若设计无特殊要求时，用单循环加载试验。对于预制桩静压试验应在冲击试验后立即进行。对于钻（挖）孔灌注桩，须待混凝土能承受设计要求荷载后，才可进行试验。

（一）试验前的准备工作

1.试桩的桩顶如有破损或强度不足时，应将破损和强度不足段凿除后，修补平整。

2.为便于在原地面处施加荷载，在承台底面以上部分或局部冲刷线以上部分设计不能考虑的摩擦力应予扣除。

3.桩身需通过尚未固结新近沉积的土层或湿陷性黄土、软土等土层，桩侧会产生向上的负摩擦力部分，应在表面涂设涂层，或设置套管等方法予以消除。

4.在冰冻季节试桩时，应将试桩周围至少1m范围内的冻土全部融化。

5.在结冰的水域做试验时，桩与冰层间应保持不小于100mm的间隙。

（二）试验加载装置

一般采用油压千斤顶加载。千斤顶的反力装置可根据现场选用下列三种形式之一。

1.锚桩承载梁反力装置

锚桩承载梁反力装置能提供的反力，应不小于预估最大试验荷载的1.3～1.5倍。

锚桩一般采用4根，如入土较浅或土质松软时可增至6根。锚桩与试桩的中心间距，当试桩直径（或边长）小于或等于800mm时，可为试桩直径（或边长）的5倍；当试桩直径大800mm时，上述距离不得小于4m。

2.压重平台反力装置

利用平台上压重作为对桩静压试验的反力装置。压重不得小于预估最大试验荷载的1.2倍，压重应在试验开始前一次加上。试桩中心至压重平台支承边缘的距离与上述试桩中心至锚桩中心距离相同。

3.锚桩压重联合反力装置

当试桩最大加载量超过锚桩的抗拔能力时，可在承载梁上置或悬挂一定重物，由锚桩和重物共同承受千斤顶反力。

（三）测量位移装置

沉降测量一般采用百分表或电子位移计设置在桩的2个直径方向，对称安装4个；小直径桩可安装2个或3个。沉降测定平面离开桩顶的距离不应小于0.5倍桩径。

支承仪表的基准架应有足够的刚度和稳定性。基准梁的一端在其支承上应可以自由移动，不受温度影响引起上拱或下挠。基准桩应埋入地基表面以下一定深度，不受气候条件等影响。

（四）加载方法

1.加载重心应与试桩轴线相一致

加载时应分级进行，使荷载传递均匀，无冲击。加载过程中，不使荷载超过每级的规定值。

2.加载分级

每级加载量为预估最大荷载的1/15～1/10。当桩的下端埋入巨粒土、粗粒土以及坚硬的黏质土时，第一级可按2倍的分级荷载加载。

3.预估最大荷载

对施工检验性试验，一般可采用设计荷载的2.0倍。

（五）沉降观测

1.下沉未达稳定不得进行下一级加载。

2.每级加载的观测时间规定为：每级加载完毕后，每隔15min观测一次；累计1h后，每30min观测一次。

（六）稳定标准

每级加载下沉量，在下列时间内如不大于0.1mm即可认为稳定：桩端下为巨粒土、砂类土、坚硬黏质土，最后30min；桩端下为半坚硬的细粒土，最后1h。

(七) 加载终止及极限荷载取值

1.总位移量大于或等于40mm，本级荷载的下沉量大于或等于前一级荷载下沉量的5倍，加载即可终止。取此终止时荷载小一级的荷载为极限荷载。

2.总位移量大于或等于40mm，本级荷载加上后24h未达稳定，加载即可终止。取此终止荷载小一级的荷载为极限荷载。

3.巨粒土、密实砂类以及坚硬的黏质土中，总下沉量小于40mm，但荷载已大于或等于设计荷载设计规定的安全系数，加载即可终止。取此时的荷载为极限荷载。

4.施工过程中的检验性试验，一般加载应继续到桩的2倍的设计荷载为止。如果桩的总降量不超过40mm，及最后一级加载引起的沉降不超过前一级加载引起的沉降的5倍，则该桩可以停止试验。

(八) 桩的卸载和回弹量观测

1.卸载应分级进行，每级卸载量为两个加载级的荷载值。每级荷载卸载后，应观测桩顶回弹量，观测办法与沉降相同，直到回弹稳定后，再卸下一级荷载。回弹稳定标准与下沉稳沉标准相同。

2.卸载到零后，至少在2h内每30min观测一次。如果桩尖下为砂类土，则开始30min内，每15min观测一次；如果桩尖下为黏质土，第一小时内，每15min观测一次。

第三节　路面工程检测

一、沥青路面检测

(一) 几何尺寸检测

1.准备工作

（1）在路基或路面上准确恢复桩号。

（2）按随机取样的方法，在一个检测路段内选取测定的断面位置及里程桩号，在测定断面做上记号。通常将路面宽度、横坡、高程及中线偏位选在同一断面位置，且宜在整数桩号上。

（3）根据道路设计的要求，确定路基路面各部分的设计宽度的边界位置，在测定位置上用粉笔做上记号。

（4）根据道路设计的要求，确定设计高程的纵断面位置，在测定位置上用粉笔做上记号。

（5）根据道路设计的要求，在与中线垂直的横断面上确定成型后的路面的实际中线位置。

(6) 根据道路设计的路拱形状，确定曲线与直线部分的交界位置及路面与路肩（或硬路肩）的交界处，作为横坡检验的标准；当有路缘石或中央分隔带时，以两侧路缘石边缘为横坡测定的基准点，用粉笔做记号。

2.纵断面高程测定

将水准仪架设在路面平顺处整平，以路线附近的水准点高程为基准，依次将塔尺竖立在中线的测定位置上，测记测定点的高程读数，以 m 计，准确至 0.001mm；连续测定全部测点，并与水准点闭合。

3.路面横坡测定

设有中央分隔带的公路路面横坡是指路面与中央分隔带交界处及路面边缘与路肩交界处两点的高程差与水平距离比值，以％表示。对无中央分隔带的公路路面横坡是指路拱两侧直线部分的坡度。

4.路基路面宽度测定

路基宽度是指行车道与路肩宽度之和，应包括中间带、变速车道、爬坡车道、紧急停车带等。路面宽度包括行车道、路缘带、变速车道、爬坡车道、硬路肩和紧急停车带等。

5.路面中线偏差测定

路面中线偏位是指路面实际中心线偏离设计中心线的距离，以 mm 计。

其测量方法如下：

有中线坐标的道路：首先从设计资料中查出待测点 P 的设计坐标，用经纬仪对该设计坐标进行放样，并在放样点 P'做好标记，量取 PP'的长度，即为中线平面偏位 Δ_{CL}，以 mm 表示。对高速公路及一级公路，准确至 5mm；对其他等级公路，准确至 10mm。

无中桩坐标的低等级道路：应首先恢复交点或转点，实测偏角和距离，然后采用链距法、切线支距法或偏角法等传统方法敷设道路中线的设计位置，量取设计位置与施工位置之间的距离，即为中线平交偏位 Δ_{CL}，以 mm 表示，准确至 10mm。

(二) 路面结构层厚度检测

1.挖坑法

(1) 检测频率

水泥稳定粒料基层及石灰稳定土底基层，每200m每车道检查1处。

(2) 仪具与材料

①挖坑用的镐、铲、凿子、锤子、小铲、毛刷。

②量尺：钢板尺、钢卷尺、卡尺。

③补坑材料：与检查层位的材料相同。

④补坑用具：夯、热夯、水等。

⑤其他：搪瓷盘、棉纱等。

（3）挖坑法测定路面厚度步骤

①按随机选点法决定挖坑检查的位置。如为旧路，测点有坑洞等显著缺陷或接缝时，可在其旁边检测。

②选一块约40cm×40cm的平坦表面作为试验地点，用毛刷将其清扫干净。

③根据材料坚硬程度，选择镐、铲、凿子等适当的工具开挖这一层材料，直至层位底面。在便于开挖的前提下，开挖面积应尽量缩小，坑洞大体呈圆形。边开挖边将材料铲出，置于搪瓷盘内。

④用毛刷将坑底清扫，作为下一层的顶面。

⑤将一把钢板尺平放横跨于坑的两边，用另一把钢尺或卡尺等量具在坑的中部位置垂直伸至坑底，测量坑底至钢板尺底面的距离，即为检查层的厚度，以mm计，准确至1mm。

⑥用取样层的相同材料填补试坑。

沥青路面施工过程中，当沥青混合料尚未冷却时，可采用简易方法测定沥青层厚度。根据需要随机选择测点，用大螺丝刀插入至沥青层底面深度后用尺读数，量取沥青层的厚度，以mm计，准确至1mm。

量取或挖坑量取沥青层的厚度（必要时用小锤轻轻敲打），但不得使用铁铺等扰动四周的沥青层。挖坑后清扫坑边，架上钢板尺用另一钢板尺量取层厚，或用螺丝刀插入坑内量取深度后用尺量取层厚，以mm计，精确至1mm。

2.钻孔取芯样法

（1）检测频率

水泥混凝土面层，每200m每车道检查2处；沥青混凝土、沥青碎石及沥青贯入式面层，每200m每车道检查1处。

（2）仪具与材料

取样用路面取芯钻机及钻头、冷却水：钻头的标准直径为$\varphi 100mm$，如芯样仅供测量厚度，不作其他试验时，对沥青面层与水泥混凝土板也可用直径$\varphi 50mm$的钻头，对基层材料有可能损坏试件时，也可用直径$\varphi 150mm$的钻头，但钻孔深度均必须达到层厚。

（3）钻孔取芯样法测定路面厚度步骤

①按随机选点法决定挖坑检查的位置。如为旧路，测点有坑洞等显著缺陷或接缝时，可在其旁边检测。

②按钻取芯样的方法用路面取芯机钻孔。

③仔细取出芯样，清除表面灰土，找出与下层的分界。

④用钢板尺或卡尺沿圆周对称的十字方向四处量取表面至上下层界面的高度，取其平均值，即为该层的厚度，准确至1mm。

⑤用取样层的相同材料填补钻孔。

3.填补试坑或钻孔

挖坑法或钻孔法测定结构层的厚度后，应用相同材料仔细填补并压实试坑或钻孔，补坑工序如有疏忽、遗留或补得不好，易成为隐患而导致开裂。填补试坑或钻孔的步骤如下：

（1）适当清理坑中残留物，钻孔时留下的积水应用棉纱吸干。

（2）对无机结合料稳定层及水泥混凝土面板，应按相同配比用新拌的材料分层填补，并用小锤压实整平。水泥混凝土中宜掺加少量快凝早强剂。

（3）对无结合料粒料基层，可用挖坑时取出的材料，适当加水拌和后分层填补，并用小锤压实整平。

（4）对正在施工的沥青路面，用相同级配的热拌沥青混合料分层填补，并用加热的铁锤或热夯压实整平，旧路钻孔也可用乳化沥青混合料修补。

（5）补坑结束时，宜比原面层略鼓出少许，用重锤或压路机压实平整。

4.路面结构层检测新技术

短脉冲雷达是目前国内外已普遍用于测试路面结构层厚度的一种无损测试设备，对沥青面层的测试误差一般可控制在3mm内，但其测试效率是传统方法无法相比的。采用路面雷达测试系统还可以在短时间内自动分析出公路或桥面各个结构层的厚度、含水率、空隙位置、破损位置及程度等技术资料。

（1）路面探测雷达检测原理

雷达检测车以一定速度在路面上行驶，路面探测雷达发射电磁脉冲，并在短时间内穿过路面，脉冲反射波被无线接收机接收，数据采集系统记录返回时间和路面结构中的不连续电介质常数的突变情况。路面各结构层材料的电介质常数明显不同，因此电介质常数突变处，也就是两结构层的界面，根据测知的各种路面材料的电介质常数及波速，则可计算路面各结构层的厚度或给出含水率、损坏位置等资料。

（2）方法与步骤准备工作

①距离标定：承载车行驶超过20000km，更换轮胎，或使用超过1年的情形下需要进行距离标定。

②安装雷达天线：将雷达天线按照厂商提供的安装方法牢固安装好，并将天线与主机的连线连接好。

③检查连接线安装无误后开机预热，预热时间不得少于厂商规定的时间。

④将金属板放置在天线正下方，启动控制软件的标定程序，获取相应参数。

⑤打开控制软件的参数设置界面，根据不同的检测目的，设置采样间隔、时间窗、增益等参数。

（3）测试步骤

①将承载车停在起点，开启安全警示灯，启动软件测试程序，令驾驶员缓慢加速车辆到正常检测速度。

②检测过程中，操作人员应记录测试线路所遇到的桥梁、涵洞、隧道等构造物的起终点。

③当测试车辆到达测试终点后，操作人员停止采集程序。

④芯样标定：为了准确反算出路面厚度，必须知道路面材料的介电常数，通常采用在路面上钻芯取样方法以获取路面材料的介电常数。具体做法是，首先令雷达天线在需要标定芯样点的上方采样，然后钻芯，最后将芯样的真实厚度数据输入到计算程序中，反算出路面材料的介电常数或者雷达波在材料中的传播速度；路面材料的介电常数会随集料类型、沥青产地、密度、湿度等而不同。测试过程中应根据实际情况增加芯样钻取数量，以保证测试厚度的准确性。

⑤操作人员检查数据文件，文件应完整，内容应正常，否则应重新测试。

⑥关闭测试系统电源，结束测试。

（三）路面压实度检测

如前所述，路面压实度是控制路面工程施工质量的重要指标。对于路面基层（底基层），压实度是指工地实际达到的干密度与室内标准击实试验所得的最大干密度的比值；对沥青路面，压实度是指现场实际达到的密度与标准密度的比值。

1. 路面基层混合料最大干密度及最佳含水率确定方法

常见的路面基层材料有半刚性基层及粒料类基层，粒料类基层最大干密度的确定可参照粗粒土和巨粒土的振动法。

2. 沥青混合料标准密度确定方法

沥青混合料标准密度，以沥青拌和厂取样试验的马歇尔密度或者试验段密度为准。当采用前者方法时，压实度标准比后者高，但无论采用哪种方法，均应测定马歇尔试件或芯样试件的密度。在进行密度试验时应根据沥青混合料试件本身的特点，采用下列方法之一进行测定。

水中重法：仅适用于测定几乎不吸水（吸水率＜0.5%）的密实沥青混合料试件的表观相对密度或表观密度。

表干法：适用测定吸水率不大于2%的各种沥青混合料试件的毛体积相对密度或毛体积密度。包括密级配沥青混凝土（AC，空隙率标准为3%～5%）、沥青玛蹄脂碎石混合料（SMA，空隙率标准为3%～4%）、沥青稳定碎石（ATB，空隙率标准为3%～6%）。

蜡封法：适用于测定吸水率大于2%的各种沥青混凝土或沥青混合料的毛体积相对密度或毛体积密度。如半开级配沥青碎石（AM，空隙率要求6%～12%，开级配透水式沥青磨耗层（OGFC），空隙率大于18%。

体积法：适用于空隙率较大的沥青碎石混合料及大空隙透水性开级配沥青混合料试件的毛体积密度。如排水式沥青稳定碎石基层（ATPB），空隙率大于18%；大粒径透水性沥青混合料（LSPM），空隙率标准为13%～18%。

3.现场密度试验检测方法

路面现场密度仍主要采用灌砂法、环刀法、核子仪法和钻芯法进行检测。

(四) 路面弯沉测试方法

国内外普遍采用回弹弯沉值来表示路基路面的承载能力，回弹弯沉值越大，承载能力越小，反之则越大。通常所说的回弹弯沉值是指标准后轴载双轮组轮隙中心处的最大回弹弯沉值。在路表测试的回弹弯沉值可以反映路基路面的综合承载能力。回弹弯沉值在我国已广泛使用且有很多的经验及研究成果，它不仅用于路面结构的设计中（设计回弹弯沉），用于施工控制及施工验收中（竣工验收弯沉值），同时还用在旧路补强设计中，是公路工程的一个基本参数，所以正确的测试具有重要的意义。

弯沉是指在规定的标准轴载作用下，路基或路面表面轮隙位置产生的，总垂直变形（总弯沉）或垂直回弹变形值（回弹弯沉），以0.01mm为单位。路面设计弯沉值是根据设计年限内一个车道上预测通过的累计当量轴次、公路等级、面层和基层类型而确定的。

弯沉值的测试方法较多，目前用得最多的是贝克曼梁法，在我国已有成熟的经验，但由于其测试速度等因素的限制，各国都对快速连续或动态测定进行了研究，现在用得比较普遍的有法国洛克鲁瓦式自动弯沉仪，丹麦等国家发明并几经改进形成的落锤式弯沉仪（FWD），美国的振动弯沉仪等。这些进口设备在我国均有引进，现将几种方法各自的特点作简单比较：

贝克曼梁弯沉测试方法为传统法，速度慢、静态测试、比较成熟，测定的是回弹弯沉，目前属于标准方法。自动弯沉仪法是利用贝克曼梁原理快速连续测定，属静态测试范畴，测定的是总弯沉，因此，使用时应用贝克曼梁进行标定换算。落锤式弯沉仪法是动态检测方法，利用重锤自由落下的瞬间产生的冲击荷载测定弯沉，属于动态弯沉，并能反算路面的回弹模量，快速连续测定，使用时应用贝克曼梁进行标定换算。

1.贝克曼梁法

（1）试验目的和适用范围

本方法适用于测定各类路基、路面的回弹弯沉，用以评定其整体承载能力，可供路面结构设计使用；测定的路基、柔性路面的回弹弯沉值可供交工和竣工验收；测定的路面回弹弯沉可为公路养护管理部门制定养路修路计划提供依据。

沥青路面的弯沉检测以沥青面层平均温度20℃时为准，当路面平均温度在（20±2）℃以内可不修正，在其他温度测试时，对沥青层厚度大于5cm的沥青路面，弯沉值应进行温度修正。另外，还应考虑季节影响系数和湿度影响系数。

（2）仪具与材料

测试车：采用标准车BZZ-100，双轴、后轴标准轴荷载100kN；每侧双轮荷载50kN；轮胎充气压力0.70MPa；单轮传压面当量圆直径21.30cm；且轮隙宽度应满足能自由插入弯沉仪测头的载重车。

路面弯沉仪：由贝克曼梁、百分表及表架组成，贝克曼梁由铝合金制成，上有水准泡，其前臂（接触路面）与后臂（装百分表）长度比为2：1。弯沉仪长度有两种：一种长3.6m，前后臂分别为2.4m和1.2m；另一种加长的弯沉仪长5.4m，前后臂分别为3.6m和1.8m。当在半刚性基层沥青路面或水泥混凝土路面上测定时，宜采用长度为5.4m的贝克曼梁弯沉仪；对柔型基层或混合式结构沥青路面可采用长度为3.6m的贝克曼梁弯沉仪测定。弯沉值采用百分表量得，也可用自动记录装置进行测量。

接触式路面温度计：端部为平头，分度不大于1℃。

其他：皮尺、口哨、白油漆或粉笔、指挥旗等。

（3）试验方法与步骤试验前准备工作

1）试验方法

①检查并保持测定用标准车的车况及制动性能良好，轮胎内胎符合规定充气压力。

②向汽车车槽中装载（铁块或集料），并用地中衡称量后轴总质量及单侧轮荷载，均应符合要求的轴重规定，汽车行驶及测定过程中，轴重不得变化。

③测定轮胎接地面积；在平整光滑的硬质路面上用千斤顶将汽车后轴顶起，在轮胎下方铺一张新的复写纸和一张方格纸，轻轻落下千斤顶，即在方格纸上印上轮胎印痕，用求积仪或数方格的方法测算轮胎接地面积，精确至$0.1cm^2$。

④检查弯沉仪百分表量测灵敏情况。

⑤当在沥青路面上测定时，用路表温度计测定试验时气温及路表温度（一天中气温不断变化，应随时测定），并通过气象台了解前5d的平均气温（口最高气温与最低气温的平均值）。

⑥记录沥青路面修建或改建时材料、结构、厚度、施工及养护等情况。

2）测试步骤

①在测试路段布置测点，其距离随测试需要而定。测点应在路面行车车道的轮迹带上，并用白油漆或粉笔画上标记。

②将试验车后轮轮隙对准测点后3~5cm处的位置上。

③将弯沉仪插入汽车后轮之间的缝隙处，与汽车方向一致，梁臂不得碰到轮胎，弯沉仪测头置于测点上（轮隙中心前方3~5cm处），并安装百分表于弯沉仪的测定杆上，百分表调零，轻轻叩打弯沉仪，检查百分表是否稳定回零。

弯沉仪可以是单侧测定，也可以双侧同时测定。

④测定者吹哨发令指挥汽车缓缓前进，百分表随路面变形的增加而持续向前转动。当表针转动到最大值时，迅速读取初读数d_1。汽车仍在继续前进，表针反向回转，待汽车驶出弯沉影响半径（3m以上）后，吹口哨或挥动红旗指挥停车。待表针回转稳定后读取终读数d_2。汽车前进的速度宜为5km/h左右。

(4) 弯沉仪的支点变形修正

当采用长度为3.6m的弯沉仪对半刚性基层、沥青路面等进行弯沉测定时,有可能引起弯沉仪支座处变形,因此测定时应检验支点有无变形。

具体修正方法为,用另一台检验用的弯沉仪安装在测定用的弯沉仪的后方,其测点架于测定用弯沉仪的支点旁。当汽车开出时,同时测定两台弯沉仪的弯沉读数,如检验用弯沉仪百分表有读数,应记录并进行支点变形修正。当在同一结构层上测定时,可在不同的位置测定5次,求平均值,以后每次测定时以此作为修正值。

2. 自动弯沉仪

利用贝克曼梁测定路面回弹弯沉值操作简便,应用广泛,我国路面设计及检测的标准方法和基本参数都是建立在这种试验方法基础之上的。但是,这种试验方法整个测试过程全是人工操作,测试结果受人为因素的影响较大,而且测速慢。自动弯沉仪是测定路面弯沉值的高效自动化设备,可对路面进行高密集点的强度测量,适用于路面施工质量控制、验收及路面养护管理。

(1) 主要设备

自动弯沉仪测定车:洛克鲁瓦型,由测试汽车、测量机构、数据采集处理系统三部分组成。

自动弯沉仪测定车的主要技术参数如下:测试车轴距:6.75m;测臂长度:1.75~2.40m;后轴荷载:100kN;测定轮对路面的压强:0.7MPa;最小测试步距:4~10m;测试精度:0.01mm;测试速度:1.5~4.0km/h。

(2) 工作原理

自动弯沉仪的基本工作原理与贝克曼梁的原理是相同的,都是采用简单的杠杆原理。

自动弯沉仪测定车在检测路段以一定速度行驶,将安装在测试车前后轴之间底盘下面的弯沉测定梁放到车辆底盘的前端并支于地面保持不动,当后轴双轮隙通过测头时,弯沉通过位移传感器等装置被自动记录下来,这时,测定梁被拖动,以二倍的汽车速度拖到下一测点,周而复始地向前连续测定。通过计算机可输出路段弯沉检测统计计算结果。

(3) 使用技术要点

①自动弯沉仪做长距离移动时,应根据路况把一些对通过能力影响大的组件、部件拆下来,待移动到测量工地时,再进行安装调试。

②操作计算机,根据要求输入有关信息及命令。

③为了保证系统A/D转换板与位移传感器的测量精度,应进行自动弯沉仪的标定。

④自动弯沉仪所采集数据以文本方式存储于计算机中,其记录格式分节点数据、弯沉值数据及弯沉盆数据三种。输入有关信息和参数后,可显示出左右双侧的弯沉峰

值柱状图及峰值、距离和温度等；计算出平均值、标准差和代表弯沉值；显示弯沉盆图形并计算出曲率半径。

应当注意，自动弯沉仪测定的是总弯沉，因而与贝克曼梁测定的回弹弯沉有所不同。可通过自动弯沉仪总弯沉与贝克曼梁回弹弯沉对比试验，得到两者相关关系式，换算为回弹弯沉，用于路基、路面强度评定。

3.落锤式弯沉仪

利用贝克曼梁方法测出的回弹弯沉是静态弯沉。自动弯沉仪检测弯沉时，因为汽车行进速度很慢，所测得的弯沉也接近静态弯沉。为了模拟汽车快速行驶的实际情况，不少国家开发了动态弯沉的测试设备。落锤式弯沉仪（Falling Weight Deflectometer，简称FWD）模拟行车作用的冲击荷载下的弯沉量测，计算机自动采集数据，速度快，精度高。近年来，采用落锤式弯沉仪（FWD）测定路面的动态弯沉，并用来反算路面的回弹模量，已成为世界各国道路界的热门课题。这种设备特别适用于高等级公路路面和机场的弯沉量测和承载能力评定。落锤式弯沉仪是目前国际上最先进的路面强度无损检测设备之一。

（1）主要设备

落锤式弯沉仪分为拖车式和内置式。拖车式便于维修与存放，而内置式则较小巧、灵便。

①荷载发生装置：包括落锤和直径300mm的四分式扇形承载板。

②弯沉检测装置：由5～7个高精度传感器组成。

③运算及控制装置。

④牵引装置：牵引FWD、安装运算及控制装置等的车辆。

（2）工作原理

将测定车开到测定地点，通过计算机控制下的液压系统，启动落锤装置，使一定质量的落锤从一定高度自由落下，冲击力作用于承载板上并传递到路面，导致路面产生弯沉，分布于距测点不同距离的传感器检测结构层表面的变形，记录系统将信号输入计算机，得到路面测点弯沉及弯沉盆。

（3）使用技术要点

①通过调节锤重和落高可调整冲击荷载大小。我国路面设计标准轴载为BZZ-100，落锤质量应选为200kg，因为承载板直径为30cm，对路面的压强恰为0.7MPa。

②检测时，拖车式落锤弯沉仪牵引速度最大可达80km/h，根据我国的实际情况，牵引速度以50km/h左右为宜。内置式落锤弯沉仪最高时速大于100km/h，每小时可测65点。

③传感器分布位置：一个位于承载板中心，其余布置在传感器支架上。路面结构不同，弯沉影响半径亦不同。路基或柔性基层沥青路面传感器分布在距荷载中心2.5m范围内即可，我国高等级公路大多采用半刚性基层沥青路面结构，弯沉影响半径已达

3～5m，传感器分布范围应布置在距荷载中心3～4m范围内，以量测路面弯沉盆形状。

④每一测点重复测定不少于3次，舍去第一个测定值，取以后几次测定值的平均值作为计算依据，因为第一次测定的结果往往不稳定。

弯沉检测装置操作方式为计算机控制下的自动量测，所有测试数据均可显示在屏幕上或打印出来或存储在软盘上；可输出作用荷载、弯沉（盆）、路表温度及测点间距等；可打印弯沉平均值、标准差、变异系数及代表弯沉值等数据。

应当注意，落锤式弯沉仪所测弯沉为动态总弯沉，与贝克曼梁所测的静态回弹弯沉不同。可通过对比试验，得到两者之间的相关关系，并据此将落锤式弯沉仪所测弯沉值换算为贝克曼梁的静态回弹弯沉值。

可利用计算机按弹性层状体系理论的计算模式和程序，根据落锤式弯沉仪所测弯沉盆数据反算路面各层材料的弹性模量。

（五）路面平整度检测方法

平整度是路面施工质量与服务水平的重要指标之一。它是指以规定的标准量规，间断地或连续地量测路表面的凹凸情况，即不平整度的指标。路面的平整度与路面各结构层次的平整状况有着一定的联系，即各层次的平整效果将累积反映到路面表面上，路面面层由于直接与车辆及大气接触，不平整的表面将会增大行车阻力，并使车辆产生附加振动作用。这种振动作用会造成行车颠簸，影响行车的速度和安全及驾驶的平稳和乘客的舒适。同时，振动作用还会对路面施加冲击力，从而加剧路面和汽车机件损坏和轮胎的磨损，并增大油耗。而且，不平整的路面会积滞雨水，加速路面的破坏。因此，平整度的检测与评定是公路施工与养护的一个非常重要的环节。

平整度的测试设备分为断面类及反应类两大类。断面类实际上是测定路面表面凹凸情况的，如最常用的3m直尺及连续式平整度仪，还可用精确测定高程得到；反应类测定路面凹凸引起车辆振动的颠簸情况。反应类指标是司机和乘客直接感受到的平整度指标，因此它实际上是舒适性能指标，最常用的测试设备是车载式颠簸累积仪。现已有更新型的自动化测试设备，如纵断面分析仪，路面平整度数据采集系统测定车等。国际上通用国际平整度指数IRI衡量路面行驶舒适性或路面行驶质量，可通过标定试验得出IRI与标准差或单向累计值VBI之间的关系。

1.3m直尺法

3m直尺测定法有单尺测定最大间隙及等距离（1.5m）连续测定两种。两种方法测定的路面平整度有较好的相关关系。前者常用于施工质量控制与检查验收，单尺测定时要计算出测段的合格率；等距离连续测试也可用于施工质量检查验收，要算出标准差，用标准差来表示平整程度。

（1）试验目的和适用范围

用于测定压实成型的路基、路面各层表面的平整度，以评定路面的施工质量及使用质量。

（2）测试要点

①在测试路段路面上选择测试地点

a.当为沥青路面施工过程中的质量检测时，测试地点应选在接缝处，以单杆测定评定。

b.除高速公路以外，可用于其他等级公路路基、路面工程质量检查验收或进行路况评定，每200m测2处，每处连续测量10尺。除特殊需要外，应以行车道一侧车轮轮迹（距车道线80~100cm）带作为连续测定的标准位置。

c.对旧路面已形成车辙的路面，应取车辙中间位置为测定位置，用粉笔在路面上做好标记。

②测试要点

a.在施工过程中检测时，按根据需要确定的方向，将3m直尺摆在测试地点的路面上。

b.目测3m直尺底面与路面之间的间隙情况，确定最大间隙的位置。

c.用有高度标线的塞尺塞进间隙处，量测其最大间隙的高度，精确至0.2mm。

d.施工结束后检测时，按现行的规定，每1处连续检测10尺，按上述步骤测记10个最大间隙。

（3）计算

单杆检测路面的平整度计算，以3m直尺与路面的最大间隙为测定结果。连续测定10尺时，判断每个测定值是否合格，根据要求计算合格百分率，并计算10个最大间隙的平均值。

$$合格率 = \frac{合格尺数}{测尺数} \times 100\%$$

（4）报告

单杆检测的结果应随时记录测试位置及检测结果。连续测定10尺时，应报告平均值、不合格尺数、合格率。

2.连续式平整度仪法

（1）试验目的与适用范围

用于测定路表面的平整度，评定路面的施工质量和使用质量，但不适用于在已有较多坑槽、破损严重的路面上测定。

（2）仪器

除特殊情况外，连续式平整度仪的标准长度为3m，其质量应符合仪器标准的要求。中间为一个3m长的机架，机架可缩短或折叠，前后各有4个行走轮，前后两组轮的轴间距离为3m。机架中间有一个能起落的测定轮。机架上装有蓄电源及可拆卸的检测箱，检测箱可采用显示、记录、打印或绘图等方式输出测试结果。测定轮上装有位移传感器，自动采集位移数据时，测定间距为10cm，每一计算区间的长度为

100m，每100m输出一次结果。当为人工检测，无自动采集数据及计算功能时，应能记录测试曲线。机架头装有一牵引钩及手拉柄，可用人力或汽车牵引。

牵引车：小面包车或其他小型牵引汽车。

其他：皮尺或测绳等。

（3）试验要点

①选择测试路段路面测试地点，同3m直尺法。

②将连续式平整度测定仪置于测试路段路面起点上。

③在牵引汽车的后部，将平整度的挂钩挂上后，放下测定轮，启动检测器及记录仪，随即启动汽车，沿道路纵向行驶，横向位置保持稳定，并检查平整度检测仪表上测定数字显示、打印、记录的情况。如检测设备中某项仪表发生故障，即停车检测。牵引平整度仪的速度应均匀，速度宜为5km/h，最大不得超过12km/h。

在测试路段较短时，亦可用人力拖拉平整度仪测定路面的平整度，但拖拉时应保持匀速前进。

（4）计算

连续式平整度测定仪测定后，可按每10cm间距采集的位移值自动计算100m计算区间的平整度标准差，还可记录测试长度、曲线振幅大于某一定值（3mm、5mm、8mm、10mm等）的次数、曲线振幅的单向（凸起或凹下）累计值及以3m机架为基准的中点路面偏差曲线图，并打印输出。

（5）报告

试验应列表报告每一个评定路段内各测定区间的平整度标准差、各评定路段平整度的平均值、标准差、变异系数以及不合格区间数。

3.车载式颠簸累积仪法

（1）目的和适用范围

本方法规定用车载式颠簸累积仪测量车辆在路面上通行时后轴与车厢之间的单向位移累积值VBI表示路面的平整度，以cm/km计。本方法适用于各类颠簸累积仪在新建、改建路面工程质量验收和无严重坑槽、车辙等病害的正常行车条件下连续采集路段平整度数据。

（2）主要设备

车载式颠簸累积仪：由机械传感器、数据处理器及微型打印机组成。仪器的主要技术性能指标如下：测试速度：可在30～80km/h范围内选定；最小读数：1cm；最大测试幅值：±30cm；最大显示值：9999cm；系统最高反应频率：5kHz。

测试车：旅行车、越野车或小轿车。

（3）工作原理

测试车以一定的速度在路面上行驶，由于路面上的凹凸不平状况，引起汽车的激振，机械传感器可测量后轴同车厢之间的单向位移累积值VBI，以cm/km计。VBI越大，说明路面平整性越差，人体乘坐汽车时越不舒适。

（4）使用技术要点

仪器安装应准确、牢固、便于操作，测试速度以32km/h为宜，一般不宜超过40km/h。

（5）报告

平整度测试报告应包括颠簸累积值VBI、国际平整度IRI和现场测试速度；提供颠簸累积值VBI与国际平整度指数IRI在选定测试条件下的相关关系式及相关系数。

4. 激光路面平整度测定仪

激光路面平整度测定仪是一种与路面无接触的测量仪器，测试速度快，精度高。这种仪器还可同时进行路面纵断面、横坡、车辙等测量，因此，也被称为激光路面断面测试仪。激光路面平整度仪是一台装备有激光传感器，加速度计和陀螺仪的测试车，它同时备有先进的数据采集和处理系统。

（1）基本原理

测试车以一定速度在路面上行驶，固定在汽车底盘上的一排激光传感器通过测试激光束反射回读数器的角度来测试路面，这个距离信号同测试车上装的加速度计信号进行互差，消除测试车自身的颠簸，输出一路面真实断面信号。信号处理系统将来自激光传感器的模拟信号转换成数值信号并记录下来。随着汽车的行进，每隔一定间距，采集一次数据。通过数据分析系统，可显示打印国际平整度指数IRI等平整度检测结果。

（2）使用技术要点

①数据采集完全在计算机控制下进行，根据具体情况输入有关信息和命令。

②为了保证测量精度，应进行系统检查，如做静态振动试验、直尺试验、轮胎气压检查、传感器标定检查。

③测试速度一般在30~100km/h范围内。

④测试宽度大于2.5m。如在测试梁上安装两个扩展臂，测试宽度可增加至3.5 m或更大。

⑤采样间隔一般为0.1m，最小为5mm。

⑥可显示测试状态及有关数据，输出分析结果，如国际平整度指数IRI、车辙、横坡等。

应当注意，不能直视激光孔或观察通过抛光物面或镜面反射回来的激光束，防止损伤眼睛。只能通过一张红外线显示卡或光谱变换眼镜才可以观察光束的存在与否。

激光路面平整度仪或激光路面断面测试仪尚未纳入我国公路检测规范，其试验方法可参照仪器使用说明书。

（六）路面抗滑性能试验检测方法

路面抗滑性能是指车辆轮胎受到制动时沿表面滑移所产生的力。通常，抗滑性能被看作是路面的表面特性,并用轮胎与路面间的摩阻系数来表示。表面特性包括路表面细构造和粗构造,影响抗滑性能的因素有路面表面特性、路面潮湿程度和行车速度。

路表面细构造是指集料表面的粗糙度,它随车轮的反复磨耗而渐被磨光。通常采用石料磨光值(PSV)表征抗磨光的性能。细构造在低速(30～50km/h以下)时对路表抗滑性能起决定作用。而高速时主要作用的是粗构造,它是由路表外露集料间形成的构造,功能是使车轮下的路表水迅速排除,以避免形成水膜。粗构造由构造深度表征。

抗滑性能测试方法有:制动距离法、偏转轮拖车法(横向力系数测试)、摆式仪法、构造深度测试法(手工铺砂法、电动铺砂法、激光构造深度仪法)。

路面的抗滑摆值是指用标准的手提式摆式摩擦系数测定仪测定的路面在潮湿条件下对摆的摩擦阻力。路表构造深度是指一定面积的路表面凹凸不平的开口孔隙的平均深度。路面横向摩擦系数是指用标准的摩擦系数测定车测定,当测定轮与行车方向成一定角度且以一定速度行驶时,轮胎与潮湿路面之间的摩擦阻力与试验轮上荷载的比值。

高速、一级公路的路面应具有良好的抗滑性能,其沥青路面抗滑性能应符合有关的要求,二级及三级公路应根据各路段的具体情况采取必要的技术措施,以提高路面抗滑性能。在设计高速、一级公路的沥青表面层时,应选用抗滑、耐磨石料,其石料磨光值应大于42。高速、一级公路的摩擦系数宜在竣工后第一个夏季采用摩擦系数测定车,以(50±4)km/h的车速测定横向力系数(SFC)宏观构造深度应在竣工后第一个夏季用铺砂法或激光构造深度仪测定,此时的测定值应符合规定的竣工验收值的要求。

1.构造深度测试方法

(1)手工铺砂法

目的与适用范围:本方法适用于测定沥青路面及水泥混凝土路面表面构造深度,用以评定路面表面的宏观构造。

1)仪具与材料

①人工铺砂仪:由圆筒、推平板组成

量砂筒:一端是封闭的,容积为(25±0.15)mL,可通过称量砂筒中水的质量以确定其容积,并调整其高度,使其容积符合要求。带一专门的刮尺,可将筒口量砂刮平。

推平板:推平板应为木制或铝制,直径50mm,底面粘一层厚1.5mm的橡胶片,上面有一圆柱把手。

刮平尺:可用30cm钢尺代替。

②量砂:足够数量的干燥洁净的匀质砂,粒径为0.15～0.30mm。

③量尺：钢板尺、钢卷尺或专用构造深度尺。

④其他：装砂容器（小铲）、扫帚或毛刷、挡风板等。

2）方法与步骤

①量砂准备：取洁净的细砂晾干、过筛，取0.15~0.30mm的砂置适当的容器中备用。

量砂只能在路面上使用一次，不宜重复使用。回收砂必须经干燥、过筛处理后方可使用。

②对测试路段按随机取样选点的方法，决定测点所在横断面位置。测点应选在行车道的轮迹带上，距路面边缘不应小于1m。

③用扫帚或毛刷子将测点附近的路面清扫干净，面积不小于30cm×30cm。

④用小铲装砂沿筒向圆筒中注满砂，手提圆筒上方，在硬质路面上轻轻地叩打3次，使砂密实，补足砂面用钢尺一次刮平。不可直接用量砂筒装砂，以免影响量砂密度的均匀性。

⑤将砂倒在路面上，用底面粘有橡胶片的推平板，由里向外重复做摊铺运动，稍稍用力将砂细心地尽可能地向外摊开，使砂填入凹凸不平的路表面的空隙中，尽可能将砂摊成圆形，并不得在表面上留有浮动余砂。注意摊铺时不可用力过大或向外推挤。

⑥用钢板尺测量所构成圆的两个垂直方向的直径，取其平均值，准确至5mm。

⑦按以上方法，同一处平行测定不少于3次，3个测点均位于轮迹带上，测点间距3~5m。该处的测定位置以中间测点的位置表示。

（2）电动铺砂法

目的和适用范围：本方法适用于测定沥青路面及水泥混凝土路面表面构造深度，用以评定路面表面的宏观构造。

1）仪具与材料

①电动铺砂仪：利用可充电的直流电源将量砂通过砂漏铺设成宽度5cm、厚度均匀一致的器具。

②量砂：足够数量的干燥洁净的匀质砂，粒径为0.15~0.30mm。

③标准量筒：容积50mL。

④玻璃板：面积大于铺砂器，厚5mm。

⑤其他：直尺、扫帚、毛刷等。

2）方法与步骤

①准备工作

a.量砂准备：取洁净的细砂，晾干，过筛，取0.15~0.3mm的砂置适当的容器中备用。已在路面上使用过的砂如回收重复使用时应重新过筛并晾干。

b.对测试路段按随机取样选点的方法，决定测点所在横断面的位置。测点应选在行车道的轮迹带上，距路面边缘不应小于1m。

②电动铺砂器标定

a.将铺砂器平放在玻璃板上，将砂漏移至铺砂器端部。

b.将灌砂漏斗口和量筒口大致齐平。通过漏斗向量筒中缓缓注入准备好的量砂至高出量筒成尖顶状，用直尺沿筒口一次刮平，其容积为50mL。

c.将漏斗口与铺砂器砂漏上口大致齐平。将砂通过漏斗均匀倒入砂漏，漏斗前后移动，使砂的表面大致齐平，但不得用任何其他工具刮动砂。

③测试步骤

a.将测试地点用毛刷刷净，面积大于铺砂仪。

b.将铺砂仪沿道路纵向平稳地放在路面上，将砂漏至端部。

c.按以上方法，同一处平行测定不少于3次，3个测点均位于轮迹带上，测点间距3～5m。该处的测定位置以中间点的位置表示。

（3）激光构造深度仪

激光构造深度仪是小型手推式路面构造深度测试仪，也称激光纹理测试仪，具有运输方便，操作快捷，费用低廉，可靠性好等优点。

①主要结构

激光构造深度仪主要由装在两轮手推车上的光电测试设备、打印机、仪器操作装置及可拆卸手柄组成。

②工作原理

高速脉冲半导体激光器产生红外线投射到道路表面，从投影面上散射光线由接收透镜聚焦到以线性布置的光敏二极管上，接收光线最多的二极管位置给出了这一瞬间到道路表面的距离，通过一系列计算可得出构造深度。

③使用技术要点

a.检查仪器，安装手柄。

b.根据被测路面状况，选择测量程序。

c.适宜的检测速度为3～5km/h，即人步行的正常速度。

d.仪器按每一个计算区间打印出该段构造深度的平均值。标准的计算区间长度为100m，根据需要也可为10m或50m。

应当注意，我国公路路面构造深度以铺砂法为标准测试方法。利用激光构造深度仪测出的构造深度与铺砂法测试结果不同，但两者具有良好的相关关系。因此，激光构造深度仪所测出的构造深度不能直接用以评定路面的抗滑性能，必须换算为铺砂法的构造深度后才能判断路面抗滑性能是否满足要求。

2.摆式仪测定路面抗滑值试验方法

（1）目的和适用范围

本方法适用于以摆式摩擦系数测定仪（摆式仪）测定沥青路面、标线或其他材料试件的抗滑值,用以评定路面或路面材料试件在潮湿状态下的抗滑能力。

(2)仪具与材料

摆式仪:摆及摆的连接部分总质量为(1500±30)g,摆动中心至摆的重心距离为(410±5)mm,测定时摆在路面上滑动长度为(126±1)mm,摆上橡胶片端部距摆动中心的距离为510mm,橡胶片对路面的正向静压力为(22.2±0.5)N。

橡胶片:用于测定路面抗滑值时的尺寸为6.35mm×25.4mm×76.2mm,当橡胶片使用后,端部在长度方向上磨损超过1.6mm或边缘在宽度方向上磨耗超过3.2mm,或有油类污染时,即应更换新橡胶片。新橡胶片应先在干燥路面上测10次后再用于测试。橡胶片的有效使用期为1年。

(3)方法与步骤

①检查摆式仪的调零灵敏情况,并定期进行仪器的标定。当用于路面工程检查验收时,仪器必须重新标定。

②对测试路段按随机取样方法,决定测点所在横断面位置。测点应选在行车车道的轮迹带上,距路面边缘不应小于1m,并用粉笔作出标记。测点位置宜紧靠铺砂法测定构造深度的测点位置,并与其对应。

③仪器调平:将仪器置于路面测点上,并使摆的摆动方向与行车方向一致;转动底座上的调平螺栓,使水准泡居中。

④调零

a.放松上、下两个紧固把手,转动升降把手,使摆升高并能自由摆动,然后旋紧紧固把手。

b.将摆固定在右侧悬臂上,使摆处于水平释放位置,并把指针拨至右端与摆杆平行处。

c.按下释放开关,使摆向左带动指针摆动,当摆达到最高位置后下落时,用左手将摆杆接住,此时指针应指向零。若不指零时,可稍旋紧或放松摆的调节螺母,重复本项操作,直至指针指零。调零允许误差为±1BPN。

⑤校核滑动长度

a.用扫帚扫净路面表面,并用橡胶刮板清除摆动范围内路面上的松散粒料。

b.让摆自由悬挂,提起摆头上的举升柄,将底座上垫块置于定位螺丝下面,使摆头上的滑溜块升高。放松紧固把手,转动立柱上升降把手,使摆缓缓下降。当滑块上的橡胶片刚刚接触路面时,即将紧固把手旋紧,使摆头固定。

c.提起举升柄,取下垫块,使摆向右运动。然后,手提举升柄使摆慢慢向左运动,直至橡胶片的边缘刚刚接触路面。在橡胶片的外边摆动方向设置标准尺,尺的一端正对准该点。再用手提起举升柄,使滑溜块向上抬起,并使摆继续运动至左边,使橡胶片返回落下再一次接触地面,橡胶片两次同路面接触点的距离应在126mm(即滑动长度)左右。若滑动长度不符合标准时,则升高或降低仪器底正面的调平螺丝来校正，但需调平水准泡，重复此项校核直至滑动长度符合要求，而后，将摆和指针置于水平释放位置。

校核滑动长度时应以橡胶片长边刚刚接触路面为准，不可借摆力向前滑动，以免标定的滑动长度过长。

⑥用喷壶的水浇洒试测路面，并用橡胶刮板刮除表面泥浆。

⑦再次洒水，并按下释放开关，使摆在路面滑过，指针即可指示出路面的摆值。但第一次测定，不做记录。当摆杆回落时，用左手接住摆，右手提起举长柄使滑溜块升高，将摆向右运动，并使摆杆和指针重新置于水平释放位置。

⑧重复⑥、⑦的操作测定5次，并读记每次测定的摆值，即BPN，5次数值中最大值与最小值的差值不得大于3。如差值大于3时，应检查产生的原因，并再次重复上述各项操作，至符合规定为止。

取5次测定的平均值作为每个测点路面的抗滑值（即摆值BPN），取整数。

⑨在测点位置上用路表温度计测记潮湿路面的温度，精确至1℃。

⑩按以上方法，同一处平行测定不少于3次，3个单点均位于轮迹带上，单点间距为3~5m。该测点的位置以中间单点的位置表示。每一测点由3个单点组成，以3次测定结果的平均值作为该测点的代表值，精确至1。

3.摩擦系数测定车测定路面横向力系数

摩擦系数测定车测定的路面横向力系数既表示车辆在路面上制动时的路面抗力，还表征车辆在路面上发生侧滑时的路面抗力，因此它是路面纵横向摩擦系数的综合指标，反映较高速度下的路面抗滑能力。测试车自备水箱，能直接喷洒在轮前约30cm宽的路面上，可控制路面水膜厚度，测速较高，不妨碍交通，特别适宜于在高速公路、一级公路上进行测试。

（1）主要仪器

单轮式摩擦系数测定车通常为SCRIM型，主要由车辆底盘、测量机构、供水系统、荷载传感器、仪表及操作记录系统、标定装置等组成。也可以采用双轮式摩擦系数测定系统Mu-Meter。

（2）检测原理

单轮式测定车上装有与车辆行驶方向成20°角的测试轮。测定时，供水系统洒水，降下测试轮，并对其施加一定荷载，荷载传感器测量与测试轮轮胎面成垂直的横向力，此力与轮荷载之比即为横向力系数。横向力系数越大，说明路面抗滑能力越强。

（3）检测技术要点

①测试前对仪器设备进行标定、检查，保持测试车的规范性。

②测试轮重垂直荷载为2kN。

③测速为50km/h。

④可连续或断续测定设定计算区间的横向力系数。设定计算区间可在5~10mm

范围内任意选定。

⑤用计算机控制测试操作。

⑥可计算打印每一个评定段的横向力系数值、统计个数、平均值、标准差、变异系数。

(七) 沥青路面渗水系数测定方法

路面渗水系数指在规定的水头压力下，水在单位时间内通过一定面积的路面渗入下层的数量。

1.试验目的

本试验适用于在路面现场测定路面渗水系数，也适用于测定室内沥青混凝土板的渗水系数。

2.器具与材料

路面渗水仪：由盛水筒、支架、底座、细管和压重铁圈组成。

其他：水筒、大漏斗、秒表、水、红墨水、粉笔、扫帚等。

密封材料：玻璃腻子、油灰或橡皮泥。

3.准备工作

（1）在测试路面的行车道上，按随机取样方法选择测试位置，每一个检测路段应测定5个点，用扫帚清扫表面，并用粉笔划上测试标记。

（2）用扫帚清扫表面，并用刷子将路面表面的杂物刷去。然后在玻璃筒的水内滴几点红墨水，使水成淡红色。

4.测试步骤

（1）将清扫后的路面用粉笔按测试仪底座大小画好圆圈记号。

（2）在路面上沿底座圆圈抹一薄层密封材料，边涂边用手压紧，使密封材料嵌满缝隙。

密封料圈的内径与底座内径相同，约150mm，将组合好的渗水试验仪底座用力压在路面密封材料圈上，再加上压重铁圈压住仪器底座，以防压力水从底座与路面间流出。

（3）关闭细管下方的开关，向仪器的上方量筒中注入淡红色的水至满，总量为600mL。

（4）迅速将开关全部打开，水开始从细管上方量筒中流出，待水面下降100mL时立即开动秒表，每间隔60s，读记仪器管的刻度一次，至水面下降500mL时为止。

测试过程中，若水从底座与密封材料间渗出，说明底座与路面密封不好，应移至附近干燥路面处重新操作。

（5）若水面下降速度很慢，从水面下降至100mL开始，测得3min的渗水量即可停止。

若试验时水面下降至一定程度后基本保持不动，说明路面基本不渗水或根本不透水,则在报告中注明。

(6) 按以上步骤在同一个检测路段选择5个点测定渗水系数,取其平均值,作为检测结果。

(八) 沥青路面车辙测试方法

1. 检测目的

测定沥青路面的车辙,供综合评定路面使用状况及计算养护维修工作量时使用。

2. 仪具与材料技术要求

路面横断面仪:路面横断面仪的长度不小于一个车道宽度,横梁上有一位移传感器,可自动记录横断面形状,测试间距小于20cm,测试精1mm。

激光或超声波车辙仪:包括多点激光或超声波车辙仪、线激光车辙仪和线扫描激光车辙仪等类型,通过激光测距技术或激光成像和数字图像分析技术得到车道横断面相对高程数据,并按规定模式计算车辙深度。

要求激光或超声波车辙仪有效测试宽度不小于3.2m,测点不少于13点,测试精度1mm。

横断面尺:横断面尺为硬木或金属制直尺,刻度间距5cm,长度不小于一个车道宽度。顶面平直,最大弯曲不超过1mm,两端有把手及高度为10~20cm的支脚,两支脚的高度相同。

量尺:钢板尺、卡尺、塞尺,量程大于车辙深度,刻度至1mm。

3. 检测方法

(1) 车辙测量的基准测量宽度规定

对高速公路及一级公路,以发生车辙的一个车道两侧标线宽度中点到中点的距离为基准测量宽度。

对二级及二级以下公路,有车道区画线时,以发生车辙的一个车道两侧标线宽度中点到中点的距离为基准测量宽度;无车道区画线时,以形成车辙部位的一个设计车道宽作为基准测量宽度。

(2) 以一个评定路段为单位,用激光车辙仪连续检测时,测定断面间隔不大于10m。用其他方法非连续测定时,在车道上每隔50m作为一测定断面,用粉笔画上标记进行测定。根据需要也可按公路路基路面现场测试随机选点的方法在行车道上随机选取测定断面,在特殊需要的路段(如交叉口前后)可予加密。

(3) 采用激光或超声波车辙仪的测试步骤

①将检测车辆就位于测定区间起点前。

②启动并设定检测系统参数。

③启动车辙和距离测试装置,开动测试车沿车道轮迹位置且平行于车道线平稳、行驶,测试系统自动记录出每个横断面和距离数据。

④到达测定区间终点后,结束测定。

⑤系统处理软件按照通过各横断面相对高程数据计算车辙深度。

（4）采用路面横断面仪的测试步骤

①将路面横断面仪就位于测定断面上，方向与道路中心线垂直，两端支脚立于测定车道的两侧边缘，记录断面桩号。

②调整两端支脚高度，使其等高。

③移动横断面仪的测量器，从测定车道的一端移至另一端，记录出断面形状。

（5）采用横断面尺的测试步骤

①将横断面尺就位于测定断面上，两端支脚置于测定车道两侧。

②沿横断面尺每隔20cm一点，用量尺垂直立于路面上，用目平视测记横断面尺顶面与路面之间的距离，准确至1mm。如断面的最高处或最低处明显不在测定点上应加测该点距离。

③记录测定读数，绘出断面图，最后连接成圆滑的横断面曲线。

④横断面尺也可用线绳代替。

⑤当不需要测定横断面，仅需要测定最大车辙时，亦可用不带支脚的横断面尺架在路面上由目测确定最大车辙位置用尺量取。

4.报告内容

（1）采用的测定方法。

（2）路段描述，包括里程桩号、路面结构及横断面、使用年限、交通情况等。

（3）各测定断面的横断面图。

（4）各测定断面的最大车辙深度表。

（5）各评定路段的最大车辙深度及平均车辙深度。

（6）根据测定目的应记录的其他事项或数据。

二、水泥混凝土路面检测

水泥混凝土路面强度组要采用弯拉或劈裂强度作为强度控制指标。由于弯拉强度试件成型及试验过程比较麻烦，现多用劈裂强度来代替。需要强调的一点是快速无破损方法与传统的钻芯试验方法比较，有其较大的优势，但不能代替钻芯的劈裂强度试验结果，也不能代替试验室标准条件下的弯拉强度，不适宜作为仲裁试验或工程验收的最终依据。

（一）目的和适用范围

从硬化混凝土结构物中钻取和检查芯样，测定芯样的劈裂抗拉强度，作为评定结构品质的主要指标。

（二）仪具与材料

1.压力机或万能试验机。

2.劈裂夹具、木质三合板垫条（不得重复使用）、钢支架。

3.硬化水泥混凝土现场试样的钻取或切割取样。

(三) 芯样的钻取与养护

钻取位置：在钻取前应考虑由于钻芯可能导致的对结构的不利影响，应尽可能避免在靠近混凝土构件的接缝或边缘处钻取，且基本上不应带有钢筋。

芯样尺寸：芯样直径至少是混凝土所用集料公称最大粒径的2倍，最小直径为100mm，一般为（150±10）mm或（100±10）mm；对于现场芯样，长径比大于等于1。长径比宜为1.9~2.1，最大长径比不能超过2.1。

标记：钻出后的每个芯样应立即清楚地编号，并记录所取芯样在混凝土结构中的位置。

养护：同龄期试件为1组，每组为3个同条件钻取、切割制备和养护的试件。芯样在进行强度试验前需进行调湿，一般应在标准养护室养护24h；至试验龄期时，自养护室取出试件，用湿布覆盖，避免其湿度变化。

(四) 试验方法

1.检查

外观检查

每个芯样应详细描述有无裂缝、接缝、分层、麻面或离析等情况，必要时应记录以下事项：

（1）集料情况

估计集料的最大粒径、形状及种类，粗细集料的比例与级配。

（2）密实性

检查并记录存在的气孔及其位置、尺寸与分布情况，必要时应拍下照片。

2.测量

（1）测平均直径 d

在芯样的中间及两面各1/4处按两个垂直方向测量三对数值确定芯样的平均直径d，精确到1.0mm。

（2）测平均长度 L

取芯样直径两端侧面测定钻取后芯样的长度及端面加工后的长度，精确至1.0mm。

（3）表面密度

如有必要，应测定芯样的表观密度。

(五) 试验步骤

1.在试件中部划出劈裂面位置线。圆柱体的母线公差为0.15mm。这两条母线应位于同一轴向平面内，彼此相对，两条线的末端在试件的端面上相连，应为通过圆心的直径，以明确标明承压面。

2.将试件、劈裂夹具、垫条与垫层安放在压力机上,借助夹具两侧杆将试件对中。

3.开动压力机,当压力机压板与夹具垫条接近时调整球座使压力均匀接触试件。当压力加到5kN时,将夹具的侧杆抽出。

4.当混凝土的强度等级小于C30时,加荷速度为0.02～0.05MPa/s;当混凝土的强度等级大于等于C30且小于C60时,加荷速度为0.05～0.08MPa/s;当混凝土的强度等级大于等于C60时,加荷速度为0.08～0.10MPa/s。当试件接近破坏而开始迅速变形时,不得调整试验机油门,直至试件破坏,记下破坏极限荷载。

参考文献

[1] 肖春，徐伟，李旭彪.城市道路桥梁工程新技术应用［M］.长春：吉林大学出版社有限责任公司，2022.05.

[2] 周云钦，邵晓峰，何栋奎.工程建设理论与实践丛书城市道路规划设计与造价管理［M］.武汉：华中科学技术大学出版社，2022.12.

[3] 周建国，宋广骞，杨海燕.城市道路建设与管理［M］.长春：吉林科学技术出版社，2022.04.

[4] 郝银，王清平，朱玉修.工程建设理论与实践丛书市政工程施工技术与项目安全管理［M］.武汉：华中科学技术大学出版社，2022.07.

[5] 刘志伟，刘文君，杨黎.路桥工程管理与给排水规划设计［M］.长春：吉林科学技术出版社，2022.08.

[6] 李世民，马海志，高文新.城市轨道交通工程勘察手册［M］.北京：中国铁道出版社，2022.04.

[7] 高霖，王明振，刘安双.城市道路交通网络抗震韧性评价与应用［M］.北京：中国建筑工业出版社，2022.09.

[8] 李书芳，李红立.市政道路养护与管理［M］.重庆：重庆大学出版社，2022.07.

[9] 张志清.道路勘测设计第4版［M］.北京：中国科技出版传媒股份有限公司，2022.08.

[10] 蒋英礼.城市轨道交通职业教育系列教材城市轨道交通工程技术地铁工程设计与施工［M］.成都：西南交通大学出版社，2022.03.

[11] 杨志豪，乐梅，陈文艳.山地城市轨道交通工程设计［M］.上海：上海科学技术出版社，2022.06.

[12] 宋成辉，宋顺龙，刘朝晖.城市轨道交通工程结构设计［M］.北京：清华大学出版社，2022.10.

[13] 张小成，黄文理，黄洪发.道路桥梁与城市交通建设研究［M］.长春：吉林科学技术出版社有限责任公司，2021.11.

[14] 黄煜镔.道路与桥梁工程试验检测技术［M］.重庆：重庆大学出版社，2021.11.

[15] 蒋雅君，方勇，王士民.隧道工程［M］.北京：机械工业出版社，2021.05.

[16] 杨寿君，刘建强，张建新.城市道路桥梁建设与工程项目管理［M］.长春：吉林科学技术出版社，2021.07.

[17] 李文权，陈茜，张健.道路通行能力分析方法［M］.南京：南京东南大学出版社，2021.07.

[18] 廖明军，孟宪强.普通高等教育土建类系列教材道路勘测设计［M］.北京：机械工业出版社，2021.01.

[19] 段军朝，吴贤国，贾锐奇.城市轨道交通工程BIM技术应用［M］.成都：西南交通大学出版社，2020.10.

[20] 韩佳彤.城市轨道交通建设工程盾构法施工技术指南［M］.北京：北京理工大学出版社，2020.07.

[21] 韩佳彤.城市轨道交通建设工程明挖法施工技术指南［M］.北京：北京理工大学出版社，2020.07.

[22] 韩佳彤.城市轨道交通建设工程矿山法施工技术指南［M］.北京：北京理工大学出版社，2020.06.

[23] 马争锋.交通工程技术及应用［M］.兰州：兰州大学出版社，2020.

[24] 王欲敏.交通运输工程技术与计量公路篇2020年版［M］.北京：人民交通出版社股份有限公司，2020.

[25] 孙亚平.交通工程学［M］.北京：北京理工大学出版社，2020.10.

[26] 艾建杰，罗清波.公路工程施工技术［M］.重庆：重庆大学出版社，2020.02.

[27] 崔光耀.地下工程施工技术［M］.北京：中国建材工业出版社，2020.04.

[28] 刘志义.城市轨道交通工程设计下册［M］.北京市：中国铁道出版社有限公司，2020.01.

[29] 周晨静.微观交通仿真理论与实训［M］.北京：机械工业出版社，2020.01.

[30] 张海波，赵琦，何忠贺.城市智能交通系统工程设计及案例［M］.北京：机械工业出版社，2020.01.

[31] 于洪江，李明樾.道路工程施工技术［M］.重庆：重庆大学出版社，2020.08.

[32] 朴志海，赵龙海，郑慧君.道路交通与路基路面工程［M］.重庆：重庆大学出版社，2020.06.

［33］王星华.城市轨道交通工程学［M］.北京：中国铁道出版社，2020.03.

［34］孙吉书.道路工程［M］.北京：中国建材工业出版社，2020.05.

参考文献

[23] 王昊孛. 城市轨道交通工程学[M]. 北京: 中国铁道出版社, 2020.03.
[24] 刘吉士. 地铁工程[M]. 北京: 中国建筑工业出版社, 2020.05.